中国上古社会和政治研究丛书
何兹全 主编

战国秦汉小农经济研究

于琨奇 著

商务印书馆
2012年·北京

图书在版编目(CIP)数据

战国秦汉小农经济研究/于琨奇著. —北京:商务印书馆,2012
(中国上古社会和政治研究丛书)
ISBN 978-7-100-08790-2

Ⅰ.①战… Ⅱ.①于… Ⅲ.①小农经济—研究—战国~秦汉时代 Ⅳ.①F329.03

中国版本图书馆 CIP 数据核字(2011)第 246200 号

所有权利保留。
未经许可,不得以任何方式使用。

中国上古社会和政治研究丛书
战国秦汉小农经济研究
于琨奇 著

商 务 印 书 馆 出 版
(北京王府井大街36号 邮政编码 100710)
商 务 印 书 馆 发 行
北京瑞古冠中印刷厂印刷
ISBN 978-7-100-08790-2

2012年9月第1版　　开本 880×1230　1/32
2012年9月北京第1次印刷　印张 12⅝

定价:30.00元

总　序

何　兹　全

　　为了进一步推动中国古代史学科建设与发展，我们策划组织了《中国古代社会和政治研究》丛书，并把它作为国家重点学科——中国古代史学科建设的一个重要内容。

　　中国社会史和政治史，是中国历史发展演变的主流，研究中国社会和政治史应该是研究中国史的主流。

　　北京师范大学历史系有重视中国社会与政治史研究的传统。解放初期，侯外庐同志任历史系主任，为重视社会与政治史研究奠定了基础。以后多年在白寿彝教授的主持下，这一传统一直得到了保持并有所发展。

　　中国历史分期问题，迄今尚无定论，这是坏现象，也是好现象。这正好促使中国历史研究者，特别是中国社会和政治史研究者，对中国社会历史作更深入的研究。

　　我在上世纪三四十年代，即开始发表了多篇关于中国社会和政治史的论文。我在这些文章里提出了一些与别人不同的见解。

　　上世纪90年代初，我出版了《中国古代社会》（原由河南人民出版社出版，2001年北京师范大学出版社作为"北京师范大学教授文库"之一再版），2003年晁福林教授出版了《先秦社会形态研究》(北京师范大学出版社),这两部书,在中国史学界都起到了推动中国社会和政治史研究的作用。

我指导的硕士生、博士生和博士后,很多学有所成,大部分成为高等学校和研究部门的学术带头人和学术骨干。他们出版了不少有关中国社会和政治史的专著和论文。他们也是这套丛书的主要作者。

通观中外学术思想的历史,无论哪一门学科,往往走着一时重思想一时重材料,一时重整体一时重局部的发展路程。孔子所说"学而不思则罔,思而不学则殆"(《论语·为政篇》),可以引申来说就是偏颇的为害。孔子高明!

中国社会史研究虽然时间尚短,但大体上说,也不免有走这种偏颇道路的情况。上世纪二三十年代,中国社会史研究一出生就是以社会史论战的面貌出现的,偏重理论;不久就出现《食货》派,被认为重材料。解放后中国社会史的研究,自然是重理论的,其结果则是被视为走向教条主义。上世纪80年代后的社会史研究又出现重材料,重局部,重个别社会问题的研究的动向。

历史经验是值得重视的。任何一门学科都应当理论、材料并重,宏观、微观并重,不能偏重哪一方面。

理论不是天上掉下来的。理论是研究深入中一点一滴积累下来的认识客观的能力。认识能力的不断提高,对客观的认识才一步步地深入。

因此,理论和材料的关系是相互为用。要两条腿走路,缺一条腿就成为瘸子。

自古就有这样一句话,说是"坐井观天曰天小。非天小也,所见者小也"。坐在井里看天,只能看到天的一部分,就说天小。不是天小,是你所看见的小。做学问,要宏观、微观结合。要能真实地看到整个社会,才能认识你看到那一部分社会和问题。研究任何一点一面的社会,必须有全面的观点,认识了社会的全面,才能真正认识你所见的部分。

自古以来,研究学问,往往出现这两者的偏差,不是重宏观、重理论,就是重微观、重材料。

我们编这套丛书,要重视历史上所走过的弯路,重视这种偏差。一本书也可能材料多些,也可能理论多些;一本书可能重在宏观,也可能重在微观。但我们希望整套书,是在理论、材料并重,宏观、微观并重的思想指导下完成的。这是中国社会和政治史研究的正路,是做学问的正路,也是我们编这套书的指导思想。

上世纪 80 年代后,随着改革开放,海外商品经济、技术和资本涌入中国,西方国家的学术、史学思潮和著作也涌入中国。辩证唯物史观一时有进入低潮的趋势。这是学术因素以外的人为原因造成的。辩证唯物史观还有极强的生命力,是先进的。

我们坚持辩证唯物史观,以辩证唯物史观推动中国社会和政治史研究,我们坚持理论、材料并重,宏观、微观并重的道路,避免偏颇,并决定从《中国中古社会和政治研究》丛书做起,以后再逐步扩展,我们希望这套丛书的出版,能推动中国历史学科的建设和发展,为中国学术走向世界作出我们应有的贡献。

目 录

前言 ………………………………………………………………… 1

第一章 战国秦汉小农的产生 …………………………………… 1
    第一节 井田制转变为爰田制与战国小农的产生 ………… 1
    第二节 "使黔首自实田"与秦汉小农的产生 …………… 18

第二章 战国秦汉小农的家庭结构 ……………………………… 26
    第一节 战国秦汉小农家庭的人口结构 …………………… 26
    第二节 战国秦汉小农的婚姻状况 ………………………… 32
        1. 婚龄 ……………………………………………… 32
        2. 婚姻形式 ………………………………………… 33
    第三节 战国秦汉小农的生育状况 ………………………… 36
    第四节 战国秦汉小农家庭的内部分工 …………………… 36
    第五节 战国秦汉小农家庭的析户与财产继承 …………… 40

第三章 战国秦汉小农的生产力水平 …………………………… 45
    第一节 战国秦汉小农的耕作方式 ………………………… 45
        1. 耕种方式 ………………………………………… 45
        2. 作物种类与复种指数 …………………………… 51
        3. 中耕 ……………………………………………… 52
        4. 选种与播种量 …………………………………… 52
    第二节 战国秦汉粮食亩产量考辨 ………………………… 53
        1. 有关文献记载 …………………………………… 54

        2. 亩积、容积的大小二制与粮食亩产量 ⋯⋯⋯⋯⋯⋯ 57
        3. 口粮标准与粮食平均亩产量 ⋯⋯⋯⋯⋯⋯⋯⋯⋯ 60
        4. 田租征收标准与粮食亩产量 ⋯⋯⋯⋯⋯⋯⋯⋯⋯ 62
   第三节 战国秦汉小农的副业生产能力 ⋯⋯⋯⋯⋯⋯⋯⋯ 65
        1. 饲养家畜 ⋯⋯⋯⋯⋯⋯⋯⋯⋯⋯⋯⋯⋯⋯⋯⋯⋯ 66
        2. 瓜果蔬菜 ⋯⋯⋯⋯⋯⋯⋯⋯⋯⋯⋯⋯⋯⋯⋯⋯⋯ 68
        3. 桑麻与纺织 ⋯⋯⋯⋯⋯⋯⋯⋯⋯⋯⋯⋯⋯⋯⋯⋯ 69
        4. 植树 ⋯⋯⋯⋯⋯⋯⋯⋯⋯⋯⋯⋯⋯⋯⋯⋯⋯⋯⋯ 75

第四章 战国秦汉小农的租税赋役负担 ⋯⋯⋯⋯⋯⋯⋯⋯⋯ 77
   第一节 户赋 ⋯⋯⋯⋯⋯⋯⋯⋯⋯⋯⋯⋯⋯⋯⋯⋯⋯⋯⋯ 78
        1. 岁率户二百,并非户赋 ⋯⋯⋯⋯⋯⋯⋯⋯⋯⋯⋯ 78
        2. 军赋就是户赋 ⋯⋯⋯⋯⋯⋯⋯⋯⋯⋯⋯⋯⋯⋯⋯ 79
        3. 户赋按家赀征收 ⋯⋯⋯⋯⋯⋯⋯⋯⋯⋯⋯⋯⋯⋯ 79
        4. 算赀即是户赋 ⋯⋯⋯⋯⋯⋯⋯⋯⋯⋯⋯⋯⋯⋯⋯ 81
        5. 算缗钱并非户赋 ⋯⋯⋯⋯⋯⋯⋯⋯⋯⋯⋯⋯⋯⋯ 82
   第二节 算赋与口赋 ⋯⋯⋯⋯⋯⋯⋯⋯⋯⋯⋯⋯⋯⋯⋯⋯ 83
   第三节 田租与刍稿税 ⋯⋯⋯⋯⋯⋯⋯⋯⋯⋯⋯⋯⋯⋯⋯ 92
   第四节 徭役与兵役 ⋯⋯⋯⋯⋯⋯⋯⋯⋯⋯⋯⋯⋯⋯⋯ 100

第五章 战国秦汉小农家庭的经济状况 ⋯⋯⋯⋯⋯⋯⋯⋯⋯ 128
   第一节 土地占有状况 ⋯⋯⋯⋯⋯⋯⋯⋯⋯⋯⋯⋯⋯⋯⋯ 128
   第二节 秦汉小农的家赀 ⋯⋯⋯⋯⋯⋯⋯⋯⋯⋯⋯⋯⋯⋯ 135
   第三节 战国秦汉小农家庭的经济收入 ⋯⋯⋯⋯⋯⋯⋯⋯ 144
   第四节 战国秦汉小农家庭的经济支出项目 ⋯⋯⋯⋯⋯⋯ 145

第六章 战国秦汉小农的身份与社会地位 ⋯⋯⋯⋯⋯⋯⋯⋯ 149
   第一节 选举权和被选举权 ⋯⋯⋯⋯⋯⋯⋯⋯⋯⋯⋯⋯⋯ 149

第二节	婚姻对象	153
第三节	交际对象	155
第四节	接受教育的权利	157
第五节	职业的转换与兼业	159
第六节	迁徙与脱籍	163
第七节	与国家的人身依附关系	167
第八节	战国秦汉小农的爵位	170
第九节	法律地位	174
第十节	小结	178

第七章　战国秦汉小农与商品货币经济 183
  第一节　"谷贱伤农"与"谷贵民流" 187
  第二节　多种经营 192
    1. 经济作物兼营量增多 193
    2. 专业小农户的涌现 193
    3. 多种经营 194
  第三节　货币纳赋税 196
  第四节　交换 198
  第五节　货币所有者的盘剥 201
  第六节　结语 206

第八章　战国秦汉小农与奴隶制经济 209
  第一节　战国秦汉小农经济与奴隶制经济的优劣 210
    1. 生产资料占有的多寡 211
    2. 生产技术的先进与落后 212
    3. 经营目的各异 214
    4. 政府的赋税政策有利于奴隶制经济 215

第二节　秦汉奴价考辨 …… 218
1. 秦奴价考辨 …… 219
2. 两汉奴价考辨 …… 223

第三节　小农是战国秦汉奴隶的主要来源 …… 234
第四节　小结 …… 237

第九章　战国秦汉小农与封建生产关系 …… 242
第一节　小农与各种封建制经济形式的关系 …… 242
1. 法定的占有庶子的形式 …… 242
2. 附托有威之门 …… 243
3. 耕种国有土地的小农 …… 244
4. 私田上的佃农 …… 250
5. 寄客、宾客、贾门、逆旅、赘婿、后父 …… 251

第二节　秦汉间封建生产关系发展的障碍 …… 255
第三节　小农在秦汉封建生产关系发展过程中的作用 …… 259

第十章　战国秦汉小农与国家的关系 …… 261
第一节　小农与国家的财政收入 …… 261
1. 田租、刍稿收入 …… 262
2. 算赋、口赋收入 …… 263
3. 更赋收入 …… 263

第二节　小农与国家的军事力量 …… 266
第三节　国家对小农的政策 …… 272
1. 推行"上农除末"的政策 …… 273
2. 实行普赐民爵制度 …… 276
3. 减免租赋与赐复 …… 278
4. 赈济、安辑贫民和流民 …… 278

第四节　徭役的兴利与为害 …… 283

第五节	国家法律与小农	287
第十一章	**战国秦汉小农的破产**	**294**
第一节	秦汉小农破产的原因	294
	1. 自然灾害	295
	2. 政府的急征暴敛	297
	3. 刑罚深刻	299
	4. 贪官污吏的诛求	301
	5. 豪强兼并	303
	6. 民间仇杀	304
	7. 盗贼劫略	306
	8. 商品经济侵蚀与高利贷盘剥	306
	9. 战争	309
第二节	秦汉小农破产后的出路	311
	1. 流民	311
	2. 庸客	312
	3. 奴婢	313
	4. 依附民	315
	5. 盗贼	315
	6. 起义者	317
第三节	小结	320
第十二章	**总论**	**323**
第一节	战国秦汉社会中的所有制形式与社会基本矛盾	323
第二节	生产力的发展与秦汉社会中的基本经济规律	334
第三节	商品货币经济的发展与战国秦汉小农的	

　　　　历史地位和作用…………………………………… 340
　　第四节　历史的启迪…………………………………… 346

附一　两汉赐民爵表………………………………………… 357
附二　两汉灾疫一览表……………………………………… 362
附三　两汉减免租赋徭役情况一览表……………………… 374
附四　引用及参考书目……………………………………… 379

前　言

中国自古以来就是一个农业国,而农业经济领域内的最基本的生产形式是以一家一户为单位,以自给自足为目的的小农经济。小农及小农经济在中国历史发展的各个阶段中,又具有不同的特点。研究特定的历史阶段中的小农及小农经济,将有助于我们对当时社会政治、经济、思想文化等各方面的深入了解,也只有对各特定历史阶段中的小农及小农经济有了充分研究和清楚的了解后,我们才能把握住中国历史发展的脉络,才能对中国的历史,作出正确的评价。

战国时期,不仅战争的规模空前,战争持续的时间与惨烈程度也是空前的。可是,我们并没有看到社会经济的崩溃,与此相反,我们看到这一时期的社会经济仍然呈发展趋势。秦统一六国,应该能为经济与社会的发展提供很好的条件,遗憾的是,我们不仅没有看到社会经济的发展,反而看到这生机勃勃、战无不胜、攻无不克的秦国,在统一后的短短十五年中,给社会经济造成了极大的破坏,结果是秦帝国的大厦在农民起义的熊熊烈火中轰然倒塌。接下来又是四年的楚汉相争,及至西汉王朝,社会经济呈现出一片萧条景象,正如司马迁在《史记·平准书》中所云:"汉兴,接秦之敝,丈夫从军旅,老弱转粮饷,作业剧而财匮,自天子不能具钧驷,而将相或乘牛车，齐民无盖藏。"在如此社会经济凋敝的情况下，从汉高祖刘邦始，经惠帝、吕后、文帝、景帝的近七十年间，实行无为而治、轻徭薄赋、与民休息的政策，使社会经济得到了快速的恢复与发展。以致"国家无事，非遇水旱之灾，民则人给家足，都鄙仓庾皆满，而府库余货财。京师之钱累巨万，贯朽而不可校。太仓之粟，陈陈相因，充溢露积于外，至腐败不可食。众庶街巷有马，阡陌之间成群，而乘字牝者摈而不得聚会。守闾阎者食粱肉，为吏者长子孙，居官者以为姓号。故人人自爱而重犯法，先行义而后绌耻辱焉"。这段话同样出于司马迁的《史记·平准书》，为我们描述了一幅文景盛世的繁荣景象。汉武帝即位后，一改汉初的政策，对匈奴进行大规模的反击战，对西南也进行积极的经营，因此在位五十四年，就打了四十六年仗，以致"海内虚耗，户口减半"。昭帝、宣帝两代，虽对武帝的政策有所批判与调整，但幅度不大，终不能从根本上扭转西汉王朝衰败的颓势。元、成、哀、平四代，则一代不如一代，最终政权被王莽所夺。究其原因，就是他们均未能找到根治社会弊病的良方。当时社会的弊病就是因土地兼并而造成的大量破产，小农沦为流民和奴婢。王莽虽取得了政权，但必须医治社会弊病方能维持与巩固他的政权。应该说王莽对当时社会的弊病认识得还是很清楚的，也是对症下药的。他针对土地兼并提出了王田制、针对奴婢问题提出了私属制。但是，他仅靠行政命令就想解决积弊已久的社会问题和经济问题，实在是过于天真，结果只能以失败告终，不仅使他个人的信誉破了产，他的政权也随之覆灭。在经历了农民大起义的社会动荡后，东汉王朝建立起来，土地的兼并问题暂时得到缓解，王田制已无推行的必要，但私属制已成社会的趋势。故东汉政权从一开始,就形成了拥有大量依附农民的庄园,这些依附的农民被称为部曲、家兵。庄园经济的独立性必然形成政治上的割据性,因此东汉末年的军阀割据和三国鼎立就成为历史的必然。西晋统一后实施占田、课田和品官荫客制,实际上是在全面推行王莽的王田制与私属制。经南北朝、隋,直至中唐,都在积极推行旨在控制土地兼并和保护小农经济的均田制,这才使社会经济得以恢复和发展。中唐以后,政府失去了控制土地兼并与调节土地再分配的能力,均田制瓦解,为保证财政收入,不得不放弃租庸调制而实施两税法。从此,中国古代社会直到中华人民共和国成立以前,政府均承认私人拥有土地的合法性,不再强制干预土地的自由买卖和租佃。尽管土地的兼并问题仍然存在,但既没有出现汉代的大量奴婢,也没有出现大量的私属即依附民;出现的只是大量拥有自由民身份的佃农,但是流民问题始终存在,并始终是造成中国社会动荡的主要原因。

综上所述,一部中国的古代史,也可以称为一部中国的小农与小农经济的发展史。战国秦汉时期的小农与小农经济,又具有其区别于它的前世后代的小农及小农经济的显著特征,这些特征,是由当时社会占主导地位的生产关系以及由此生产关系而产生的上层建筑的特性所赋予的。因此,对战国秦汉小农及小农经济的深入研究,不仅对判明战国秦汉社会的性质,而且对整个中国古代史的正确认识都是特别重要的。

有关本专题的文献资料,一是零散、二是笼统,前辈们研究的结论亦多有分歧,故在写作的过程中时有荆棘丛生之感。幸喜近年来考古的种种发现,为本题的研究提供了新的资料。因此,我不得不较多地采用考证的方法,也正由于资料的笼统,故定性分析较易,定量分析较难,我虽力求做到定量分析,然囿于学识和资料,仍不免有定性分析之嫌,近年来社会学、心理学、系统论等新的研究方法被引进历史研究领域,我也努力学习、消化而运用之。我是把小农与小农经济作为社会的一个相对独立的子系统来看待的,它仅是整个战国秦汉社会经济的一部分和战国秦汉社会中各阶级、各阶层的一部分,故虽以小农与小农经济立论,但重点仍在揭示战国秦汉小农与战国秦汉社会中各阶级、阶层的相互关系,小农经济与其他经济形式的相互关系。我认为马克思主义的史学理论与方法仍是我们史学工作者必须恪守的正确的理论和方法,传统的、新兴的史学理论和方法,只要是正确的、合理的、就应该加以运用。

需要特别予以申明的一点是,小农与小农经济的定义问题,这个问题看来简单,细究起来还颇为复杂。因为其概念的核心是一"小"字,仅指生产的规模小,并未包含生产资料的所有制内容,此其一;"小"是一相对概念,并非是绝对概念,此其二。由于概念本身在语义学方面的不确定性,因而在使用这两个概念时,各人会根据自己的理解而赋予其特定的内涵。本书所使用的小农与小农经济这两个概念,包含了两方面的含义:一是生产资料未必私有,二是生产单位是户,其最大容量只包含直系的父、子与自身三代的户。战国时期的小农,土地的所有权还掌握在国家的手中,秦汉时期的小农,因土地的所有权已经私有化,故以自耕农为其典型形态,半自耕农、佃农是自耕农的派生形态。

本书试图通过对战国和秦汉小农与小农经济的系统研究与分析,揭示战国和秦汉社会中小农与小农经济的若干特点,揭示战国和秦汉社会中的基本经济规律,判断战国和秦汉社会的性质,并试图通过战国和秦汉小农及小农经济的产生、发展、衰败的历史过程的考察,探索中国奴隶制社会的特点及其向封建社会转变的原因,还试图运用生产力与生产关系必须相适应的基本原理,对中国历史上的小农与小农经济的作用、性质作出实事求是的判断。由于笔者才疏学浅,错误在所难免,深望得到各位方家的指教。

第一章 战国秦汉小农的产生

秦汉小农直接脱胎于战国爰田制下的农民,而战国爰田制下的农民又来自于战国以前的井田制下的农民,为弄清战国秦汉小农产生的历史前提,我们不得不追溯井田制、爰田制下农民的情况。

第一节 井田制转变为爰田制与战国小农的产生

何为井田制?这是史学界长期聚讼的难题,由于近年来考古工作者发现了一批战国秦汉简牍,为我们提供了研究它的极为真实而重要的新材料,下面我将依据这些新材料和有关文献,对井田制作探索和说明。

有关井田制内容的文献记载,主要是《孟子·滕文公上》的如下一段:

> 夏后氏五十而贡,殷人七十而助,周人百亩而彻,其实皆什一也。彻者,彻也。助者,籍也。龙子曰:"治地莫善于助,莫不善于贡。贡者,校数岁之中以为常。"《诗》云:"雨我公田,遂及我私,"由此观之,虽周亦助也。……使毕战问井地,孟子曰:"……夫仁政必自经界始,经界不正,井地不均,谷禄不平。……请野九一而助,国中什一使自赋……方里而井,井九

百亩,其中为公田,八家皆私百亩,同养公田。"

此外,《周礼》中亦有记载。

《地官·小司徒》云:"乃均土地以稽其人民而周知其数。……乃经土地而井牧其田野,九夫为井,四井为邑,四邑为丘,四丘为甸,四甸为县,四县为都,以任地事而令贡赋,凡税敛之事。"

还有《国语·鲁语》中记载的孔子的一段话,也是我们研究井田制的重要材料:

> 季康子欲以田赋,使冉有访诸仲尼,仲尼不对,私于冉有曰:"求,来!女不闻乎?先王制土,籍田以力,而抵其远迩,赋里以入,而量其有无,任力以夫,而议其老幼。于是乎有鳏寡孤疾,有军旅之出则征之,无则已。其岁收:田一井,出稯禾、秉刍、缶米,不是过也,先王以为足。若子季孙欲其法也,则有周公之籍矣,若欲犯法,则苟而赋,又何访焉!"

至于汉人的一些著述,均是对以上这些史料的说明和增补,故不再征引。

我们先来探讨"井"字在《孟子》、《周礼》、《国语》等史籍中的确切含义。

我认为"井"有三义:第一为名词,意为标准、规格;第二为动词,意为整治、规划;第三为专有名词,是个具有确定内涵的单位。

金文中的"井"有"型"义,而型的本义便是标准、模式。

《录伯戎簋》铭:"子子孙孙其帅井受兹休"[1]

《师虎簋》铭:"今余唯帅井先王令"[2]

---

[1] 《两周金文辞大系图录考释》,上海书店出版社1999年7月版,下册第62页。
[2] 同上书,第73页。

《番生簋》铭:"番生不敢弗帅井皇且考不杯元德。"①

以上诸器之"井",全是"型"的假借字,"帅井"即是"以为标准或榜样加以效法。"《孟子》既然讲"方里而井,井九百亩,其中为公田,八家皆私百亩,同养公田",《周礼》亦云"九夫为井",并规定了授田的标准,因而它们都明确地揭示了井田制的"井"字所具有的"标准"、"规格"的含义。

《周礼·地官·小司徒》云:"乃经土地而井牧其田野。"

《遂师》云:"经牧其田野。"

《遂人》云:"以土地之图,经田野。"

在同一《周礼》中,在表达同一意思时,"井"、"经"二字互用。由此可知,"井"与"经"是同义词,乃整治、规划之意。明乎此,先秦文献中不少的"井"字便可得到确解,如《左传·襄公二十五年》:"牧隰皋,井衍沃",《国语·齐语》的"井田畴均",《管子》:"断方井田之数"中之"井",均应作如是解,就连《孟子》中的"问井地"、"井地不均"之井,亦应作如是观,否则,文义便扞格不通。

《孟子》第三义的"井"是个一里见方,内含九块百亩土地而组成的生产、赋役二者合一的单位。

《周礼》第三义的"井",同样是由九夫所组成的生产单位和赋役单位。

《国语》第三义的"井",是个征收实物税的单位,因而也必为农业生产的组织单位。

因此,尽管《孟子》、《周礼》、《国语》井田说的内涵各别,甚至相

---

① 《两周金文辞大系图录考释》,上海书店出版社1999年7月版,下册第133页。

互矛盾,但"井"作为一征收赋税的单位,劳动组合的单位,却是共同的。

《孟子》井田说有公田与私田并存于一井之中的内容,《周礼》、《国语》未明言。

《周礼·天官·甸师》有"甸师掌帅其属而耕耨王籍"的记载,孔子云:"籍田以力",籍者,助也、"惟助为有公田",当然都是有"公田"与"私田"并存的内容了。但孔子说的"公"、"私"之田必在空间上是分开的,并与各助耕者有空间的远近之分,为均平力役,这才有"砥其远迩"的必要。再者,这"公田"必在一固定处所,否则便无法在征调人夫时"砥其远迩"。故孔子所云井田制的"公田"与孟子所说分散于各井之中的"公田"不同,必然是集中的,大面积的,也就与孟子的八家共耕公田有别,必然是征调众多的人夫共同耕作。《诗经》中所提到的"大田"、"甫田",其实便是孔子所未明言的"公田",那"十千维耦"、"千耦其耘"的诗句,便是孔子所云"籍田以力"时征发众多农夫共耕公田劳动场面的具体描绘。关于这一点,金文和文献记载都可以证明。

《令鼎》:"王大耤农于諆田。"①

《左传·昭公十八年》:"郮人藉稻,邾人袭鄅……尽俘以归。"諆是地名,必为一固定处所,"大耤农",就是大规模征发农夫助耕。

鄅为一小国,在征发众人收获稻子时,以致国防空虚,让邾人钻了空子。这是公田必须征调众多农夫集体劳动的最好例证。以上两点足证孔子籍田说之正确与孟子八家共耕公田说之非。更何

---

① 《两周金文辞大系图录考释》,上海书店出版社1999年7月版,下册第30页。

况孟子的八家共井说在先秦其他史料中找不到证据,因此,我们只能把它看着是孟子的设想,而不可作信史。

在探讨井田制内容的时候,一井包括多少土地?容纳几多劳力?这是必须搞清楚的。

《国语》没有为我们提供这方面的材料。《孟子》明言"井九百亩"、"八家皆私百亩",这是八家共井。《周礼》的《小司徒》、《考工记》均云"九夫为井",可《遂人》偏又冒出个"十夫有沟",这些记载,使人很难看清井田制的庐山真面目。

其实,《孟子》规定"井九百亩",《周礼》规定"九夫为井",("十夫有沟"暂不讨论)二说并不矛盾。所不同的是《孟子》是从亩积上作规定,《周礼》是从耕种一井田的人夫上作规定而已。一夫治田百亩,九夫为井,每井还是含有九百亩土地。

"夫"与"家"应该是有所区别的,但是先秦文献中,凡涉及土地分配,与百亩之田相联系时,一夫就代表一家,《孟子》说"八家共井",在《滕文公上》说:"夫以百亩之不易为己忧者,农夫也。"《万章下》则明言:"一夫百亩",便是最明白的注释。

《孟子》与《周礼》的不同之处在于:《孟子》认为一井只容纳八家,《周礼》认为一井容纳九家。我们在上文已经说过《孟子》说公田在井中是没有根据的,且《孟子》说:"八家皆私百亩","同养公田",这应是八一而助,即使勉强称为"九一而助",但绝不可同"什一"的税例相统一,这是孟子所设计的井田制中不可克服的矛盾所在。我们已经证明公田是在井外的,一井的九家承担百亩的公田耕作,这才是真正的"九一而助"、"什一"之法。

现在我们来讨论《周礼》的"九夫为井"与"十夫有沟"的矛盾。

《遂人》云："凡治野，夫间有遂，遂上有径，十夫有沟，沟上有畛，百夫有洫，洫上有涂；千夫有浍，浍上有道；万夫有川，川上有路，以达于畿。"

《考工记·匠人》："九夫为井，井间广四尺、深四尺谓之沟，方十里为成，成间广八尺深八尺谓之洫，方百里为同，同间广二寻深二仞谓之浍，专达于川，各载其名。"

应该说这是两套不同规格的沟洫系统，是两种田制，其矛盾是不可调和的。古人和近人均试图从国野田制不同的角度来弥缝其间，但《遂人》的"凡治野"三字，就确定了它不是"国中之制"、因而任何试图让这两种沟洫系统共存于一国、一种田制中的努力均是徒劳的。

窃以为井田制的沟洫制，《考工记·匠人》已做了明确规定，而《遂人》并未提到"井"字，它根本就不是井田制的沟洫制，何必硬要把它往井田制上拉？

《遂人》的沟洫制，只能看作是另外一种田制的沟洫制。正因为是两种田制，不汉沟洫系统不同，行政规划系统也不同，一是"九夫为井，四井为邑，四邑为丘，四丘为甸，四甸为县，四县为都"。一是"五家为邻，五邻为里，四里为鄼，五鄼为鄙，五鄙为县，五县为遂"。而这种与井田制不同的田制，便是取代井田制的爰田制，这一点，将在讨论爰田制时详作说明。

下面我们来讨论井田制下的井、里、邑的相互关系。

"方里而井"的里，是长度单位、面积单位；井是经济单位；"赋里以入"的里也是经济单位，"五邻为里"的里就是一个行政单位。

《史颂簋》铭："蘮友里君，百生帅隅盩于成周"①，这里的"里

---

① 《两周金文辞大系图录考释》，上海书店出版社1999年7月版，下册第71页。

君"即是《尚书·酒诰》、《逸周书·商誓》中的"里居",也即是《周礼》中的"里宰"。

《说文》云:"里,居也,从田从土。"从周人分"里居"与"百生(姓)"两级,可以推测到"里"是周人基层行政区的名称,是有土有民的政治实体。

"邑"也是个有土有民的政治实体,它可以用于赏赐和作为俸禄的单位,所谓"公与免余邑六十"、"唯卿备百邑"便是例证。但"邑"的外延比"里"广,大到国都以及整个国家,如卜辞的"大邑商"的邑,《尚书》"商邑"的邑,《穀梁传·襄公二十五年》:"古者大国过小邑,小邑必饰城而请罪"的"邑",皆指国,小到"十室之邑"的邑,凡是人所聚居的地方,皆可以邑名之。

总之,在行政区这一点上,"里"与"邑"是相同的,而"井"始终是个经济单位,尽管"井"与"里"在"方里而井"时内涵一致,但它并不具有"里"的行政区划的内涵。

《周易·井卦》云:"改邑不改井,无丧无得",历来的注疏家均把井解作水井之井,终不能得其真谛。

李镜池先生的《周易通义》云:"井,井田。……邑大小以井为计算单位"。把"井"解作井田,十分正确。但他认为"这是说一个邑主,大概由于搞得不好,不得人心,被调走了,调到另一个邑去。两个邑的井田数目没有变。对这个邑主来说,无失也无得"。[①] 笔者则不敢苟同。

我们知道,邑的大小是可以改变的,有"十室之邑"、"百室之

---

① 《周易通义》,中华书局1981年版,第95页。

邑"、"万家之邑",但只要不改变"井"的内涵,也即是说只要不改变一家百亩的授田标准,不改变征发赋役的剥削量,对任何一家农户来说,不管怎么改变他的居住区域,均不涉及经济利益的变化;对于拥有一定封地的国君和卿大夫说,他们可以将他治下的居民的居住区域作或大或小为调整,但只要不改变"井"的内涵,同样不会引起经济利益的波动,因此就"无丧无得"。

说明了井、里、邑的相互关系后,现在我们来讨论贡、助、彻,也即是井田制下赋役的征发形式问题。

"贡者,校数岁之中以为常",这是定额实物税,"助者,籍也",这是劳役。这两点孟子说得明确。只是"彻者,彻也"以彻解彻,后人不能明瞭其义。金景芳教授训彻为辙,意为双轨,即周人既行助法又行贡法,十分正确。但他认为这是"国"、"野"之别,"国中什一使自赋"是贡法,"请野九一而助"是助法①。窃以为"彻"的含义可以从孔子所云井田制中获得,所谓"籍田以力"便是助法,"岁取"便是贡法,再加上"任力以夫"、"赋里以入",包括了"力役之征"、"粟米之征"和"刀布之敛"的全部内容。这就比孟子井田说的单纯的助法,要复杂得多。因而孔子所说的各项力役、赋税的总和便应是周代"彻"法的内涵。

恩格斯说:"差不多一切民族都实行过土地由氏族后来又由共产制家庭公社共同耕作,继而差不多一切民族都实行过把土地分给单个家庭并定期实行重新分配。"②

---

① 《论井田制度》,齐鲁书社1982年版,第33、34页。
② 《马克思恩格斯全集》第21卷,第159页。

井田制实际上就是恩格斯所说的两种方式的合而为一,所谓共耕公田,就是恩格斯所说的共同耕作的形式,所谓"一夫百亩"就是把土地分配给单个家庭,关于定期实行重新分配的情况,亦是有的。

《公羊传·宣公十五年》何休注:"司空谨别田之高下,分为三品,上田一岁一垦,中田二岁一垦,下田三岁一垦。肥硗不得独苦,故三年一换土易居。""改邑不改井,无丧无得",同样是"换土易居"的证明。因为"改邑"便是"易居",虽换了土,但"不改井",没有改变以往授田的标准和赋税标准,因而就"无丧无得"。

山东临沂银雀山汉墓所出竹书《田法》中有"三岁而壹更赋田,十岁而民毕易田"的记载,更是直接地证明了定期实行重新分配原则的存在。这虽然是战国史料,但可以肯定地说这种制度必有更古老的渊源。

最后我们来说明一下井田制的沟洫制。《周礼》的《地官·遂人》和《考工记·匠人》均比较具体地记载了五沟五途之制,这种整齐划一田制的真实性,长期以来受到人们的怀疑。

《文物》1982年第一期刊载了四川青川出土的秦更修为田律的内容。木牍正面墨书一百二十字:"二年十二月己酉朔朔日、王命丞相戊〔茂〕、内史匽,□□更修为田律;田广一步、袤八则为畛,亩二畛,一百〔陌〕道。百亩为顷,一千〔阡〕道,道广三步。封,高四尺,大称其高。捋〔埒〕高尺,卜厚二尺。以秋八月,修封捋〔埒〕,正疆畔,〔发〕千〔阡〕百〔陌〕之大草。九月,大除道及除陕〔浍〕。十月为桥,修阪堤,利津口。鲜草,〔虽〕非除道之时,而有陷败不可行,相为之□□。"

律文对道路阡陌封疆等做了明确规定,有道必有沟,所以律文也有"大除道及除浍"的规定。据考证,律文中的二年为秦武王二年,是商鞅变法"为田开阡陌封疆"后,这种田制正是配备了整齐划一的沟涂系统的田制。历史总是有继承性的,看了此律文,我们就没有什么理由怀疑整齐划一的井田制在我国历史上存在的真实性了。

《左传·襄公卅年》:"子产使都鄙有章,上下有服,田有封洫,庐井有伍。"

《礼记·月令》云:"皆修封疆,审端径术","修利堤防,道达沟渎,开通道路,毋有障塞。"

这些记载,其精神均与此木牍所载为田律之精神相一致。因此,无论是文献资料还是出土资料都无可辩驳地证明,我国历史上确实存在过配备着沟涂系统的整齐划一的井田制。

经过以上的辨析,我们可以说:井田制就是一种按一定的标准平均授田,以"井"作为单位组织生产、征收赋税的制度。其主要内容,可从《国语》、《周礼》、《孟子》等有关记载中概括如下:

(1)按一家百亩的标准平均授田,并定期重新分配土地,

(2)九家为井,它是一个最小的生产和提供剩余劳动的经济单位。

(3)具有"公田"与"私田"的分别,因而"助"是不可缺少的对剩余劳动的榨取方式。

(4)配备较为整齐的沟涂系统。

在井田制下,土地是由政府分配的,农民只能享有其使用权,由于定期实行重新分配,保证每个农家生产资料的大体均等,因而较多地保留了原始的共产制的因素。又因为要共同耕作公田,尽管公田的收入已归国家或剥削者所有,但只要有公田的存在,有共

耕公田的惯例,农民的公共意识就会存在。再加上以井作为征赋税的单位,这就使单个小家庭的发展受到限制,增添了井内九家共同协作的必要性。

另一方面,由于单个的家庭已是土地分配的依据,它虽然受到了公有制的种种制约,但每个家庭的成员组成是不尽相同的,各家庭间的经济状况会有差异,尽管这种差异还不足以引起他们之间贫富分化。他们的一切都取决于老天爷的恩赐和政府的好坏这两个因素,因而井田制下的农民,只具备了自耕小农的第一个特征的主要方面,单个家庭仍然受到了集体的约束,尚不可能成为完全独立的生产单位,至于说第二个特征,拥有小块土地,那还有一大段历史的路程,需要走过才可具备。

爰田制与井田制一样,也是个不甚了了的概念,文献中有三处涉及它:

(1)《左传·僖公十五年》:"晋侯使郤乞告瑕饴甥,且召之。子金教之言曰:朝国人而以君命赏,且告之曰:孤虽归,辱社稷矣!其卜贰圉也。众皆哭,晋于是乎作爰田。"

杜预注:"分公田之税应入公者,爰之于所赏之众。"

孔颖达《正义》曰:"服虔、孔晁皆云:'爰,易也。赏众以田,易其疆畔。'"

(2)《国语·晋语》:"且赏以悦众,众皆哭焉,作爰田。"

韦昭注:"贾侍中云:'辕、易也,为易田之法,赏众以田。易者,易疆界也。'"或云:"辕田,以田出车赋",非也。唐曰:"让肥取硗也。"

(3)《汉书·地理志》:"孝公用商君,制辕田,开阡陌,东雄诸侯。"

张晏曰:"周制三年一易以同美恶,商鞅始割裂田地,开立阡陌,令民各有常制。"

孟康曰:"三年爰土易居,古制也,末世浸废,商鞅相秦,复立爰田。上田不易,中田一易,下田再易,爰自在其田,不复易居也。《食货志》曰:'自爰其处而已'是也。"

归纳各家之注,共有六说:

1. 将公田税收赏众,杜预说。
2. 改变疆畔,赏众以田,服虔、孔晁、贾逵说。
3. 按田出车赋,或说。
4. 让肥取硗,唐固说。
5. 割裂田地,开立阡陌,固定授田,张晏说。
6. 按土质不等量授田,固定授田,孟康说。

以上六说,孰是孰非?需加以讨论。

我们知道,晋惠公是在成了秦的俘虏准备返国,为收买民心而"作爰田"的,这个背景决定了爰田目的应是"赏众以田"。杜预注仅涉及赋税,而没有涉及土地,因此是不确切的;或注讲的是军赋征收,虽被韦昭否定,但田制和赋役制是不可分割的,更何况晋作爰田后,立即"作州兵",所以杜预与或注也有其正确的成分,不能全盘否定。在解释晋爰田的四说中,只有唐固说最不合理,它虽可解"爰田"二字,但不能解释"作爰田"。"作"是一种制度的创新,"让肥取硗"是绝不可能作为制度而长期实行的。四说中包含正确成分最多的就是服虔、孔晁、贾逵的"赏众以田,易其疆畔"说。

山东银雀山汉墓所出《孙子兵法·吴问篇》载:

吴王问孙子曰:"六将军分守晋国之地,孰先亡?孰固成?"

孙子曰："范、中行是〔氏〕先亡。""孰为之次？""智氏为次。""孰为之次？""韩魏为次，赵毋失其故法，晋国归焉"。吴王曰："其说可得闻乎？"孙子曰："可。范、中行是〔氏〕制田，以八十步为婉〔畹〕，以百六十步为畛，而伍税之。其□田陕〔狭〕，置士多，伍税之，公家富。置士多，主乔〔骄〕臣奢，冀功数法，故曰先（亡）。……公家富，置士多，主乔〔骄〕臣奢，冀功数战，故为范、中行是〔氏〕次。韩巍〔魏〕制田，以百步为婉〔畹〕，以二百步为畛，而伍税（之）。其□田陕〔狭〕，其置士多，伍税之，公家富。公家富，置士多，主乔〔骄〕臣奢，冀功数战，故为智是〔氏〕次。赵是〔氏〕制田，以百廿步为婉〔畹〕，以二百四十步为畛，公无税焉。公家贫，其置士少，主佥臣收，以御富民，故曰固国，晋国归焉。"

据此我们可知，六卿亩制各不相同，范氏、中行氏是一百六十步，韩、魏是二百步，赵氏是二百四十步。缺了智氏，但智氏是介于范、中行氏和韩、魏之间的，可推知其亩制为一百八十步。六卿中范、中行氏的亩积最小，但也已突破了"步百为亩"的周制。孙子是以六卿亩积的大小来推测他们灭亡的先后的，这就说明用扩大亩积的方法赏众以田确实是当时收买人心的一个重要手段。因此，《孙子兵法·吴问篇》的记载，是对服虔、孔晁、贾逵说的最为有力的支持。从周制的步白为亩，到范氏、中行氏的一百八十步为亩，其间尚有六十步的回旋余地，晋惠公所作爰田的亩积，自可为一百二十步或一百四十步，但也不能排斥范氏、中行氏沿袭惠公一百六十步为亩田制的可能性。由此我们可以推知晋惠公"作爰田"的主要内容之一便是扩大亩积。

《史记》的《商君列传》、《秦本纪》以及《六国年表》均云商鞅"为田开阡陌封疆",我们若把这些记载同秦武王二年的《更修为田律》相互对照,便可立即明白:商鞅变法所为之田,就是《更修为田律》所规定的田制,也即是《汉书·地理志》所载的"制辕田"的内容。

《通典·州郡典》明言:"按周制,步百为亩,亩百给一夫,商鞅佐秦,以一夫力余,地力不尽,于是改制二百四十步为亩,百亩给一夫矣。"《说文》亦云:"六尺为步,步百为亩,秦田二百四十步为亩。"《更修为田律》规定:田广一步、袤八则为畛,亩二畛。一则为三十步,八则适为二百四十步,同于赵氏田制。由此可知,商鞅变法所行辕田制,正是对晋六卿中赵氏田制的直接承袭,这又进一步证明,《吴问篇》中所载六卿田制,同样是辕田制。

文献记载商鞅变法是"为田开阡陌封疆"、"决裂阡陌"、"开立阡陌",出土的青川木牍和云梦睡虎地《秦律》均告诉我们:商鞅变法后的田制仍有阡陌封疆,这就充分说明,无论是商鞅变法所行的辕田制还是晋惠公作爰田的重要内容之一都是"赏众以田,易其疆畔"。

张晏、孟康说虽有别,但"令民有常制"与"自爰其处"的内涵却是一致的,都是指固定授田,不再"爰土易居"了。

《更修为田律》只对亩、畛、阡、陌、顷、封、埒做了明确规定,云梦睡虎地出土的《秦律·田律》有"入顷刍、稿、以其受田之数,无垦不垦,顷入刍三石、稿二石"的律文。由此可知,秦爰田必然是以顷作为基本单位的固定授田制和以田亩数为依据的定额赋税制二者的结合,那么,晋的爰田制是否也具有同样的内涵呢?

杜预注晋爰田是把公田的税收转赏众人,这就是说政府不再征收公田上的税,也就意味着取消了"公田",将"公田"赏入"私田",这就与"赏众以田,易其疆畔"之说不唯不冲突,还可以相互发明了。

或注"以田出车赋",其精神正与《秦律》所规定的"以其受田之数,无垦不垦,顷入刍三石,稾二石"的精神完全一致。

因此,晋的爰田与秦的爰田在内涵上是一致的,晋惠公是爰田制的始作俑者,六卿步其武,商鞅则殿其后。

"爰者,易也",即是改变。爰田制也即是相对于井田制而言的一种新的田制,它对井田制作了如下方面的改变:

1. 改变原有疆界,扩大亩积(亩制)
2. 变"爰土易居"为"自爰其处"(授田方法)
3. 变"赋里以入"为"以田出车赋"
   变"井出"为"顷入"
   变"助"法为税法(赋税制度)

《大戴礼记·方言篇》载:"布指知寸,布手知尺,舒肘知寻,十寻而索,百步而堵(亩),三百步而里",这与《孟子》所云"方里而井,井九百亩"的规定完全一致。在井田制下一井田的面积正是一平方里,而在爰田制下,由于一亩突破了一百平方步的限制,因而"方里而井"的格局就维持不住了。这种变化,反映到沟洫系统上来,以井为单位的井田制时,必然是《考工记·匠人》所载的"九夫为井,井间广四尺深四尺谓之沟,方十里为成,成间广八尺深八尺谓之洫,方百里为同,同间广二寻深二仞谓之浍,专达于川,各载其名"的格局,因为只有在步百为亩的标准下,"井"才能与"里"有此对应关系。而在爰田制下,公田不复存在,"九一而助"不再实行,赋税的单位是单个的"夫"、"家"和"顷亩",沟洫制必然是《周礼·

遂人》所载的"夫间有遂,遂上有径,十夫有沟,沟上有畛,百夫有洫,洫上有途,千夫有浍,浍上有道,万夫有川,川上有路,以达于畿。"的格局了,此点也为银雀山汉墓所出竹书内容所证实:"州、乡以地次授田于野,百人为区,千人为域,人不举域中之田,以地相次。"以往我们未能认识到这一点,将两种不同的沟洫系统都认为是井田制下的,结果是处处抵牾,治丝愈棼!

《孟子》云:"夏后氏五十而贡,殷人七十而助,周人百亩而彻。"我们可以从授田的亩数不断增多这一角度,看出夏、商、周三代人征服自然能力的依次提高。爰田制下一夫授田的亩数虽然仍是一百亩,但亩积已扩大,商鞅变法后的一百亩正等于井田制下的二百四十亩。在"一夫力余"、"地力不尽"的情况下,社会产生一种增加垦田面积的要求。晋惠公、晋六卿,商鞅正是迎合了这种要求,这才收到了他们预期的政治效果的,因而爰田制取代井田制就是顺应历史发展的进步措施。

将"公田"并入"私田",取消"助"法而行税法,同样也是历史发展的必然趋势。

马克思在《资本论》中曾说:"土地的一部分属于单个农民,由他们独立耕种。另一部分则共同耕种,形成剩余产品,它部分地运用于公社的开支,部分地作为歉收时动用的储备等,剩余产品的最后这两部分,以及最终全部剩余产品连同生长这个剩余产品的土地,都逐渐为国家官吏和私人所掠夺;原来的自由农民,有义务共同耕种这种土地的土地所有者,这样就变为有义务从事徭役或交纳产品地租的人,而公有制的掠夺者则变为不仅是被掠夺的公有地的所有者,并且也是农民旧有土地的所有者。"①

马克思的这段精彩的论述,揭示了在不改变原始的公有土地的情况下,产生剥削、产生阶级、产生国家的奥秘。他所论述的情况,与我国周代井田制的情况合若符契。

然而一旦义务变成了徭役负担,劳动者在"公田"上劳动的兴趣便会丧失。"无田甫田",便是他们的要求和呼声,而"公田"上的"维莠桀桀"、"维莠骄骄"现象的出现,便是不可避免的了。要想改变这种状况,最有效而简便的办法便是将"公田"并入"私田",然后再征收赋税。周宣王的"不籍千亩"、晋的"以田出车赋",鲁的"初税亩",秦的"初租禾"都是采用的同一种办法。

随着平均分配土地原则的被废弃,占有土地的不平衡状况便会与之俱来。以往"爰土易居"是"改邑不改井",如今"自爰其处"、"易其疆畔",就是改井不改邑,这就与以往的"无丧无得"不同,必然引起经济关系的变动。为适应这种变动,"以其受田之数"征收赋税,当然就成为唯一可行而合理的办法。

总之,爰田制取代井田制,并不是土地所有制关系上的变革,并不是如一般人所认为的那样井田制瓦解以后就立即变成了土地私有制。无论是井田制还是爰田制,都是土地的所有者们按一定的标准分配土地、组织生产、榨取剩余产品的农业生产的组织形式和赋税形式二者合一的制度。它们都披着一层公有制的生产组织形式的外衣,仅是外衣的厚薄不同而已。从生产组织来看,井田制下是"井",在爰田制下是"家",自耕农制下也是"家";从赋役的对

---

① 《马克思恩格斯全集》第25卷,第905—906页。

象来看，井田制下是"井"，爰田制下是"夫"是"顷亩"，自耕小农制下仍然是"家"，是"亩"。这就可知，爰田制正是为过渡到完全的自耕小农制创造好了条件。对于实行爰田制的国家来说，由国有制度变成私有制，这是个不成问题的问题。因为国家关心的是赋役，土地的所有权从国家的手中移交给私人，并不会减少国家的赋役总收入。另外一点是平均分配土地的原则已经放弃，国家已经不可能对土地的占有状况作大幅度的调整，国家也就没有必要抓住土地的所有权不放了。对于被分配土地的人们来说，他们当然希望占有能变成所有，特别是商品经济浸入到土地所有制领域的时候，这种欲望便会更加强烈。更重要的是这时候的国有制，并不是真正的全民所有制，而是剥削阶级的集体所有制，只不过是通过国家所有的形式把它表现出来，国家只会束缚住剥削阶级的手脚，因而也必须废除。到了这种时候，整个社会便会产生废除土地国有制承认土地私有的要求，那么国家或是像秦国那样"使黔首自实田"，或是听之任之，默认了。

总之，爰田制下的农民，已经以一家一户的形式组织生产，承担赋役，土地不再定期重新分配，他们对土地已经有了占有权。他们就像装在口袋中的马铃薯，只要口袋一破，马铃薯就会一个个地出来，成为独立自由的小农。战国的小农就是在井田制瓦解后实施爰田制的过程中产生的，而秦汉的小农就是在冲决了战国爰田制的公有制的束缚后脱颖而出的。

第二节 "使黔首自实田"与秦汉小农的产生

公元前 211 年，秦始皇扫荡六国，建立了中国历史上第一个统一的中央集权的王朝,正所谓"六王毕,四海一"。为适应军事上的统一,秦王朝不仅在政治上建立了一套从中央到地方的高度集权的官僚体制,而且也在经济上通过统一货币、度量衡等具体措施建立了一套全国划一的经济制度,而秦始皇三十一年(前216年)实施的"使黔首自实田"的土地政策,就是其中极为重要的一项。遗憾的是,对于如此重大的经济政策,史学界对其尚未形成一致的认识和评价。主要原因我认为是如下的两方面:

第一,"使黔首自实田"这一史料,并非出于《史记·秦始皇本纪》正文而是出于《史记·秦始皇本纪》正文"三十一年"后的裴骃集解所引徐广语曰:"使黔首自实田也。"此语来得十分突兀。正因为"使黔首自实田"并非出于《史记》正文,故其权威性便大打了折扣。

第二,对"使黔首自实田"的理解,史学界也存在分歧。

我个人的看法是:按常理,集解所引徐广语应该是对正文内容的解释,但正文的"三十一年"是无须解释的,因此可以肯定地说,目前所存的《史记》版本,在《秦始皇本纪》"三十一年"正文后,必有脱漏,且集解仅引用了徐广的这一句话,故可以推知《史记》正文的内容必然是与"使黔首自实田"为同义语。既然原文已失,徐广解释原文的话就成为唯一的史料,其本身所具有的权威性也是不容置疑的。对"使黔首自实田"的理解,我比较赞同由余庆先生在《中国大百科全书·中国历史·秦汉史》中对其的解释:"即令百姓自己申报土地。土地载于户籍。这是国家征发租税的主要依据。"[1]

---

[1] 《中国大百科全书·中国历史·秦汉史》,中国大百科全书出版社1986年8月第一版,第3页。

这是因为这种解释比较符合原文的精神,也比较符合历史的实际。

我们知道,商鞅变法"坏井田,开阡陌"、"制辕田,开阡陌",就是在秦国推行爰田制。无论是井田制还是爰田制,都是建立在土地公有制基础上的部族或国家对其属下的自由民分配土地的制度,因此这种土地的公有制就表现为部族或国家的土地所有制。商鞅变法之所以要推行爰田制,就是为了驱使秦国的国民努力耕战而使秦国能迅速地富强起来,这就是史书中所说的"教民耕战"。为什么坏井田、制辕田就能"尽地力"?这是因为战国时期已普遍使用铁农具,中耕、施肥、灌溉等农业生产的技术水平也有了较大的进步,这就大大提高了农业生产的能力,以往的井田制就成为束缚生产力发展的桎梏,因此必须废除。取而代之的爰田制不但扩大了亩积,还使得受田的农民取得了土地长久的占有权,再加上"田无垦不垦,以其受田之数"征收赋税使"赋税平"的税收政策和"大小戮力本业耕织,致粟帛多者复其身,事末利及怠而贫者举以为收孥"。①的奖惩政策的实施,必然从主客观两方面都能迫使秦民拼命从事农业生产,这就达到了解放生产力和使秦国富有起来的目的。另外,爰田制还与鼓励勇敢作战的二十等军功爵制相结合,打破了井田制下平均主义的授田原则。《商君书·境内》说:"能得甲首者,赏爵一级,益田一顷,益宅九亩。"《史记·商君列传》记载"明尊卑爵秩等级各以差次,名田宅臣妾衣服以家次,有功者显荣,无功者虽富无所芬华。"这就使得秦国上至贵族下至平民的政治经济利益关系必须按其耕战的状况进行重新调整,土地占有

---

① 《史记·商君列传》,中华书局标点本,1982年版。

的不平均分配的原则得以确立,这必然带来秦国内部社会关系的重大变化。但是这种变化并没有从根本上改变土地仍然属于公有即国家所有的性质。这是因为,土地的国有制乃是商鞅变法所赖以进行的基本条件,只有土地高度的国有化,政府才能最大限度地掌握全国的财富,也才能实行政治上的高度中央集权,才能最大限度地左右社会每一成员的政治地位和经济状况,也才能"虏使其民",使全体秦国的国民都成为国家的奴隶,为国家去拼命地从事耕战,从而达到富国强兵的最终目的。舍此,则商鞅纵有天才,也无法进行他的变法活动。

《汉书·食货志》引董仲舒语云:"秦……用商鞅之法,改帝王之制,除井田,民得卖买。"因此有不少的学者认为商鞅变法后,秦国的土地就进入了私有制阶段,我个人认为这种认识是不符合历史实际的。除了上文所论述的土地国有制是商鞅变法的基本前提外,云梦睡虎地出土的《秦律·封诊式》也为我们提供了十分重要而真实的史料:

> 封守　乡某爰书:以某县丞某书,封有鞫者某里士五(伍)甲家室、妻、子、臣妾、衣器、畜产。甲室、人:一宇二内。各有户,内室皆瓦盖,木大具、门桑十木。妻曰某,亡,不会封。子大女子某,未有夫。子小男子某,高六尺五寸。臣某,妾小女子某。牡犬一。几讯典某某:"甲尚(倘)有[它]当封守而某等脱弗占书,且有罪。"某等皆言曰:"甲封具此,毋(无)它当封者。"即以甲封付某等,与里人更守之。侍(待)令。①

---

① 《睡虎地秦墓竹简·秦律·封诊式》,文物出版社1978年版。

这个被封守的士伍有妻子儿女,男奴女婢,牡犬一只,瓦屋三间,桑树十株,是典型务本的自由民,他所有的家庭成员和财产均被封,就是未提到土地。像这样一个小康的农家,如果在一个土地私有制的社会中,是不可能不拥有土地的。这只能说明他是秦国爰田制下的农民,而所授的田地,并不成为他的私有财产,因而就不会列入被封守的对象。

云梦睡虎地所出的《秦律》,其涉及的年代为商鞅变法后至秦王朝统一六国前的这一历史时期,其内容涉及政治、经济、军事、法律等社会生活的各方面,但没有一条涉及土地私有、土地的买卖。但是对受田农民的土地占有权,法律有明文规定加以保护:

"如何为封?封即田阡陌顷畔封也。且非是而盗徙之,赎耐。何重也?是不重。"①

律文规定,对于田间阡陌顷畔的封土堆,因为它们是国家授予具体农民土地的疆界,如果有人偷偷地改变它们的位置,就要对罪犯处以耐(剃去鬓发,并服二年以下徒刑),但可以用财物抵罪的赎耐刑。因为这种行为并不是一般的偷窃,它不仅侵犯了受田农民对土地的占有权,更重要的是,这种行为是对国家权威的侵犯,故必须处以重刑。

正因为秦国在商鞅变法后实行了十分严格的基于土地国有制的爰田制和基于二十等军功爵制的名田制,这就使秦国国民为追求富贵而在战场上拼命。用商鞅自己的话来表达,这就是:"民之欲富贵也,共阖棺而后止,而富贵之门必出于兵,是故民闻战而相

---

① 《睡虎地秦墓竹简·秦律·法律答问》,文物出版社1978年版。

贺也,起居饮食所歌谣者,战也。"①"民之见战也,如饿狼之见肉,则民用矣。"②国内的超额经济剥削和残酷的政治压迫将秦人一个个都变成了饿狼,急于对外战争来填充枵枵之腹,整个秦国就变成了一架可怕的战争机器,在不断的对外战争中掠夺土地和人民,以满足其政治、经济、军事政策推行的需要,以缓和国内日益激化的社会矛盾。

可是,当秦始皇统一了全国后,军国主义的政策就失去了继续推行的社会基础,基于国有土地制度的爰田制也就既无可能也无必要继续推行下去了。因此,必须改弦更张,重新制定全国划一的新的土地制度来取代它。

说其不可能,是因为爰田制本身是一种对所有的自由民进行普遍的固定授田制度,政府必须掌握大量的土地方可实施,随着人口的增长和对外战争的中止,土地的来源就会枯竭,此其一;随着受田农民对土地占有状况的固定化、长期化,占有便会逐步向所有转化,终至于完全的私有而可以买卖,此其二;被秦所统一的国家,其所推行的土地制度也不可能和秦国一模一样,如赵国在晋国作爰田后的三百八十五年,我们就看到了土地买卖的记载,这就是《史记·廉颇赵奢列传》中所记载的在秦赵长平之战时,赵国的大将赵括的母亲曾对赵王说过如下的一段话:"今括一旦为将,东向而朝,军吏无敢仰视之者。王所赐金帛,归藏于家,而日视便利田宅,可买者买之。"既然赵国的大将都要通过用金帛购买的方法获

---

① 《商君书·赏刑》,《诸子集成》,中华书局1954年重印本。
② 《商君书·画策》,《诸子集成》,中华书局1954年重印本。

得土地,这就说明,土地私有制已经在赵国确立,此其三。

说其没有必要,这是因为,秦国在统一全国后,所关心的重点不再是控制土地,而是转变为基于土地占有状况的国家赋税。只要国家的赋税有保证,百姓的土地是占有还是所有,那又有什么关系呢?

文献资料也为我们提供了秦在统一全国后不再实施爰田制的证明:

《史记·陈丞相世家》载:陈平"少时家贫,好读书,有田三十亩,独与兄伯居,伯常耕田,纵平使游学"。陈平是阳武户牖乡人,战国时属魏,公元前225年入秦。秦末农民大起义爆发于公元前209年,当时陈平是婚后不久,"从少年往事魏王咎于临济",年龄当在二十岁至三十岁之间。因此,《史记》所记载陈平占有土地的情况,适当秦时。陈平的这三十亩土地,无论是属于他自己的,还是与他的哥哥共同拥有的,都说明此时的秦国已不再实施一夫百亩的爰田制了。

《史记·淮阴侯列传》载:韩信"为布衣时,贫无行,不得推择为吏,又不能治生商贾,常从人寄食饮,人多厌之者。"《史记·郦生陆贾列传》载郦食其"家贫落魄,无以为衣食业,为里监门"。此二人在秦的统治下贫穷而无以为衣食业,完全可以说明,商鞅变法时实施的爰田制已经不复存在了。

《史记·萧相国世家》记载萧何曾强行低价购买老百姓的土地自污以取信于刘邦。此事发生在汉十二年,地点是原秦国的关中腹地,上距秦亡只有十三年时间,其时的土地已经可以买卖。我们无论从文献资料还是从出土的材料中均找不到西汉废除秦土地制度的任何证据,却有众多的材料可以证明汉承秦制。萧何在关中地区可以买老百姓的土地,这说明土地买卖的现象自秦已然。

湖北江陵张家山二四七号汉墓出土的竹简《二年律令》,是吕后二年(前186年)实施的法令,其中的《户律》有如下的记载:"代户、贸卖田宅,乡部、田啬夫、吏留弗为定籍,盈一日,罚金各二两。"①这就再清楚不过地证明了汉初的土地买卖已经为法律所认可了。

《汉书·食货志》引董仲舒语:"至秦则不然,用商鞅之法,改帝王之制,除井田,民得卖买,富者田连阡陌,贫者无立锥之地。"

综合以上史料来看,董仲舒所说的内容是反映了商鞅变法后土地制度变化的趋势,这是正确的,若是以为商鞅变法后就立即使国有制的爰田制变成了土地的私人所有制,那就失之毫厘,差之千里了!

因此,秦始皇在统一全国后的第五年所推行的"使黔首自实田"的新政策,就不仅仅是令百姓自己向政府申报土地的占有状况那么简单了,我们应该将其看成这是秦王朝以法令的形式在全国推行土地私有制的重大举措。从此,中国的历史和中国的经济运行机制就翻开了新的一页,获得土地所有权的秦汉小农也就应运而生了。

---

① 《张家山汉墓竹简》(释文修订本),文物出版社2006年版。

第二章 战国秦汉小农的家庭结构

战国秦汉社会中，家庭是小农组织生产的形式，是社会生产的最简单细胞。剖析战国秦汉小农的家庭，这包括人口的构成、婚姻状况、财产继承等，将有助于我们正确理解战国秦汉的小农经济的基本状况，从而对战国秦汉的农业，以及整个社会的生产状况作出正确的估价和判断。下面我们将分而述之。

第一节 战国秦汉小农家庭的人口结构

商鞅变法时，实行"民有二男以上不分异者倍其赋"的析户政策，使以前上有父母，下有妻子的大家庭，向一夫一妻加上子女的小家庭转化，家庭的人口，被压缩到最少的程度。

以刘邦的家庭为例，他的家庭包括他的父母和弟兄四人，在弟兄们成家后，即各立门户，独立经营。

《史记·高祖本纪》说刘邦结婚后，任亭长"尝告归之田，吕后与两子居田中"。

《史记·楚元王世家》载："高祖兄弟四人，长兄伯，伯早卒。始高祖微时，尝辟事，时时与宾客过巨嫂食，嫂厌叔。叔与客来，嫂佯为羹尽栎釜，宾客以故去。已而视釜中尚有羹，高祖由是怨其嫂。"

因此，无论是以刘太公为户主的家庭，还是以刘邦为户主的家庭都是夫妻加子女的简单的秦代小家庭。

再以陈平为例。"陈平少时家贫，好读书，有田三十亩，独与兄伯居，伯常耕田，纵平使游学。平为人长，美色。人或谓陈平曰：'贫何食而肥若是？'其嫂嫉平之不视家生产，曰：'亦食糠核耳，有叔如此，不如无有！'伯闻之，逐其妇而弃之"。① 这是兄弟共财的家庭，但这种情况是维持不久的，及至陈平娶妻后，还是与他哥哥分离了。史书说："陈平因已前谢其兄伯，从少年往事魏王咎临济。"②

汉代的贾谊说："秦人家富子壮则出分，家贫子壮则出赘。借父耰鉏，虑有德色，母取箕帚，立而谇语，抱哺其子，与公併倨，妇姑不相悦，则反唇相稽。"③这说明秦小农家庭的人口结构是以一夫一妻的小家庭为其主要形式，各家庭间经济完全独立，虽亲如父母、弟兄，相互之间也是井水不犯河水，征诸史实，信矣！

居延汉简中有关戍边官兵的简文，是我们了解汉代小农家庭结构的重要资料、我们选取较为完整的简文十四条，将其内容列表如下：

居延汉简所见戍边官兵家庭人口构成情况一览表

户主姓名	家庭成员	人口数	全劳力人数	资料出处
徐 宗	一妻、二子、二女、同产男女各二人	10		《居延汉简甲乙篇》一四·一A、二四·一B简
周 贤	一妻、一子、一女	4	2	同上书二七·四简
孙时符	一妻、一女、一妹	4	2	同上书二九·一简

---

① 《史记·陈丞相世家》。
② 同上。
③ 《汉书·贾谊传》。

张彭祖	一妻、二子、一女、一辅妻	6	4	同上书二九·二简
张 霸	一妻、二弟	4	3	同上书一三三·二〇简
富 凤	一妻、二女	4	3	同上书一六一·一简
虞 护	一妻、二女	4	2	同上书一九四·二〇简
徐 谊	一妻、一子、一女	4	2	同上书二〇三·三简
孙青肩	一妻、二女	4	2	同上书二〇三·七简
宁盖邑	一父、一母、一妻	4	4	同上书二〇三·一二简
王 井	一妻、一女	3	2	同上书二〇三·一三简
李护宗	一妻、一子	3	3	同上书二三〇·一九简
丁 仁	一母、二妹	4	2	同上书二五四·一一简
徐 国	一妻、一子、一女	4	2	同上书三一七·二简

此十四户中,四口之家十户,四口以下者二户,四口以上者二户。纯粹的夫妻加子女型小家庭八户,带有父母者二户,带有弟妹者三户,而这三户中弟妹无一已婚者。一家有劳动力二人者九户,一家有劳动力三人者二户,一家有劳动力四人者二户。有男劳力二人者四户,九户均有男劳动力一人,这说明汉代的小农家庭与秦的小农家庭一样,绝大部分均是一夫之家。战国秦汉人均云"一夫百亩""一家百亩""一夫"与"一家"等同,由此可以得到例证。

《文物》1974年第七期刊载了湖北江陵凤凰山十号汉墓所出简牍内容,其中有郑里廪簿一章,记载了政府向郑里贫困户二十五家发放贷谷六十一石七斗的详细情况。此墓下葬于西汉景帝四年,因而其中反映的小农家庭情况,实是极为真实和弥足珍贵的西汉早期小农经济史的资料,现将其内容列表如下:

户 主	户口数	劳动力	占有土地	贷 谷 数
圣 能	1人	1人	8亩	八斗
㸒 能	3人	1人	10亩	一石

续表

击　　牛	4人	2人	12亩	一石二斗
野	8人	4人	15亩	一石五斗
瘷　冶	2人	2人	18亩	一石八斗
□	3人	2人	20亩	二石
立	6人	2人	23亩	二石三斗
越　　人	6人	3人	30亩	三石
不　　章	7人	4人	37亩	三石七斗
胜	5人	3人	54亩	五石四斗
房	4人	2人	20亩	二石
穦	6人	2人	20亩	二石
小　　奴	3人	2人	30亩	三石
纮	4人	3人	20亩	二石
定　民	4人	4人	30亩	三石
青　肩	6人	3人	27亩	二石七斗
□　奴	7人	4人	23亩	二石三斗
□　奴	?人	3人	40亩	四石
□　□	6人	4人	33亩	三石三斗
公士田	6人	3人	21亩	二石一斗
骈	5人	4人	30亩	
朱市人	4人	3人	30亩	
□　奴	3人	3人	?亩	
□　□	3人	2人	20亩	
公士市人	4人	3人	32亩	

受贷的贫困户小农共25户,115人,平均每户4.6人,劳动力69人,平均每户2.76人,与居延汉简中的统计数据也很接近。

根据《汉书·地理志》所记载西汉平帝元始二年的全国户口统计数可知,当时有户12233062,有口59594978,每户平均4.87人。

总之,西汉的小农家庭的人口数为4—5人,劳动力2—3人,这乃是最普遍的状况。一夫一妻养育子女2—3人,是西汉最常见的家庭形态。

东汉的小农家庭的人口结构与秦和西汉略有不同,总趋势是人口增多,一夫一妻的小家庭向父母、兄弟共居型的大家庭转化。

东汉光武帝中元二年全国每户平均口数为4.91人,明帝永平十八年为5.82人,章帝章和二年为5.81人,比西汉的平均数增多近2人。

父母在而与父母分异者,被视为不孝行为,谚有"举孝廉,父别居"。弟兄共财不分异者也很多,如姜肱"家世名族,肱与二弟仲海、季江,俱以孝行著闻,及各娶妻,兄弟相恋,不能别寝,以系嗣当立,乃递往就室"。① 李充"家贫,兄弟六人,同食递衣。妻窃谓充曰:'今贫居如此,难以久安,妾有私财,愿思分异。'充伪酬之曰:'如欲别居,当酝酒具会,请呼乡里内外共议其事。'妇从充置酒燕客。充于坐中前跪,白母曰:'此妇人无状,而教充离间母兄,罪合遣斥。'便呵叱其妇逐令出门,妇衔涕而去。"② 缪肜"少孤,兄弟四人,皆同财产,及各娶妻,诸妇遂求分异,又数有斗争之言",③缪肜乃自责,遂使弟妻请罪,维持住了兄弟共财的大家庭。"檀敷少为诸生,家贫而志清,不受乡里施惠,家贫无产业,子孙同衣而出"。④

东西汉均以孝悌作为选举的一科,特别是在西汉后期,儒家的思想在意识形态领域中占绝对统治地位,这不能不对小农的家庭乃至全社会的家庭结构产生重大影响。上文所举姜肱乃世家名

---

① 《后汉书·姜肱传》。
② 《后汉书·独行·李充传》。
③ 《后汉书·独行·缪肜传》。
④ 《后汉书·党锢·檀敷传》。

族,并非小农,弟兄三人竟至娶妻后还兄弟相恋,不能别寝,其欺世盗名,一看便知。地方官吏也是以儒家思想风化社会,何敞在任汝南太守时"立春日常召督邮还府,分遣儒术大吏案行属县,显孝悌有义行者,及举冤狱以《春秋》义断之。是以郡中无怨声,百姓化其恩礼,其出居者,皆归养其父母,追行丧服,推财相让者,二百许人"。① 小农家庭结构的变化与社会风俗的转变具有直接的关系。

东汉小农家庭人口增多的经济原因是汉武帝后牛耕逐渐推广,土地兼并日趋严重。父母兄弟共财式的家庭具有较多的劳力和资金,比分户析产更能抗衡土地兼并的强烈风暴。且授田制下分户,田地由国家授予,农民无须为分户后的土地发愁,于国于家分户均有利。土地私有后,析户只能使原有的田产向更少的方向发展。西汉时政府尚掌握较多的公田,可以赋或假于贫民,为抑制兼并,西汉常用迁徙豪富于帝陵的办法。东汉光武帝欲度田,结果闹得天下纷纷,不了了之,土地兼并一发不可收拾。小农即使主观上想析户,客观条件已不允许,像檀敷贫至"无产业,子孙同衣而出",虽欲析户,其可得乎?

一夫一妻的小家庭,适应于一夫百亩进行耦耒而耕的耕作方式,小亩百亩,当今 28.82 亩,家有劳动力 2—3 人,基本上可以进行比较粗放的农业生产。改为大亩和实行牛耕后,有牛之户便占有很大的便宜,无牛之户,只能依靠人力来代替牛力,一家只有劳动力 2—3 人便不能适应牛耕的需要,小农只有依靠以劳动力的增多来与有牛之户抗衡,因而小家庭便趋于大家庭化,所以亩制和耕

---

① 《后汉书·何敞传》。

作方式的变化,亦是影响战国秦汉小农家庭人口结构的原因。

第二节　战国秦汉小农的婚姻状况

1. 婚龄

战国秦汉时期从十五岁开始算作成年人,这可从文献资料和出土的秦汉简牍的内容中得知。

《史记·白起列传》载秦昭王四十七年秦赵长平之战时,昭王"发年十五以上悉诣长平,遮断赵救及粮食"。

《史记·项羽本纪》记载项羽攻外黄,外黄"已降,项王怒,悉令男子年十五以上诣城东,欲坑之"。

《汉书·高帝纪》"初为算赋"下,师古注引如淳曰:"《汉仪注》:民年十五以上至五十六出赋钱,人百二十为一算,为治库兵车马。"

《汉书·惠帝纪》云:"女子年十五以上至三十不嫁,五算。"

居延汉简中十五岁以上为大男、大女,七岁至十四岁为使男、使女,六岁以下为未使男、未使女。如:

妻大女胥年十五。(《居延汉简甲乙篇》一九四·二〇简)

子使男并年七,用谷二石一斗六升大。(同上书二七·四简)

子使女始年七,用谷一石六斗六升大。(同上书一六一·一简)

子未使女足年六,用谷一石一斗六升大。(同上书二〇一七简)

十五岁既然是政府规定的成年人标准,当然也应是法定的婚龄起始标准。居延汉简中的虞护妻、王并妻的年龄都是十五岁,便是最好的证明。

然而两汉的男女的婚龄似有不同,《后汉书·循吏传·任延传》载,任延在任九真太守时,曾"移书属县,各使男年二十至五十,女年十五至四十,皆以年齿相配"。则两汉女子的婚龄均为十五岁,这与周制女子十五岁及笄之规定完全符合。

景帝二年令天下男子二十始傅。《盐铁论·未通篇》御史曰:"古者十五入小学,与小役,二十冠而成人,与戎事。"文学曰:"十九已下为殇,未成人也。二十冠,三十而娶,可以从戎事。"这里文学和御史均明言男子二十岁方冠而成人,此乃根据周制士二十而冠的规定。既冠,即表明已进入成年人行列,当然可以娶妻,绝大多数的平民百姓并不会按《礼记》"三十曰壮,有室"的规定实行晚婚。故我们将任延所规定的女子 15—40 岁,男子 20—50 岁作为战国秦汉小农的婚龄,当符合战国秦汉时期的实际。

2. 婚姻形式

诗云:"匪媒不得"男女婚姻当有父母之命,媒妁之言。但在战国秦汉之际,礼法未严,小农们大概没有那么多的讲究,自由结合者亦不乏其人,像东汉的孟光看中梁鸿,即是其例。

解除婚约也很自由,如西汉的朱买臣妻因不满意朱买臣叫卖,就提出离异,朱买臣也就只能听之任之。陈平的哥哥因妻子讥讽陈平,就同她离异。

妇女改嫁也不受限制,像陈平的妻子连陈平在内已出嫁六次,朱买臣妻与朱买臣离异后,随即又嫁人,都是明证。就是贵族妇女改嫁也不受限制,如平阳公主寡后又改嫁卫青,东汉的蔡琰大死后被掠入匈奴,为匈奴左贤王生二子,曹操将其赎回后,改嫁董祀,照样入列女传。从总体上说,东汉礼法比西汉稍严,妇女守节已为统治阶级所表彰,然而这对广大劳动妇女的约束力恐怕不大,因为即使在宋代以后,"饿死事小,失节事大"的道德标准下,劳动妇女的改嫁也是很难禁断的,何况东汉!

战国秦汉的妇女即使在婚后,仍有其独立的财产权,这就是父母给她的出嫁财产,并受法律保护。

云梦睡虎地出土《秦律·法律答问》有:"夫有罪,妻先告,不收。妻媵臣妾、衣器,当收不当?不当收。""妻有罪以收,妻媵臣妾、衣器当收,且畀夫?畀夫。"妻子只有在犯罪的情况下,她的财产才为其丈夫所有。

《大戴礼记·本命》载有夫妻离异的七弃三不去内容,"妇有七去:不顺父母,去;无子,去;淫,去;妒,去;有恶疾,去;多言,去;盗窃,去。""有所取无所归,不去;与更三年丧,不去;前贫贱,后富贵,不去。"

从七去规定看,离异的主动权完全掌握在男子手中,但从三不去的规定看,婚前男子在经济上有赖于女子,以及家庭经济状况因结婚后有所好转,这样的家庭,女子的地位就比较高,男子是不可轻易将她们逐出家门的。这说明在两汉的婚姻关系中,金钱起着相当重要的作用。因而在一个具体的家庭中,妇女地位,依其嫁时的财产的多少来决定其高低,这是两汉婚姻关系中的重要特点。

战国秦汉的男女婚姻虽然结合和离异均较自由,但不等于不受法律保护。云梦睡虎地出土《秦律·法律答问》有关婚姻的条文有如下数条:

弃妻不书,赀二甲。其弃妻亦当论不当?赀二甲。

> 甲取人亡妻以为妻,不知亡,有字焉,今得,问安置其子?
> 当男或入公?入公异是。
>
> 女子甲去夫亡,男子乙亦阑亡,相夫妻,甲弗告请。乙即
> 弟弃而得。论何也?当黥城旦舂。
>
> 女子甲为人妻,去亡,得及良出,小未盈六尺,当论不当?
> 已官,当论,未官,不当论。

这说明婚姻必须到政府履行登记手续,离异也必须履行登记手续,否则是非法的,要追究法律责任。

从上表所录的居延汉简中十四户的婚姻状况来看,丁仁未有妻室,弟妹子女中虽成年仍未婚嫁的有二人,未婚率还相当高,这当然与小农贫困有关。像《史记·陈丞相世家》所载"及平长,可娶妻,富人莫肯与者,贫者平亦耻之。"长久不成婚,直至为许负所赏识,才得以成家。

韩信"始为布衣时,贫无行,不得推择为吏,又不能治生商贾,常从人寄食饮,人多厌之者"。[①] 像他这样的"不能自食者"当然虽至婚龄,亦不能成婚了。

朱买臣虽已娶妻,但因贫困,其妻自离。

万石君石奋,在十五岁时,"为小史,侍高祖,高祖问曰:'若何有?'对曰:'奋独有母,不幸失明,家贫,有姊能鼓琴。'"[②]当时石奋和他的姐姐均已至婚龄,仍未成婚,其为家贫乎!

总之,战国秦汉小农迫于经济窘困,婚嫁失时,旷夫怨女,当不在少数。

---

① 《史记·淮阴侯列传》。
② 《史记·石奋传》。

第三节　战国秦汉小农的生育状况

战国秦汉时并无避孕措施,为何小农家庭的子女数只维持在2—3人这个平均数上,其主要原因是小农家庭的经济状况窘迫,无力抚养过多的子女,对于超过家庭抚育能力的子女,往往在其刚出生时就结束了他们的小生命。

《汉书·贡禹传》载贡禹曰:"武帝征伐四夷,重赋于民,民产子二岁,则出口钱,故民重困,至于生子辄杀,甚可悲痛。"

《后汉书·党锢传·贾彪传》载,贾彪在任新息令时,"小民困贫,多不养子,彪严为其制,与杀人同罪。"

而秦代的法律规定,杀子并不犯法。《秦律·法律答问》云:"子盗父母,父母擅杀、刑、髡子及奴隶,不为公室告"、"主擅髡、刑、杀其子、臣妾,是谓非公室告。勿听而行告,告者罪"。

汉代当承秦制,贾彪是为了刹住杀子之风,才制定杀子与杀人同罪的土政策、法令的,并非汉律中有此条文。

只要小农的经济状况不能得到改善,杀子之风就不可遏止,法律只能禁止小农不在子女刚刚出生时杀死他们,却不能禁止小农在他们的子女出生后,无力抚养他们而使他们死亡。战国秦汉时期,小农的生育,只能受经济状况的支配,而生子不养,乃是小农控制家庭成员增多的唯一有效手段。

第四节　战国秦汉小农家庭的内部分工

我们历来都是把"男耕女织"作为中国小农家庭的内部分工形

式，但征诸史实，并未尽然。战国秦汉小农家庭的男女分工并未明确，妇女除操持家务外，还要参加农业劳动，而且是和男子同样重要的劳动力。她们只有在田间和家务劳动之余，才有时间进行纺织。小农家庭的妇女是否从事纺织，还要受到诸多客观条件的制约。从总体上看，战国秦汉小农家庭的妇女，除专司纺织者外，绝大多数人是不从事纺织的，她们和男子一样，其主要精力，仍然是用于农业生产，家庭的穿衣问题，不得不在很大程度上仰求于市场才得以解决，其理由如下：

李悝在叙述小农家庭支出项目时明言："衣，人率用钱三百，五人终岁用千五百。"

《秦律·金布律》云："禀衣者，隶臣、府隶之无妻者及城旦，冬入百一十钱，夏五十五钱，其小者冬七十七钱，夏四十四钱。春冬入五十五钱，夏四十四钱，其小者冬四十四钱，夏卅三钱；隶臣妾之老及小不能自衣者，如春衣。亡不仁其主及官者，衣如隶臣妾。"

官婢主要还是用于劳作而不是纺织，奴婢们的衣服费还是要用钱来购买。

《秦律·仓律》云："隶臣欲以人丁邻者二人赎，许之。其老当免老，小高五尺以下及隶妾欲以丁邻者一人赎，许之。赎者皆以男子，以其赎为隶臣。女子操缯红及服者，不得赎。"

这说明能纺织、制衣的女子是当时妇女中的少数人，她们成为官婢后，连赎身的权利都没有。

《汉书·惠帝纪》载，惠帝三年、五年两次征发长安六百里内男女十四万五千人，城长安，女子和男子一样同是徭役的对象，她们焉能在家专事纺织？

居延汉简中有许多简文记载戍卒购买衣服布帛的情况,戍卒们亦是有家小的,大部分还是屯田卒,他们的家庭状况应与一般小农相仿佛,既然他们的衣服是由政府发给的,但还是出现了买卖衣服和布帛的情况,则一般小农家庭衣服、布帛亦需仰求市场,就在情理之中。现征引数简,以资证明。

第卅四卒吕护买布複袍一领,直四百。又从鄣卒李忠买皂布口。(《居延汉简甲乙篇》四九·一○简)

贳买皂练複袍一领,贾钱二千五百,今子算。(同上书六九·一简)

七月十日障卒张中功贳买皂布章单衣一领,直三百五十三。堠史张君长取钱约至十二月尽毕已。旁人临桐史解子房知券。(同上书二六二·二九简)

从《汉书》、《后汉书》的记载中,我们可以看到一般小农家庭的妇女终日忙于耕作:

《汉书·高帝纪》载,刘邦当亭长,只有休假日才到田间帮助吕后干农活,平时的农活当然全靠吕后和两个子女了。

《后汉书·逸民·高凤传》云:高凤"家以农亩为业,而专情诵读,妻常之田,曝麦于庭,令凤护鸡。"则高凤的妻子几乎是一人独力耕作。像她们这样的小农家庭的妇女,终日忙于耕作,哪里还能有较多的时间从事纺织?

专事纺织的妇女亦是有的,这必须丈夫或家庭的其他男劳力能把农活干完,或男子另有生计。

像《后汉书·逸民·梁鸿传》载孟光和她的丈夫梁鸿夫唱妇随,双双隐入霸陵山中"以耕织为业"。尚能"咏诗书弹琴以自娱"

此乃特殊情况,非一般小农家庭所能做到。梁鸿是有安逸生活而不愿过的人,孟光并非贫家女,资用当不缺乏,故能如此。

《后汉书·列女传》记姜诗妻遭遣后,"乃寄止邻舍、昼夜纺织,市珍羞,使邻母以意自遗其姑"。她也不是一般的贫穷的小农家庭之妇,这可从她的婆婆的饮食要求中看出,其要求饮江水,嗜鱼脍,这就绝非一般贫困小农所可满足的了。

总之,战国秦汉小农家庭的妇女们,一日不从农业劳动中解放出来,她们就无一日可专事纺织。所谓"男耕女织"的家庭分工,就是一句空话。就绝大部分的小农家庭来说,一家仅有劳动力2—3人,耕种一百亩土地,就非得全部投入不可,只有比较富裕的小农,有耕牛和其他资金,方可使妇女专事纺织和家务。因而战国秦汉的大部分小农家庭只能自行解决自己的吃饭问题,其穿衣、农具、盐、酒等日用品以及上缴国家的赋税钱必须仰求于市场的交换方可获得,它们必然与市场有较为广泛而密切的联系,战国秦汉的小农经济的自给自足程度是不高的。

也正是因为战国秦汉的小农家庭的妇女,在经济生活中起到举足轻重的作用,她们的婚嫁才能比较自由,在家庭中才有一席地位。西汉政府在赏赐男子爵位的同时,往往也赐"女子百户牛酒",这是西汉小农家庭的妇女地位高于后世的标志。东汉唯章帝一次"加赐河南女子百户牛酒"其他各帝均无赐"女子百户牛酒"的记载,却有赐贞节之妇布帛的记载,这说明东汉的妇女地位下降。东汉牛耕比西汉普遍,男子耕田的效率提高,妇女从事于纺织的现实性高于西汉,因而"男耕女织"的家庭内部分工逐渐形成,再加上东汉的商品货币经济远不及西汉发达,因而其自给自足的自然经济才逐渐形成。

第五节　战国秦汉小农家庭的析户与财产继承

贾谊说:"秦人家富子壮则出分,家贫子壮则出赘",两汉的情况亦大致如此。因为汉代小农家庭仍以夫妻加子女为主要形态,故子女成年后,必然涉及到析户与财产继承问题。而析户与财产继承都必须按当时的财产继承法规或社会习俗从事,因此,有关战国秦汉的财产继承法规或社会习俗就成为我们注意的内容。

《史记·陆贾列传》记载陆贾"有五男,乃出所使越得橐中装卖千金,分其子,子二百金,令为产业"。

东汉时许荆的祖父许武为使自己的两个弟弟得官,以分财产不均的手段,自己担个贪鄙的名声,使两弟获克让之誉而得被选举。这说明无论是战国、西汉还是东汉,弟兄们在继承财产时均以平分秋色为其正常形态。

女子亦是具有财产继承权的。西汉的卓文君私奔司马相如,其父卓王孙一度剥夺了她的财产继承权,但最终还是分予了她部分财产。

《后汉书·方术·折像传》记载折像在他父亲死后,"感多藏厚亡之义,乃散金帛资产,周施亲疏,或谏像曰:'君三男两女,孙息盈前,当增益产业,何为坐自单竭乎?'……"这说明在东汉,女儿也是家庭财产的法定继承人。

《文物》1987年第1期公布了《江苏仪征胥浦101号西汉墓》所出先令券书,这是我们目前所能见到的有关汉代继承财产情况

的最真实而具体的材料。其文为:

元始五年九月壬辰朔辛丑亥(?),高都里朱凌(庐)居新安里,甚接(?)其死,故请县、乡三老,都乡有秩,左里肺(师)田潭等为先令券书。凌自言有三父,子男女六人,皆不同父。(欲)(?)令子各知其父家次(?)。子女以君、子真、子方、仙君,父为朱孙;弟公文,父吴衰近君;女弟弱君,父曲阿病长宾(?)。

姁言公文年十五去家,自出为姓,遂居外未尝持一钱归姁。予子真、子方自为产业。子女仙君、弱君等贫毋产业。五年四月十日,姁以稻田一处,桑田二处分予弱君,波田一处分予仙君。

于至十二月,公文伤人为徒,贫无产业。于至十二月十一日,仙君、弱君各归田于姁让于公文。姁即受田,以田分予公文,稻田二处、桑田二处,田界易如故。公文不得移卖田予他人。时任知者:里肺〔师〕、伍人谭等及亲属孔聚(?)田文、满真。先令券书明白,可以从事。

从这个材料中我们可知,户主朱凌将死,她请地方官吏来为她立遗书履行手续。朱凌自称有三夫(父乃夫之误)有三男三女。其中二子真、方,曾得到分予的财产独自为家业,而三个女儿均是贫无家业,并没有得到家产。但是后来她分予女儿弱君、仙君部分田产。而儿子公文十五岁时即离家自出为姓,且与其母家并无任何经济往来,这"自出为姓"四字,极有可能是公文出赘女家。但他后来却因伤人而成为罪犯,以致"贫无产业"。在这种情况下,当初继承财产的二女自动将自己所得财产让于公文,故户主朱凌即立下遗嘱将此稻田二处桑田二处分予公文。

这说明汉代的遗嘱称先令书，须由立嘱人立嘱，经有关官吏和亲属的证明后，方具有法律约束作用。无论子与女，法律上均具有同等的继承财产权利，而如何分配财产的大权，则掌握在户主手中。

朱凌的六个子女，开始时全部分离，直到公文因犯罪而贫无产业才将两个女儿让与的田产由他继承，且继承的条件为不得出卖。在这样的析户和继承法则下，战国秦汉小农家庭的财产，必然沿着分析的道路走下去，多子女，特别是多子的小农家庭，也只能如贾谊所说"家富子壮则出分，家贫子壮则出赘"。这种平分秋色的财产继承法规和习俗，亦是小农家庭渐趋贫困的重要因素。像扬雄是世以农桑为业，五世而传一子，才保住了一百亩的田产和十金的家资。若他的上代多子，则传到扬雄时，他大概就不可能有田一壥和家产十金了。

东汉时小农家庭人口趋于众多，兄弟共财，父子不别居的情况较为普遍，这与富人的数世同堂或兄弟共财虽现象相同，但原因各异。富人是为了加强他们的宗族势力，以利于称霸地方，而小农家庭因为自身的经济状况窘迫，无力分财，才出现"家贫，兄弟六人同食递衣"的李充家庭和"家贫无产业，子孙同衣而出"的檀敷家庭，因而析户和财产继承的法规和习俗，必然要发生变化。

马克思曾说过："法律可以使一种生产资料，例如土地、永远属于一定家庭。这些法律，只有当大土地所有权适合于社会生产的时候如像在英国那样，才有经济意义。在法国，尽管有大土地所有权，但经营的是小规模农业，因而大土地所有权就被革命摧毁了。但是，土地析分的状态是否例如通过法律永远固定下来了呢？尽管有这种法律,土地所有权却又集中起来了。法律在巩固分配关系方面的影响和它们由此对生产发生的作用,要专门加以确定。"①战国秦汉子女共同继承家产的法规和社会习俗,它一方面使得小农得以不断产生,另一方面又使得小农不断地被大地产者所吞噬。像上文所举的朱凌一家,假如她原本是个中产之家,但经三子的析户后,分立的三户由原来的中户变为了下户,这些新产生的小农家庭其归宿如何?完全视它们的经营状况和所处的社会环境而定。

通过以上五个方面的剖析,我们可以看到战国秦汉小农家庭结构有如下四个方面的特征:

(1)人口紧缩到最少;

(2)夫妻关系尚较平等;

(3)与市场的联系较为广泛、密切;

(4)子女均有继承财产的权利。

这些特征决定了战国秦汉小农家庭进行物质生产和种的繁衍两方面生产的规模不得不限制在较小的范围内,由于社会的生产单位被划分到了最小的程度,没有任何中间层次,这将激发每个生产单位释放出它们的所有能量,各个孤立的生产单位都直接与国家相联系,因而它们的命运和经营状况必然与国家的经济政策直接相关。由于它们与市场的联系较为广泛而密切,它们就必然容易受到商人的盘剥,它们对市场的依赖程度,决定了商品经济在战国秦汉社会中的地位和作用。由于战国秦汉小农家庭内部夫妻关

---

① 马克思:《〈政治经济学批判〉序言·导言》,第25页。

系的较为平等,以及继承法的影响,使得战国秦汉小农家庭处于不断的分化和改组之中。因此任何一个小农家庭都特别需要内、外部环境的稳定,方能维持其生产,但它们的内外部环境,又决定了它们不可能稳定。所以战国秦汉社会中的小农,只能是个很不稳定的社会阶层。

第三章 战国秦汉小农的生产力水平

马克思说:"人们在自己生活的社会生产中,发生一定的、必然的,不以他们的意志为转移的关系,即同他们的物质生产力的一定发展阶段相适应的生产关系。这些生产关系的总和构成社会的经济结构,即有法律的和政治的上层建筑竖立其上并有一定的社会意识形式与之相适应的现实基础。物质生活的生产方式制约着整个社会生活、政治生活和精神生活的过程。"① 我们在考察秦汉小农和小农经济的时候,不能不对秦汉小农的生产力水平有比较正确的估价。

第一节 战国秦汉小农的耕作方式

1. 耕种方式

中国古代的农业技术革命是伴随着铁农具和牛耕的广泛应用而产生的,尽管铁农具和牛耕在春秋年间即已出现,可是它们的普遍使用却是在战国以后,其中特别是牛耕的普遍使用,还要推迟到

---

① 马克思:《〈政治经济学批判〉序言·导言》,第2—3页。

西汉中期以后。因为牛耕的普遍使用受到了两个方面的制约,一为牛耕的耕作技术,一为小农的家庭结构。

就牛耕的技术而言,战国秦汉尚处在二牛抬杠的阶段。考古发现的山西平陆枣园村王莽时期的壁画墓牛耕图①、江苏睢宁双沟画像石牛耕图②、陕西米脂东汉画像石牛耕图③、内蒙古和林格尔东汉壁画墓牛耕图均为二牛抬杠式④,山东滕县黄家岭的东汉牛耕画像石是一牛一马式⑤,唯有山东滕县滕道院东汉画像石牛耕图为一牛拉一犁,一人扶犁,一人牵鼻式。⑥。

《汉书·食货志》在讲述赵过行代田法时亦是用"耦犁,二牛三人。"崔实《政论》云:"辽东耕犁,辕长四尺,回转相妨,既用两牛,两人牵之,一人将耕。"《三国志·吴志·孙权传》云:"是时,陆逊以师在少谷,表令诸将增广农亩。权报曰:'甚善!今孤父子亲自受田,车(军)中八牛以为四耦,虽未及古人,亦欲与众均等其劳也。'"因此,无论是考古发现还是文献记载都可证明,战国秦汉时期的牛耕主要是二牛抬杠式,而这种耕地方式又经过一人扶犁、二人牵牛的二牛三人式向二牛一人式的变化,大约到东汉中晚期,才出现了一牛两人的耕地方式。

在这种二牛抬杠式的耕作技术条件下,秦汉的五口之家的小农,要养畜两头牛,实非能力之所及。因此,牛耕的普遍运用,不能

---

① 《考古》1959年第9期。
② 《江苏徐州汉画像石》。
③ 《文物》1972年第3期。
④ 《文物》1974年第1期。
⑤ 《农业考古》1981年第2期。
⑥ 《汉代画像石全集》初编。

不受到很大的限制，相当多的小农家庭不得不仍蹠耒而耕。我们只要看一看湖北江陵汉简中的郑里廪簿，就可以判断，这受廪的25户，肯定不是有牛之户，他们每户平均只拥有24亩土地，这样的小农家庭养两头牛，是既无能力，亦无必要的。

《淮南子·主术训》云："夫民之为生也，一人蹠耒而耕，不过十亩。"郑里受贷的能田者为69人，拥有521亩土地，蹠耒而耕，完全可以对付。

《九章算术·均输》亦为我们提供了蹠耒而耕的工作效率的资料：

> 今有程耕，一人一日发七亩，一人一日耕三亩，一人一日耰种五亩。今令一人一日自发，耕、耰、种之，问治亩几何？答曰："一亩一百一十四步七十一分步之六十六。"

一个劳动力日可治田1.5亩，一家若有两个劳动力，可治田3亩，拥有三个劳动力，可治田4.5亩。播种期一般为一个节气。《秦律·司空律》云："居赀赎责（债）者归田农，种时、治苗时各二旬。"我们即以20日计，拥有两个劳力的小农家庭只能治田60亩，拥有三个劳动力的家庭只能治田90亩。故90亩即是战国秦汉蹠耒而耕的小农家庭生产能力的极限值。商鞅变法后的90亩，相当于今日的62.1市亩，三人治田62.1市亩，只能是极为粗放的耕作。

若按照《淮南子》所说的一夫只能治田十亩的标准，秦汉拥有两个劳力的家庭只能治田20亩，拥有三个劳力的家庭只能治田30亩，则秦汉蹠耒而耕的小农家庭的生产能力的极限值为30亩，合今23.7市亩，仍然是较为粗放的耕作。

若使用牛耕，其生产能力如何？崔实《政论》云："今辽东耕犁，辕长四尺,回转相妨,既用两牛,两人牵之,一人将耕,一人下种,二人挽接,凡用两牛六人,一日才种二十五亩。"则人均日耕种四亩有奇,是蹠耒而耕1.5亩的2.7倍。

若以人挽犁耕种,根据《汉书·食货志》的记载:"民或苦少牛,无以趋泽,故平都令光,教过以人挽犁,过奏光以为丞,教民相与庸挽犁,率多人者田日三十亩,少者十三亩。"则其耕种能力的极限值分别为600亩和260亩,遗憾的是不知"多人"与"少者"的确切人数,我们无法判定其人均日耕数量。

赵过行代田法,曾"又教边郡及居延城",则代田法之生产效率即可从居延田卒的垦田数中知其大概。根据赵充国所言屯田卒的耕作定额为"赋人二十亩",王国维的《流沙坠简考释》中有魏晋时简文云:"将张金部见兵二十一人,大麦二顷已截廿亩,小麦卅七亩,已截廿九亩,禾一顷八十五亩,溉二十亩,节(锄)五十亩,下[广禾]九十亩,溉七十亩","将梁襄部见兵二十六人,大麦六十六亩,已截五十亩,小麦六十三亩,溉五十亩,禾一顷七十亩,锄五十亩,溉五十亩,下[广禾]八十亩,溉七十亩。"从简文可知,张金部兵二十一人种田512亩,人均24亩有奇,梁襄部兵二十六人,种田380亩,人均14.5亩有奇,二者平均数与赵充国所云:"人赋二十亩"十分一致。因此在不知是否保证牛耕的情况下,使用代田法,人均治田二十亩,这个数字,是《淮南子》所云蹠耒而耕不过十亩的两倍,却少于《九章算术》所载的人日耕种1.5亩,极限值为30亩的人均治田数。

因此,我们可以肯定一点,战国秦汉时期使用牛耕,对大土地所有者有最大的经济效益,他们也有这种经济能力养畜耕牛。广大的小农既无能力,亦无必要养畜两条耕牛。只有在二牛抬杠式的耕地方式被一牛二人或一牛一人的耕地方式取代后,小农家庭养畜耕牛,才具有经济利益,但这也要视具体的家庭情况而定。

我们从滕县城北黄家岭出土的东汉农耕画像石图可以看到画面的正中为一农夫一牛一马扶犁而耕,其后,一农夫驱牛拉一物碎土摩田,左边,三农夫执锄,又一人手捧斗形器,似在撒播下种,左端,有人担食而来,为田中农夫送饭,右端有一棵大树,树荫下一人执杖悠然而坐。这是一幅活生生的东汉大土地所有者的农耕图,在执杖者的监督下,二牛、一马,六人共耕,这六人无论是奴隶、客或雇耕者,都说明东汉的大土地所有者乐意使用牛耕,乐意使用众多的劳力,采用奴隶制的督工方式进行农业生产。

西汉中期以后,牛耕逐渐在全国范围内推广。

《汉书·循吏·龚遂传》记载宣帝时龚遂为勃海太守时"见齐俗奢侈,好末技,不田作,乃躬率以俭约,劝民务农桑,……民有带持刀剑者,使卖剑买牛,卖刀买犊,曰:'何为带牛佩犊?'春夏不得不趋田亩,秋冬课收敛。"

《汉书·平帝记》载:"(元始二年夏四月),罢安定呼池苑以为安民县,起官寺市里,募徙贫民,县次给食,至徙所,赐田宅什器假与犁牛种食。"

《汉书·王莽传》载:"以大司马司允费兴为荆州牧。见,问到部方略,兴对曰:'……连年久旱,百姓饥穷,故为盗贼,兴到部,欲令明晓告盗贼归田里,假贷犁牛种食,阔其租赋,几可以解释安集。'莽怒,免兴官。"

《后汉书·循吏·王景传》云:"(建初八年),迁庐江太守。先是百处不知牛耕,致地力有余而食常不足。郡界有楚相孙叔敖所起芍陂稻田,景乃驱率吏民,修起芜废,教用犁耕,由是垦僻倍多,境内丰给。"

《后汉书·和帝纪》载:"(永元十六年)夏四月,遣三府掾分行四州,贫民无以耕者,为雇犁牛直。"

牛耕逐渐在耕地方式中占据主导地位,因此东汉的应劭说:"牛乃农耕之本,百姓所仰,为用最大,国家之为强弱也。"①一旦发生牛疫,就会对国家经济带来直接影响,皇帝亦为之震动,史书为之记载。

东汉章帝建初元年诏曰:"比年牛多病疫,垦田减少,谷价颇贵,人以流亡。方春东作,宜及时务,二千石勉劝农桑,弘致劳来,群公庶尹,各推精诚,专急人事。罪非殊死,须立秋索验,有司明慎选举,进柔良,退贪猾,顺时令,理冤狱。五教在宽,帝典所美,恺悌君子,《大雅》所叹,布告天下,使明知朕意。"②牛疫不仅给国家经济,而且对国家的政治都产生了重大影响。这充分表明,牛耕在东汉已经成为最普遍、最主要的耕地方式,这当然与东汉的庄园经济在国民经济中占有较大的比例有直接的关系,与小农家庭结构变化亦有直接关系。

至于播种的方式,赵过行代田法时曾发明一种耧车,崔实云:

> 其法三犁共一牛,一人将之下种,挽耧皆取备焉。日种一顷,至今三辅犹赖其利。③

有了这种播种机,可日种一顷,当然会给大土地所有者带来极

---

① 《全后汉文》卷三十七。
② 《后汉书·章帝纪》。
③ 崔实:《政论》,《齐民要术·耕田第一》引。

大的利益,他们自然会乐意采用。而广大地少财寡的小农即使有能力置办这种机械,亦会有"英雄无用武之地"之叹,他们仍然会沿袭手工播种的老方式去种完他们所拥有的土地。

2. 作物种类与复种指数

战国秦汉的粮食作物种类北方以禾、麦为主,在有灌溉的地区,亦种稻,南方则以种稻为主。居延汉简中的粮食种类为谷、麦、大麦、小麦、秔麦、𪍿麦、糜、黄米、秋、胡麻等十一种类。

《汉书·食货志》云:"种谷必杂五种,以备灾害。"这主要是利用各种谷物的生长期不一,以保证有一定的收获量。董仲舒曾建议武帝曰:"《春秋》它谷不书,至于麦禾不成则书之,以此见圣人于五谷最重麦与禾也。今关中俗不好种麦,是岁失《春秋》之所重,而损生民之具也。愿陛下幸诏大司农,使关中民益种宿麦,令勿后时。"①而汉武帝亦于元狩三年秋"遣谒者劝有水灾郡种宿麦"。②颜师古注曰:"秋冬种之,经岁乃熟,故云宿麦。"因此虽然农作物的品种较多,但一块田只能保证一熟,正如《管子·轻重乙篇》所云:"而大秋成,五谷之所会,此之谓秋之秋。"

南方种稻"火耕水耨",更无复种的可能性。《管子·治国篇》载:"常山之东,河汝之间,蚕生而晚杀,五谷之所蕃熟也,四种而五熟。"则在气候较为理想的地区可四年收获五次,其他地区的复种指数皆为一。

---

① 《汉书·食货志》。
② 《汉书·武帝纪》。

3. 中耕

战国秦汉的农业生产包括"春耕、夏耘、秋获"三个阶段。《秦律》中所说的"治苗",其实即是中耕。赵过行代田法是:"一亩三圳,一夫三百圳,而播种于圳中,苗生叶以上,稍耨陇草,因聩其土,以附根苗。故其诗曰:或耘或耔,黍稷儗儗。耘,除草也。耔,附根也。言苗稍壮,每耨辄附根,比盛暑,陇尽而根深,能风与旱,故儗儗而盛也。"①《秦律》规定的居赀赎债的人,可放假20日让他们回去中耕,这当然是很草率的中耕,一次性的中耕。代田法的中耕就绝非20日可能完成的了,必须从出苗以后直至成熟前都经常进行,无怪乎代田法的亩产量"常过缦田一斛以上"了。当然,代田法为古代的精耕细作方法,它是先进的,然而它却需要投入较多的人力、畜力和机械设备,一般的小农很难具备它所需要的条件。故尔战国秦汉的绝大部分小农只能在缦田中进行中耕,其工作的效率如何,因于史无征,只能暂付阙如。

4. 选种与播种量

《史记·货殖列传》云:"欲长钱,取下谷,长石斗,取上种",此乃秦汉间谚语,说明秦汉人对选种已很重视。根据《氾胜之书》的记载,秦汉时农夫已知用肥料浸种。而每亩的播种量,云梦睡虎地出土的《秦律·仓律》有明文规定:"种,稻、麻亩用二斗大半斗,禾、麦一斗,黍、荅亩大半斗,叔(菽)亩半斗。利田畴,其有不尽其数者,可殹(也)。其有本者,称议种之。"《四民月令》亦云:"美田欲稀,薄田

---

① 《汉书·食货志》。

欲稠",这与《秦律》所云"利田畴,其有不尽此数者,可也。"的精神完全一致。根据律文我们可知,战国秦汉每亩的下种量稻、麻为二又三分之二斗,谷、麦一斗,黍、小豆三分之二斗,大豆二分之一斗。这个标准完全同于湖北江陵汉简郑里廪簿中的每亩贷种一斗的标准,这说明战国秦汉每亩的下种量是相同的。则一个拥有百亩之地的小农家庭,若种稻,必须留种26石,若种谷、麦,必须留种10石。

战国秦汉谷物的亩产量为2—3石,每亩需种一斗,则收获量与种子之比为20∶1—30∶1。

《战国策·秦策》载:"濮阳人吕不韦贾于邯郸,见秦质子异人,归而谓父曰:'耕田之利几倍?'曰:'十倍。''珠玉之赢几倍?'曰:'百倍。''立国家之主赢几倍?'曰:'无数。'曰:'今力田疾作,不得暖衣余食,今建国立君,泽可以遗世,愿往事之。'"

在只计算种子与农具费用而不计算劳动力代价的时候,战国秦汉的农业生产确实只能获十倍之利,而其生产的周期又是以年计。在这样的低生产效率的耕作方式下,决定小农家庭贫富的因素就是其垦田数量的多寡,可是由于小农家庭劳动力只有2—3人,而其拥有土地又因其经济力量的薄弱被限制在较小的数量上,所以战国秦汉小农的前景就不得不呈现出黯淡的色彩。我们翻开战国秦汉的史籍,凡是提及小农的状况,都是言其生活艰难,未有道其乐者,其根源盖出于此也。

第二节 战国秦汉粮食亩产量考辨

有关战国秦汉粮食亩产量的具体数字,史书记载差别很大,尽管战国秦汉历经七百年,地方亦是北至沙漠,东至海,南全日南,西极流沙,收成亦有丰、中、歉、荒之别,要想得出一个绝对的正确数字来,根本不可能。但是,粮食亩产量又是研究经济史、社会史的重要依据,没有一个相对正确的数据,就不能对战国秦汉时期的社会生产力,小农经济状况,以及其他一切相关历史现象有正确认识。这个问题是我们治先秦秦汉史,特别是先秦秦汉经济史者必须着力研究,努力求得解答的。近年来,考古工作者陆续发掘出一批战国、秦汉的简牍,为我们研究和解决这一问题提供了新材料。我们即可以利用这些新材料,并与以往的文献记载相结合,考证出战国秦汉粮食亩产量的相对正确的数据来。

1. 有关文献记载

《汉书·食货志》记载李悝语:"今一夫挟五口,治田百亩,岁收,亩一石半,为粟百五十石。除十一之税十五石,余百三十五石。食,人月一石半,五人终岁为粟九十石。余有四十五石,石三十,为钱千三百五十。除社闾尝新春秋之祠用钱三百,余千五十。衣,人率用钱三百,五人终岁用千五百,不足四百五十。不幸疾病死丧之费及上赋敛又未与此,此农夫所以常困,有不勤耕之心,而令籴至于甚贵也。"这是一段有关战国秦汉间小农经济的重要史料,一直颇为史学界所重视。班固引用的虽是李悝的话,李悝也是战国时代的人,但是,其内容是否可靠?是否是秦汉之间人假托李悝之口在说秦汉的情况?特别是其中所说亩产为一石半的数据可信不可信?都需研究,亟待考证。

同样是班固的《汉书·食货志》又引晁错语:"今农夫五口之家,其服役者不下二人,其能耕者不过百亩,百亩之收,不过百石。

春耕夏耘,秋获冬藏,伐薪樵,治官府,给徭役。春不得避风尘,夏不得避暑热,秋不得避阴雨,冬不得避寒冻,四时之间,亡日休息,又私自送往迎来,吊死问疾,养孤长幼在其中,勤苦如此。尚复被水旱之灾,急政暴虐,赋敛不时,朝令而暮改。当具,有者半贾而卖,亡者取倍称之息,于是有卖田宅,鬻子孙以偿责者矣!"其内容与李悝的雷同,但不如李悝说得详细,仅是增添了些文学色彩。其最为关键的是晁错说的汉代的粮食亩产量为1石,比李悝说亩产量低0.5石,若李悝所说为战国亩产量,焉有汉代亩产量反而低于战国亩产量的道理?

荀悦的《前汉记》中也引用了晁错的这段话,其余均同,就是将"百亩之收,不过百石"改成了"百亩之收,不过三百石"。荀悦为东汉人,他为何要将"百石"改为"三百石"?是班固记载有误,还是荀悦记载有误?亦或是各人各有所据?还是后人抄写和印刷中的错误?这不能不令人疑窦丛生。

与荀悦同为东汉人的仲长统在其《昌言·损益篇》中说:"今通肥饶之率,计稼穑之入,令亩收三斛,斛取一斗,未为甚多。"他也认为东汉的亩产量为三石(斛、石异名同实)。

《淮南子·主术训》曰:"一人跖耒而耕,不过十亩,十亩之收,不过四十石。"亩产则为四石。

《管子》一书中记载的粮食亩产量亦可作为我们考察战国秦汉粮食亩产量的依据和参考。其《治国篇》说:"常山之东,河汝之间,蚤生而晚杀,五谷之所蕃熟也,四种而五熟,中年亩二石,一夫为粟二百石。"

《轻重甲篇》又说:"一农之事,终岁耕百亩,百亩之收,不过二十锺。"亩产为0.2锺。《禁藏篇》云:"岁兼美恶,亩收一石。"

除此而外,还有另外一些记载,列出了特殊地区,使用特殊耕作方法而获得的亩产量。

《史记·河渠书》记载,郑国渠开凿后,"溉泽卤之地四万余顷,收皆亩一锺。"

《史记·货殖列传》中亦云:"及名国万家之城,带郭千亩亩锺之田。"

《史记·河渠书》又记载庄熊罴建议修龙首渠,说:"诚得水,可令亩十石。"氾胜之的区田法却可使"美田至十九石,中田十三石,薄田一十石。"[①]还说:"一亩常收百斛"[②]这种记载,则令人咋舌!

现将上文所引文献记载的情况列表如下

战国秦汉间文献所载粮食亩产量一览表

文献名称	亩产量
《汉书·食货志》晁错语	1石
《汉书·食货志》李悝语	1.5石
《前汉纪》晁错语	3石
《昌言·损益篇》	3石
《淮南子·主术训》	4石
《管子·治国篇》	2石
《管子·禁藏篇》	1石
《史记·河渠书》	10石
《氾胜之书》	19石

---

① 《齐民要术》引《氾胜之书》。
② 同上。

《氾胜之书》	13 石
《氾胜之书》	10 石
《氾胜之书》	100 石
《管子·轻重甲篇》	0.2 锺
《史记·河渠书》	1 锺
《史记·货殖列传》	1 锺

从此表我们可以看到，文献所载的亩产量不一致得惊人。我们欲想得到比较正确的数据必得进行一番考证。

《文物》1985年第四期公布了山东临沂银雀山汉墓所出竹书《守法》、《守令》等十三篇的内容，其中第九篇有这样的简文：

"一人而田大亩廿〔四者王，一人而〕田十九亩者霸，〔一人而田十四〕亩者存，一人而田九亩者亡。王者一岁作而三岁食之，霸者一岁作而二岁食〔之，存者一岁作□□□食〕之，亡者一岁作十二月食之。……"

"岁收：中田小亩亩廿斗，中岁也。上田亩廿七斗，下田亩十三斗。"

"卒岁田入少入五十斗者，囗之。卒岁少入百斗者，罚为公人一岁，卒岁少入二百斗者，罚为公人二岁，出之岁〔□□□□〕者，以为公人终身。卒岁少入三百斗者，黥刑以为公人。"

这个材料，为我们研究战国、秦汉间的亩产量，提供了新的数据，我们可以从大、小亩、大、小石、税入，以及吃粮标准等多方面来推定战国秦汉间的亩产量，以求得出一个比较正确的平均值。

2. 亩积、容积的大小二制与粮食亩产量

我们知道，战国秦汉间存在着大、小两种亩制，小亩即所谓的周

制,以一百平方步为一亩,大亩的亩积开始时并无定制,根据山东银雀山汉墓所出竹书《孙子兵法·吴问篇》可知晋六卿的亩制就不一致,范、中行氏以一百六十步为亩,韩、魏以二百步为亩,赵氏以二百四十步为亩,智氏介于范、中行氏和韩、魏之间,所以推测其亩制为一百八十步。到商鞅变法时,秦国行二百四十步的大亩制,秦统一六国后直至汉武帝时仍然是大、小亩二制并行,汉武帝后,才在全国范围内全面推行大亩制,因此,大亩就是指二百四十平方步的亩,合今 0.6916 市亩,小亩就是指一百平方步的亩,合今 0.2882 市亩。

战国秦汉间的尺,也有大小两种,斗量也有大小两种,商周尺为 15.78—15.8 厘米,此为小尺,战国秦汉的大尺为 23—23.2 厘米。大小石之间的比例为 5∶3,即小石 1 石,只相当于大石 0.6 石。秦汉间的石,作为量的单位,升、斗、石为十进制。1 大升合今 200 毫升左右,1 石约合今 0.2 市石,可容粟 27 市斤,容麦 29 市斤。

因为山东临沂银雀山汉墓所出有关亩产量的竹简,是法律文书,我们完全可以根据这些数据来推断战国秦汉间的粮食亩产量的平均数。

"中田小亩亩廿斗",合大亩亩产 4.8 石,"上田亩廿七斗"合大亩亩产 6.48 石,"下田亩十三斗"合大亩亩产 3.12 石。这还是中岁之产,产量高于李悝、晁错、荀悦、仲长统所说的平均值,因而可以推断这里的量是小制,折合成大制的量为中田大亩产 2.88 石,上田大亩产 3.888 石,下田大亩产 1.872 石,平均为小亩亩产 2 小石,大亩亩产 2.88 大石。

晁错是文帝时的人,他所说的亩产 1 石的亩制,是在汉武帝改大亩制之前,且产量低于李悝所说的 1.5 石,也低于银雀山汉墓竹

第三章 战国秦汉小农的生产力水平

简所规定的下田亩产,由此可以推知,其亩制必为小亩,若折合成大亩,则亩产为 2.4 石,这就与荀悦和仲长统所说的亩产 3 石,大致接近。

《淮南子·主术训》所说的亩产 4 石,若折合成大石计算亦为 2.4 石。

《管子》书中所说的亩产 1 石,若折合成大亩计,亦为 2.4 石,而其中所说的亩产 2 石,亦应为小亩小石制,同于竹书所载。

李悝所说的亩产 1.5 石,亦当为小亩,若折成大亩计,为 3.6 石。

司马迁所说的亩收 1 锺,根据齐国"四升为豆,五豆为区,五区为釜,十釜为锺"的新量制,应为 10 石。

《管子·海王篇》亦云:"盐百升成釜"则釜为一石,十釜为一锺,正为十石。《管子·轻重甲篇》所载亩产 0.2 锺,即相当于亩产 2 石,与《治国篇》所载完全一致。庄熊罴所说的"可令亩十石"也即同于司马迁所云的亩产一锺。一锺等于 10 石,此是小石,相当于大石 6 石。

关于氾胜之推行区田法所云亩产"美田至十九石,中田十三石,薄田一十石"其量制肯定是小石,折合成大石制则分别为 11.4 石,7.8 石和 6 石,合今亩产为 445.5、302.4、237.6 市斤,这在当时,是可能达到的。亩产百石,合大石 60 石,合今亩产为 2376 市斤,这不用说在古代,就是今日,也是不可能达到如此高产的,因而是不可信的。由于有出土的战国时期简文所载的数据作为参照数,我们才可以将以前文献所记载的矛盾,通过面积与容积的不同得到解决,得出战国秦汉年间的粮食平均亩产量为每小亩 2 小石左右,每大亩为3大石左右的结论。

3. 口粮标准与粮食平均亩产量

银雀山竹书曰:"一人而田大亩廿〔四者王,一人而〕田十九亩者霸,〔一人而田十四亩〕亩者存,一人而田九亩者亡,王者一岁作而三岁食之,霸者一岁作而二岁食〔之,存者一岁作口口口食〕之,亡者一岁作十二月食之。"

它为我们限定了王者、霸者、存者、亡者个人所耕种的田亩数和产量所供食的时间,我们只要知道每人吃粮的标准,便可推算出其平均亩产量来。

根据李悝的说法是人月吃粮一石半。

云梦睡虎地所出竹简中,也有禀食标准的记载,现移录如下:

《秦律·仓律》云:"隶臣妾其从事公,隶臣月禾二石,隶妾一石半;其不从事,勿禀。小城旦隶臣作者,月禾一石半石;未能作者,月禾一石。小妾舂作者,月禾一石二斗半斗,未能作者,月禾一石。婴儿之毋母者各半石,虽有母而与其母冗居公者亦禀之,禾月半石。""隶臣田者,以二月月禀二石半石,到九月尽而止其半石。春,月一石半石。"

官奴婢的禀食标准分别为2石、1.5石、1.25石、1石和半石,从事耕作的男奴月食2.5石,平均月食1.5石左右,同于李悝所言。

我们再来看居延汉简中所记的禀食标准。

> 制虏隧卒周贤
> 妻大女止氏,年廿六,用谷二石一斗六升大;

子使女捐之,年八,用谷一石六斗六升大。

子使男并,年七,用谷二石一斗六升大。

凡用谷六石。(《居延汉简甲乙编》二七·四简)

执胡隧卒富风

妻大女君以,年廿八,用谷二石一斗六升大;

子使女始,年七,用谷一石六斗六升大,

子未使女寄,年三,用谷一石一斗六升大,

凡用谷五石。(同上书,一六一·一简)

父大男贤,年六十二,用谷三石;

弟大男宣,年廿二,用谷三石;

子使女阿,年十三,用谷一石六斗六升大。

凡用谷七石六斗六升大。(同上书二八六·六简)

戍卒本人的禀食标准为三石三斗三升少。

卒张半子粟三石三斗三升少,十一月丁酉自取,卩。

□□□□□三石三斗三升少,十一月丁酉半子自取,卩。

(同上书五八·一九简)

其量制均为小石,折合成大石分别为 2 石、1.8 石、1.3 石、1 石、0.7 石,平均为 1.36 石。

因此我们可以相信,李悝所说的平均人月食 1.5 大石的口粮标准确为战国秦汉间的通例。

既然王者一人田大田廿四亩,可食三年,霸者一人田十九亩,可食二年,存者一人田十四亩,可食十八个月,亡者一人田九亩,可食一年,而一人每月平均食粟 1.5 石,年食 18 石,则亩产量为:

$18 \times 3 \div 24 = 2.25$ 石

18×2÷19＝1.89 石

18×1.5÷14＝1.93 石

18÷9＝2 石

平均亩产为 2 石左右。

因此,有关战国秦汉间亩产 1 石、1.5 石的记载,只能是小亩大石制的产量,而亩产 2—3 石,才是大亩大石制的平均产量。

4. 田租征收标准与粮食亩产量

银雀山竹书云:"卒岁田入少入五十斗者,口之,卒岁少入百斗者,罚为公人一岁,卒岁少入二百斗者,罚为公人二岁,出之岁〔□□□□〕者,以为公人终身,卒岁少入三百斗者,黥刑以为公人。"

其少入的最高数额为三百斗,则此必为向授田制下的农民征收田税的标准。

一夫百亩,什一而税,收税三百斗,亩产正为三石。

若此处是指的小亩和小量制,则政府明知中田中岁小亩亩产为二百小斗,却按亩产三百小斗的标准来征税,这已超过了上田中岁小亩亩产二百七十斗的标准了。

由此我们可知荀悦和仲长统所说的汉代亩产三石的平均值,就是十分可信的数据。

李悝说亩产 1.5 石,根据他所说的吃粮标准可知,此为大石。如果亩制也为大亩,折成小亩小石制为亩产 10.8 斗,仅及银雀山竹书中所说的中田中岁亩产量的一半。其百亩之税仅为大石 15 石,相当于小亩 240 亩收税 25 小石。每亩仅收 1.08 斗,百亩仅收

108斗,其税收量仅及竹书所规定的三分之一。魏国果真如此,梁惠王就不会向孟子提出"邻国之民不加少,寡人之民不加多,何也?"的问题来了。

现在我们按小亩制,一百亩收税大石15石合小石25石即250斗,这就与竹书所规定的300斗相差不大了。因此,李悝所说的百亩,必为小亩无疑。

《九章算术·衰分》云:"今有田一亩,收粟六升太半升,今有田一顷二十六亩一百五十九步,问收粟几何?"六升太半升不可能是亩产量,只能是亩税,正如《盐铁论·未通篇》所云'"田虽三十而以顷亩出税,乐岁粒米狼戾而寡取之,凶年饥馑而必求足。"

每亩的田租额是六升太半升,也就是六又三分之二升,而田租率是三十税一,也即是三十分之一,由此我们可以算出汉代征收田租所依据的亩产量为:

$$6\frac{2}{3}升 \div \frac{1}{30} = 200 升 = 2 石$$

这正是按照中岁中田小亩亩产廿斗为标准来征收的。故其量制必为小量制,亩积亦为小亩制。因为小量制的 $6\frac{2}{3}$ 升,正等于大量制的4升,曹魏时期的田租亩四升,正从此出,曹魏的田租率是完全继承两汉而来。每小亩征田租 $6\frac{2}{3}$ 升,此乃为三十税一,这是武帝改大亩制前的情况。改为大亩后,仍按每亩收 $6\frac{2}{3}$ 升的标准不变,就成为一大亩实产2.88大石,田租仅为4升,此乃是七十二税一。对于亩产可达4石的田亩就是百一之税,对于亩产达一锺,即6大石的田亩来说,这就是一百五十分取一。难怪荀悦要批评这种田租标准:"古者什一而税,以为天下之中正也。今汉民或百一而税,可谓鲜矣!然豪强富人,占田逾侈,输其赋太半,官收百一之税,民收太半之赋,官家之惠,优于三代,豪强之暴,胜于亡秦。是上惠不通,威福分于豪强也。"

应该说,山东临沂银雀山汉墓所出的竹书和《九章算术·衰分》的有关记载,为我们提供了解决战国秦汉间粮食平均亩产量和政府征收田租问题的极为重要的资料,不仅使我们对以往文献记载的一系列相关数据有了一个标准可信的参照数以资校对,而且还使我们对诸如荀悦为什么会说汉代是"官收百一之税"、曹魏为什么突然规定田租为亩四升等一系列以往不得其解的问题,有了明确的解释,让我们能够较为准确而具体地对战国秦汉间的重大社会经济问题有了总体的、历史的和动态的认识。故我们可以较为肯定地说战国秦汉的平均粮食亩产量必为小亩亩产二小石,大亩亩产三大石左右。

百亩小亩,相当于今 28.82 市亩,一家有两个劳动力,每人必须耕 14.41 市亩,这在当时蹠耒而耕的情况下,已达极限。要提高耕地面积,只能使用畜力,但这又为一般农家所难以置备,凡能具备畜力耕作的农家,其占有的土地必然超过百亩。因而在战国秦汉的农户必然是贫者愈贫,富者越富,两极分化极其明显和迅速。牛耕的兴起,应该就是平均分配百亩制瓦解的权舆。与使用畜力可以起到相同作用的,就是使用奴隶,因而随着大亩制和土地兼并的兴起,奴隶制在战国秦汉间得到了空前的发展。

提高单位面积产量却非易事,它要求投入更多的劳力和资本,还受到当时农业技术发展状况的制约,就小农家庭来说,几乎是不可能的事,这就是为何战国秦汉数百年间粮食亩产始终在小亩产二小石,大亩产三大石左右的原因。文献所载粮食亩产的不一。是因为亩积与容积有大小二制共存,故令后人有扑朔迷离之感,因有出土资料相助,方使我们得以看清庐山真面目。

综上所述,我们可结论如下:

(1)战国秦汉的小农家庭一般仍以蹠耒而耕为其主要的耕作方式,西汉中期后,逐渐采用牛耕,单个的小农家庭在拥有 2—3 个劳动力的情况下,蹠耒而耕,其极限值为 60—90 亩,若以牛耕,其极限值可达 162—243 亩。

(2)战国秦汉的粮食平均亩产为小亩亩产 2 小石粟,大亩亩产 3 大石粟,而播种量则为每大亩一斗粟,因复种指数为 1,生产周期为一年,故单个小家庭的蹠耒而耕的全年粮食产量的极限值为 180—270 大石,采用牛耕的全年粮食产量的极限值为 486—729 大石粟。

第三节 战国秦汉小农的副业生产能力

《管子·禁藏篇》云:"夫民之所生,衣与食也,食之所生,水与土也,所以安民有要,食民有率,率三十亩而足于卒岁。岁兼美恶亩收一石,则人有三十石,果蓏素食当十石,糠秕六畜当十石,则人有五十石,布帛麻丝,旁入奇利,未在其中也。"

三十小亩为大亩十四亩有奇,五口之家的小农必须拥有 70 大亩土地方能果腹。可是西汉全国垦田的每户平均数仅为 67.61 亩,人平均占田数为 13.88 亩,东汉的平均户占田数为 79.25 亩,人平均占田数为 13.74 亩,即使完全平均分配,亦仅能维持全社会的果腹水平。因此秦汉的物质文明,统治阶级的物质享受,不能不依靠损害小农的经济利益来维持。小农在不能占有他们维持果腹水平的土地数量下,还得进行他们的生产和生活,还得承担政府的徭役、兵役和赋税,仅仅靠他们的粮食收入是不能维持的。他们不得不着眼于粮食收入以外的其他经济活动,即所谓的旁入奇利,方能生存。故我们在考察战国秦汉小农的生产力水平的时候,不能不对此加以注意。下面我们即选取其中最主要的内容加以考察。

1. 饲养家畜

孟子云:"鸡豚狗彘之畜,无失其时,七十者可以食肉矣。"山东临沂银雀山汉墓所出竹书之《守法》、《守令》等十三篇中,亦有"上家畜一豕、一狗,鸡一雄、一雌。诸以令畜者,皆藏其本,斋其息,得用之。"故饲养家畜,历来为农家极为重要的一项经济收入。

西汉的龚遂在他任渤海郡太守时,曾令小农每家得养二母彘、五鸡。

《盐铁论·散不足》云:"夫一豕之肉,得中年之收十五斗粟,当丁男半月之食。"

居延汉简中有"凡肉五百廿一斤,直二千一百六十四,脂六十三斤,直三百七十八,脂肉并直二千五百卅二"。[①] 的简文。

肉每斤四钱,脂每斤六钱。居延地区的粟价为百钱左右一石,

---

① 分别见《居延汉简甲乙编》二八六·一九A、四一三·六A、一六三·六、二六二·二八A、三〇八·七、三〇三·五、五〇九·八、二〇六·三、九〇·五六三〇三·三〇、三一一·二〇、二八二·五、二〇八·七简。

十五斗粟即值一百五十钱,合肉 37.5 斤,大概相当于 1/2 头猪肉,则一头猪肉之价为三百钱左右,加上内脏,一头猪之价为四百钱左右。

《九章算术》中所载豕价最高者为九百钱,最低为三百钱,平均每头猪价为六百钱。一个小农家每年养两头猪,年收入即可达千钱左右。

若养羊,居延地区的羊价为九百至一千钱一头,此为王莽时之价:

"出羊一头大母子种从君巨买贾泉九百

出羊一头大母子从君巨买贾泉九百黍十五

出羊一头大母勒君兄买贾泉千

出羊一头大母君巨去时定巨相用馈伯通合子种买贾泉千。"①

《九章算术》中羊一头最高价为五百,最低价为一百五十,平均为三百三十五钱。

小农家庭年养羊三头,亦可得千钱左右。

居延汉简文:"狗一直贳五白。"②

《九章算术》中的犬价为一百至一百二十钱。

小农家庭若年养一犬,则可得百钱至五百钱。

《九章算术》中的兔价为二十九钱,农家若年饲四五只,亦可得百钱以上。

---

① 分别见《居延汉简甲乙编》二八六·一九A、四一三·六A、一六三·六、二六二·二八A、三〇八·七、三〇三·五、五〇九·八、二〇六·三、九〇·五六、三〇三·三〇、三一一·二〇、二八厂·五、二〇八·七简。

② 同上书一六三·六简。

《九章算术》中所载鸡的最高价为七十钱,最低价为二十三钱,平均为四十五钱。小农家庭若每年养五只鸡,可得钱二百二十五。

我们即按龚遂所规定的二豕五鸡标准计,则战国秦汉小农家庭的年家畜收入,可达千钱以上,可抵粟十石以上,故《管子·禁藏篇》所云:"糠秕六畜当十石"是极有根据的。

2. 瓜果蔬菜

龚遂亦曾令渤海郡民"口种一树榆,百本薤,五十本葱,一畦韭。""秋冬课收,益畜果实菱芡。"①

《汉书·食货志》曰:"菜茹有畦,瓜瓠果蓏,殖于疆易。"这些作物并不占耕地面积,因而可以解决小农吃蔬菜的问题,亦可充当粮食。《管子·禁藏篇》言"果蓏素食当十石",即亦可获得与饲养家畜的同等收入。

史游《急就篇》曰:"园菜果蓏助米粮",一般小农家庭以生产粮食为主,非比专业生产果蔬的农户,专业户的收入是很高的。

《氾胜之书》载:"瓜收亩万钱。"

若种瓠,"十亩凡得五万七千六百瓢。瓢直十钱,并直五十七万六千文。用蚕矢二百石,牛耕、功力,直二万六千文,余有五十五万,肥猪、明烛,利在其外。"

则此虽为北魏专业户之收入,但一般农家瓜瓠菜蔬必种无疑。我们若以战国秦汉小农每户的果素收入,当十石粟计,年即可得千钱。

---

① 《汉书·循吏·龚遂传》。

3. 桑麻与纺织

孟子曰:"五亩之宅,树之以桑,五十者可以衣帛矣。"

《氾胜之书》云:"桑至春生,一亩食三箔蚕。"

种桑是为了养蚕,养蚕是为了获取蚕丝,有了丝,方可织成素、帛、绢、缣、绫、锦,还要经裁剪、缝纫方能穿着。其间必经种桑、采叶、育蚕、缫丝、纺织、裁剪、缝纫等各过程,必须投入大量的人力、物力,还需要许多专门的技术,任何一个小农家庭都不可能包办。故小农家庭即使种桑、养蚕或从事丝织,亦仅能完成蚕桑纺织业中某几道工序而已。因此他们所从事桑蚕生产,具有很明显的商品生产的性质。

云梦睡虎地出土的《秦律·法律答问》有律文为:"或盗采人桑叶,臧不盈一钱,何论?赀徭三旬。"

"甲盗钱以买丝、寄乙,乙受、弗知盗,乙论何也?毋论。"

桑叶有价,丝亦得用钱买,必为商品无疑,则茧亦当为商品,缫丝是一项专门技术,并非每一农家均可掌握,小农家庭可以种桑、养蚕,得茧若不能缫丝,只能出售,故茧为商品是必然的。

由于缺乏具体的史料记载,我们无法估计蚕桑经济在战国秦汉小农经济中所占的比例。从《史记·货殖列传》所载的地区物产情况来看,秦汉从事蚕桑、丝织业的主要地区为齐鲁和蜀,其他广大地区的小农即使普遍地种桑、养蚕,其生产的规模和能力都是较小的。

云梦睡虎地出土的《秦律·封诊式》中曾记载了一个被封守的士伍甲的家产为:一堂二内宅一区,宅外桑树十株、一奴和一小婢,一牡犬。家曰庭成员为一夫一妻,一子一女共四人。从其拥有十株桑树来看,我们并不能断定这户农家就从事桑蚕副业,即使是从事此项副业,生产能力亦较小。

《齐民要术》载桑树栽培法为"率十步一树",若依汉亩计一亩可植桑树24株,《氾胜之书》云一亩之桑可食三箔蚕,则十株桑可食1.25箔蚕。

根据陈恒力先生所著《补农书研究》中所列明清之际桑田产量表可知散植桑每株平均可产桑叶20—30斤,秦汉时代的桑树品种当然不及明清之优,产量当然亦不及其高,我们姑以每株可产桑叶20斤计,十株可产桑叶200斤,可养蚕一筐,每筐产丝一斤。则汉代的一箔,大体上相当于明清的一筐。明清的一斤约当汉斤二斤。

《居延汉简》载"绡丝二斤直四百三十四。"[①]"絓絮二斤八两直四百,"[②]则汉代的蚕丝价为每斤二百钱上下。一个拥有十株桑树的小家庭,其从事养蚕缫丝副业的年收入为四百钱左右。若有一亩桑田,则可养三箔蚕,可产丝六斤,得钱一千二百左右。

居延汉简中记载的帛价简文有:

　　出河内廿两帛八匹一丈三尺四寸大半寸,直二千七百七十八,给佐史一人元凤三年正月尽九月积八月少半日奉。[③]

　　受六月余河内廿两帛卅六匹二丈二尺二寸少半寸,直万

---

①②③ 分别见《居延汉简甲乙编》二八六·一九A、四一三·六A、一六三·六、二六二·二八A、三〇八·七、三〇三·五、五〇九·八、二〇六·三、九〇·五六、三〇三·三〇、三一一·二〇、二八二·五、二〇八·七简。

三千五十八。①

则廿两帛每匹直三百五十钱左右,此乃官定价格,时当昭帝元凤三年。

一匹帛重二十两,当然最少需二十两丝织成,一斤丝价为二百,则织成一匹帛的原料即为二百五十钱,其加工费为一百钱。

沈氏《补农书》曰:"其常规:妇人二名,每年织绢一百二十尺,每绢一两,平价一钱,计得银一百二十两。除应用经丝七百两,该价五十两,纬丝五百两,该价二十七两;籰丝钱、家伙、线蜡五两,妇人口食十两,共九十两,数实是三十两息。"

则明清时的绢每匹重十两,与汉代的帛一匹相当。明清时一名妇女可织六十匹,则织一匹,当需六日。

汉代妇女的纺织速度,根据《九章算术》所载一个学习纺织的女工第一日织一寸余,第二日织三寸余,第三日织六寸余,第四日织一尺二寸,第五日织二尺五寸余。以最后一日的成绩计,十六日方成一匹。这种工作效率仅相当于明清时妇女的八分之三。

汉乐府《上山采蘼芜》:"新人工织缣,故人工织素,织缣日一匹,织素五丈余,将缣来比素,新人不如故。"

《孔雀东南飞》:"鸡鸣入机织,夜夜不得息,三日断五匹,大人故嫌迟。"

日可织一匹或一匹以上,此乃文学作品的夸张之辞,绝不可作为信史。

---

① 分别见《居延汉简甲乙编》五〇九·八简。

我们知道,明清的织机比汉代已有改进,《补农书》中所说的妇女,是专司纺织的女工,其生产的熟练程度,当非秦汉小农家庭之妇女可望其项背。《西京杂记》载巨鹿陈宝光妻造作提花机,织蒲桃锦,散花绫,须六十日方成一匹,每日仅能织六寸余,当然这是最精细的锦缎,特别耗费时日。一般的农家妇女,织作普通的绢帛,虽不能及明清妇女速度快,但也不至于像《九章算术》所说的十六日方能织成一匹那么慢,大约为十日为一匹,可能比较接近当时的实际,则每个妇女的年生产能力为三十六匹。

一匹帛重二十两,三十六匹帛,需丝四十五斤,每亩桑田可养三箔蚕,出丝六斤,则供应一织妇的桑田必须七亩半。

我们假设战国秦汉的小农家庭都能满足其从事蚕桑、纺织业的全部需要,且能全部自给,则家有一织妇,年可产帛三十六匹,匹值三百五十钱,计可得一万二千六百钱。当然,我们取的物价是汉昭帝元凤年间的官定价格,其年收入仅是当时的货币量。随着时间的变动,物价的涨跌,帛价亦会上下浮动。但战国秦汉时期一个妇女年可织三十六匹帛,需丝四十五斤,需桑田七亩半,这几个反映战国秦汉小农家庭从事蚕桑纺织副业的基本数据,并不会受价格波动的影响。通过它们,我们就可以大体把握住战国秦汉小农从事蚕桑纺织业的生产力水平。

下面我们来探讨战国秦汉小农家庭从事种麻、织布副业的生产力水平。

明清之际的沈氏《补农书》有麻的亩产量的明确记载:"脱其皮,每亩盛者可得二百觔。"明清之二百觔,等于今 238 市斤。战国秦汉间的麻产量当然不如明清时高,且战国秦汉的一亩,仅相当于今0.69市亩。而明清之际的亩,则相当于0.95市亩。沈氏所说的产量又是高产田的产量,我们若设战国秦汉的麻产量为沈氏所说的明清之际亩产量的一半,则战国秦汉每亩的麻产量大约为今天的75市斤,当时的150斤。

云梦睡虎地所出《秦律·金布律》云:"为褐以禀衣,大褐一,用枲十八斤,直六十钱;中褐一,用枲十四斤,直四十六钱;小褐一,用枲十一斤,直卅六钱。"据此可知,制褐每用枲三斤,价值十钱。这是包括了织布和制衣加工费在内的价格,并非单纯的麻价格。

《秦律·金布律》尚有:"布袤八尺,福(幅)广二尺五寸。布恶,其广袤不如式者,不行。""钱十一当布。其出入钱以当金、布、以律"的律文。四丈为匹,则秦的一匹布值四十四钱。

《秦律·司空律》云:"系城旦舂,公食当偾者,石卅钱。"则秦粟价为每石三十钱,一匹布价相当于1.5石粟价,制褐用枲9斤,亦相当于一石粟之价。

西汉的枲价在居延汉简中亦有记载:"官言贯口枲一斤,直三百五十。"[1]麻竟比丝贵。

布价在居延汉简中亦有记载:"出广汉八稯布十九匹八寸大半寸,直四千三百廿,给吏秩百石一人元凤三年正月尽六月积六月□。"[2]则匹值二百二十七钱。

"赍卖八稯布八匹,匹直二百。"[3]

---

[1][2][3] 分别见《居延汉简甲乙编》二〇六·三、九〇·五六、三〇三·三〇、三一一·二〇简。

"赀卖九稯曲布三匹,匹三百卅三。"①

"布一匹直四百,缊絮二斤八两直四百,凡直八百,给始元四一年三月四月奉。"②

《史记·孝景本纪》:"令徒隶衣七稯布。"《正义》曰:"八十缕也,与布相似。七升布用五百六十缝也。"

《仪礼·既夕礼》贾公彦疏功布曰:"功布,灰治之布也者,亦谓七升以下之布也。"

由此我们可知,战国秦汉间所谓的布,即为八稯布,七稯布为囚服,七稯以下即为丧服之功布。九稯布为细布,其价格与廿两帛相当。看来秦汉时期的布价并不比帛便宜许多。

唐代规定户调绢、绝二丈,布则二丈五尺,输绢绝者加输绵三两,输布者麻三斤。一日之庸则为绢或绝三尺,布则三尺七寸五分。则唐代的布二丈五尺相当于绢二丈,麻三斤相当于绵三两。则唐代的布亦不比帛价便宜许多。

同样是汉昭帝元凤三年,河内廿两帛一匹值三百五十钱,广汉八稯布一匹值二百七十二钱,帛与布价之比为 350∶272 即 5∶3.2。

唐代绢与布价之比为 5∶4,与秦汉大体相当,布价略高于秦汉。

因此无论是战国秦汉社会中还是在唐代,普通的绢帛价格并不比布高出许多,只有那些高级精细的丝织品的价格才比较贵。

我们还推求出秦汉间每亩麻田的枲产量为一百五十斤,以此加工成秦律中所规定的中褐可成十件,值四百六十钱,相当于十五

---

① ② 分别见《居延汉简甲乙编》二八二·五、三〇八·七简。

石粟之价。《汉书·食货志》载李悝语,"衣,人率用钱三百,五人终岁用千五百。"则一个小农家庭要想自行解决自己的穿衣问题,必须种麻三亩,才可保证其原料供应。

4. 植树

秦汉间农家最主要的非果树植树品种为榆、白杨、槐、柳,其中尤以榆为第一位的植树品种。

《齐民要术》所载种榆"三年春,可将荚、叶卖之。五年之后,便堪作椽。不梜者,即可斫卖。梜者旋作独乐及盏。十年之后,魁、碗、瓶、榼,器皿,无所不任。十五年后,中为车毂及蒲桃瓮。"

"其岁岁料简剔治之功,指柴雇人,十束雇一人,无业之人,争来就作。卖柴之利,已自无赀,况诸器物,其利十倍。斫后复生,不劳更种,所谓一劳永逸。能种一顷,岁收千匹。唯须一人守护、指挥处分。既无牛、犁、种子、人功之费,不虑水、旱、风、虫之灾,比之谷田,劳逸万倍。"

"男女初生,各与小树二十株,比至嫁娶,悉任车毂。树三具,一具直三匹,成绢一百八十匹,娉财资遣,粗得充事。"

则种榆三年后即可获得经济利益,五年后即可充作建筑材料和燃料,十年后堪作日用器皿,十五年后一株之值为绢九匹。龚遂劝民口植一树榆,五口之家十五年后可得四十五匹绢之值,平均每年可得三匹绢之收益。叶、荚、枝柴尚不计算在内。若种白杨:

"三年,中为蚕樀,五年,任为屋椽,十年,堪为栋梁,以蚕樀为率,一根五钱,一亩岁收二万一千六百。岁种三十亩,三年九十亩。一年卖三十亩,得钱六十四万八千义。周而复始,永世无穷。比之农夫,劳逸万倍。去山远者,实宜多种,千根以上,所求必备。"则其经济效益亦不减种榆。

它如种槐、柳等,亩亦可获得每年万钱以上的收入。

果树的品种有枣、栗、橘、桃、李等,亦为小农家庭所普遍种植。除此以外,竹亦为小农所喜爱种植的经济品种。故司马迁在《史记·货殖列传》中说:"安邑千树枣,燕秦千树栗,蜀汉、江陵千树橘,淮北、常山以南,河济之间千树荻,陈夏千亩漆,齐鲁千亩桑麻,渭川千亩竹……此其人皆与千户侯等。"则小农家庭口种一棵树,年即有二百钱的收入,五口之家,年可有千钱的收入。

综上所述,我们从战国秦汉小农家庭的耕作方式,复种指数、粮食作物的生产能力,又从其桑麻、纺织、果蔬菜素、种植树木等方面探讨了小农家庭从事副业生产的情况,现在我们可以将战国秦汉小农家庭的全年农、副业收入情况列表如下,通过此表,即可大体明了战国秦汉小农家庭的生产力水—平。

经营种类	经营数量	收获量	收入(五铢钱)
粮食	60—90亩	180—270石	18000—27000
桑麻	1亩	丝6斤,麻150斤	1200
蔬菜	1亩		1000
畜禽	5鸡2豕		1000以上
植树	5株		1000
合计年收入			22200—31200

第四章 战国秦汉小农的租税赋役负担

　　战国秦汉小农的租税赋役负担因时代的不同而有变化,我们大体上可以将其分为战国和秦汉两个不同的时期来论述。由于战国时期的有关资料比较缺乏,我们对其的论述不得不较为笼统,而秦汉特别是汉代的资料较多,我们对其的论述就能够相比较而言较为深入和具体一些。但是,即使是这样,由于文献记载的语焉不详和历来的学者们对有关文献的解释存在着重大分歧,我们在论述的过程中还不得不对一些具体的问题进行一些考证和辨析。

　　赋税是支撑国家机器得以正常运转的物质基础,正所谓"税以足食,赋以足兵",凡言税,那就是政府向国民征收的用以供养政府人员的财物,凡言赋,那就是政府向国民征收的用于军队和战争的财物,在战国秦汉时期税和赋的分别还是泾渭分明的,这有助于我们对一些有关问题的辨析。

　　大体说来,战国秦汉小农不管有没有掌握土地的所有权,都必须向国家缴纳田租也即是土地税,都必须为国家无偿地服劳役和兵役;同时还必须为国家提供军赋。

　　秦汉小农是国家的编户齐民,国家通过较为严密的户籍制度,掌握每个小农家庭的人口、年龄、主要生产和生活资料的占有状况,并以此为依据,向他们征收租赋、摊派徭役和兵役。只要小农一天未脱离国家的户籍,他就得承担国家的上述负担一天。其赋税项目大别有土地税、人头税、资产税三种。土地税有田租、刍、稿三种,人头税有算赋、口赋两种,资产税有户赋一种。此外,徭役亦可纳钱代役,称为更赋,兵役则是每个适龄男子的义务,根据国家规定和需要而征发。下面我们将逐项讨论之。

第一节 户赋

户赋,是秦汉小农必须承担的一项赋税项目,南宋的徐天麟在其所著的《西汉会要》中,将《史记·货殖列传》中所云:"秦汉之制,列侯封君食租税,岁率户二百,千户之君则二十万,朝规聘享出其中"误以为户赋,又将《汉书·惠帝纪》所载:"吏,所以治民也。能尽其治,则民赖之,故重其禄,所以为民也。今吏六百石以上,父母妻子与同居,及故吏尝佩将军、都尉印,将兵及佩二千石官印者,家唯给军赋,他无所与"之军赋与户赋分两项列出,遂使秦汉时期的重要赋入项目户赋、军赋扑朔迷离,令人难以明其内容,故必须加以辨析与澄清。

1. 岁率户二百,并非户赋

岁率户二百钱,这是封君享受的他的封户的年收入,当然也是封君们所食封土内每户应纳的钱。问题是这二百钱是直接交纳给封君,还是政府从赋税总收入中按此比率转拨给封君?若是前者,那么户赋就只是封邑内人民的负担,那些非封邑的人民就没有此项负担,这显然与秦汉的史实不符。

云梦睡虎地所出《秦律·法律答问》云:"可(何)谓'匿户'及'敖童弗傅'? 匿户弗繇(徭)使,弗令出户赋之谓(也)"。

律文明确规定:官吏使人不服徭役,不出户赋,这就犯了"匿户"罪。因此,户赋就绝非是封邑内人民所必须承担的赋税项目,而是全体编户齐民都应承担的赋税项目。徐天麟有关秦汉户赋内容的归纳是错误的。

2. 军赋就是户赋

《汉书·萧望之传》云:"今有西边之役,民失作业,虽户赋口敛,以赡其困乏,古之通义,百姓莫以为非,以死救生,恐未可也。"颜师古注:"率户而赋,率口而敛也。"

我们知道,口敛是指人头税,即通常所说的口赋和算赋。率户而赋的赋,其征收的单位为户,与"家唯给军赋"所征收的单位完全相同,且萧望之云户赋口敛是因为"有西边之役"完全用于军事需要,则军赋与户赋的征收对象相同,目的相同,因而户赋与军赋,必是异名同实,军赋即是户赋。

3. 户赋按家赀征收

《盐铁论·未通篇》载文学曰:"往者军阵数起,用度不足,以赀征税,常取给见民。"

《后汉书·刘平传》云:"(刘平)拜全椒长,政有恩惠,百姓怀感,人或增赀就赋,或减年从役。"

《后汉书·百官志五》载:"乡置有秩三老、游徼……掌一乡人,其乡小者,县置啬夫一人,皆主知民善恶,为役先后,知民贫富,为赋多少,平其差品。"

以上第一条史料明言以赀征赋的目的是用于军事,第二条史料说明征赋亦是以赀为标准,第三条是说地方的基层官吏的执掌之一即是根据民户的贫富,来决定其赋额的多少。根据这三条史料及战国秦汉间"税以足食、赋以足兵"通例,可以断定秦汉间以赀征赋的赋即是户赋,也即是军赋。家赀是政府征收户赋的依据。因此,秦汉政府必须对编户齐民的家赀有准确的了解,故尔"知民贫富"就成为地方基层官吏的重要职责。而居延汉简中的礼忠与徐忠家赀的简文,为我们提供了实物证明。现征引如下:

侯长角乐得广昌里公乘礼忠年卅

  小奴二人直三万　　　大婢一人二万

  轺车二乘直万　　　　用马五匹直二万

  牛车二两直四千　　　服牛二六千

  宅一区万　　　　　　田五顷五万

  凡赀直十五万①

三燧隧长居延西道里公乘徐忠年五十

徐忠年五十

  妻妻　　子男一人　　男同产二人　　女同产二人

  宅一区直三千　　田五十亩直五千　　用牛二直五千②

从这两简我们可知,政府对于各家庭的财产状况是登记载入

---

① 《居延汉简甲乙编》三七·三五简。
② 《居延汉简甲乙编》二四一B简。

户籍的,而国家掌握户籍的主要目的就是为征发徭役、兵役、征收赋税提供依据。我们从西汉史籍中经常看到记载某人家赀的具体的数字,这说明西汉政府对它治下的编户齐民的家赀状况是有清楚的了解的,其原因盖出于家赀是户籍登记的一部分。那么按家赀的多寡为依据所征收的赋,必为户赋无疑。从《汉书·食货志》载武帝时实行盐铁官营后,"汉连出兵三岁,诛羌灭两粤,番禺以西至蜀南者,置初郡十七,且以故俗治无赋税。南阳、汉中以往,各以地比给,初郡吏卒奉食币物,传车马被具,而初郡又时时小反,杀吏。汉发南方吏卒往诛之,间岁万余人,费皆仰大农。大农以均输调盐铁助赋,故能澹之。然兵所过县,县以为赀给,毋乏而已,不敢言轻赋法矣"。则是将军赋与家赀的关系讲得再清楚不过了。"兵听过县,县以为赀给",即是以赀征赋以供军费。

4. 算赀即是户赋

徐天麟在《西汉会要》中又有算赀一项,其根据为景帝后元二年诏书云"今赀算十以上乃得官,廉士算不必众,有市籍不得官,亡赀又不得官,朕甚愍之。赀算四得官,毋令廉士失职,贪夫长利"。师古注引服虔曰:"赀万钱,算百二十七也。"又引应劭曰:"十算十万也。"史学界通常把它称为资产税或财产税。其实这种万钱一算的赋税项目,就是户赋,因为凡言赀,均是指家赀,家赀有万钱,政府就得征其赋钱一算。这就是上文所说的"以赀征赋"。正因为政府有规定的征收率和征收对象,才会出现《后汉书·刘平传》中的"百姓或增赀就赋"的现象。正因为以赀征赋有固定的比率,也正因为政府有比较严密的措施能准确掌握每个编户齐民的赀产状况,户赋才能作为一项通行全国、历时四百余年的赋税项目存在于秦汉社会中。

5. 算缗钱并非户赋

《汉书·武帝纪》载元狩四年"初算缗钱"李斐曰,"一贯千钱,出算二十也"。师古曰:"谓有储积钱者,计其缗而税之。"

《汉书·食货志》云:"商贾以币之变,多积货逐利。于是公卿言郡国颇被灾害,贫民无产业者,募徙广饶之地。陛下损膳省用,出禁钱以振元元,宽贷而民不齐出南亩,商贾滋众。贫者畜积无有,仰县官。异时算轺车、贾人之缗钱各有差下,请算如故。诸贾人末作贳贷卖买居邑,贮积诸物,及商以取利者,虽无市籍,各以其物自占,率缗钱二千而算一。诸作有租及铸,率缗钱四千算一。非吏比者,三老、北边骑士,轺车一算,商贾人轺车二算,船五丈以上一算,匿不自占,占不悉,戍边一岁,没入缗钱。有能告者,以其半畀之。"

"天子既下缗钱令而尊卜式,百姓终莫分财佐县官,于是告缗钱纵矣。杨可告缗遍天下,中家以上大抵皆遇告。杜周治之,狱少反者,乃分遣御史、廷尉正、监分曹往,即治郡国缗钱,得民财物以亿计,奴婢以千万数,田大县数百顷,小县百余顷,宅亦如之。于是商贾中家以上大抵破,民偷甘食好衣,不事蓄藏之业,而县官以盐铁、缗钱之故,用少饶矣。"

"元鼎四年,令民得蓄边县,官假马母,三岁而归,及息什一,除告缗,用充入新秦中。"

从以上的史料中我们可知:武帝时算缗钱的主要对象为商贾,

且前后持续的时间为七年,故这就不可能与通行于秦汉四百余年的户赋相提并论。更重要的是缗钱是流动资金,是可以藏匿的,政府不可能对每个编户齐民的流动资金有清楚的了解,这就使得征收此项赋税失去了依据,它只能是武帝从贾商手中抢夺财产的临时措施而不可能成为常规赋税项目。

以上我们对秦汉户赋的征收对象,方法及赋额作了辨析。现在我们就可以揭示秦汉小农家庭承担此项赋目的具体情况了。

根据服虔注,户赋的征收率为万钱征一百二十七钱。汉代的算有不同的对象,因而具体的数额亦不尽相同,根据算赋每算为一百二十钱之常例,服虔所注的"百二十七",当为"百二十"之误,则户赋的征收率为家赀的1.2%。

户赋的征收比率在王莽时曾发生变化,《汉书·王莽传》载王莽曾明令"税赀三十取一"而"平蛮将军冯茂击勾町,士卒疾疫死者什六七,赋敛民财什取五",这都是根据需要随意增加。

总之,秦汉间的户赋即是军赋,它是在国家发生军事战争的情况下,以家赀为依据,向国民征收的一种临时性的赋税项目。由于它具有临时性、突发性和增收量的随意性,对小农的危害极大。《汉书·食货志》中载晁错语:"急政暴虐,赋敛不时,朝令而暮改。当具,有者半贾而卖,无者,取倍称之息,于是有卖田宅,鬻子孙以偿责者矣!"就是最为生动而具体的说明。

第二节 算赋与口赋

两汉时的人头税有口赋与算赋两种,口赋征之于7—14岁者,每人每年23钱,算赋征之于14—56岁者,每人每年120钱,对此,史学界的认识较为一致。

秦代的情况如何?这需要勾稽史料,加以考证。

《汉书·食货志》载董仲舒语,批评秦"力役三十倍于古,田租、口赋、盐铁之利,二十倍于古",则秦亦有口赋。

《后汉书·西南夷传》云:"秦昭襄王时,有一白虎,常从群虎数游秦、蜀、巴、汉之境,伤害千余人。昭王乃重募国中能杀虎者,赏邑万家,金百镒。时有巴郡阆中夷人,能作白竹之弩,乃登楼,射杀白虎。昭王嘉之,而以其夷人,不欲加封。乃刻石盟要,复夷人顷田不租,十妻不算"。这条史料说明早在秦昭襄王时,秦国即已有算赋。

此外,《汉书·晁错传》载晁错语:"今秦之发卒也,有万死之害,而无铢两之报,死事之后,不得一算之复"。亦是秦有算赋的证明。

《史记·张耳、陈余列传》载:"秦为乱政虐刑,以残贼天下,数十年矣。北有长城之役,南有五岭之戍,外内骚动,百姓罢敝。头会箕敛,以供军费,财匮力尽,民不聊生。"

所谓"头会箕敛",即是按人头征收赋钱,装入畚箕之中,云梦睡虎地所出《秦律·金布律》有律文为:"官府受钱者,千钱一畚,以丞、令印印。不盈千者,亦封印之。钱善不善,杂实之。出钱,献封丞、令,乃发用之。百姓市用钱,美恶杂之,勿敢异。"此律文是对"箕敛"的最权威的注解。

因此,汉高祖刘邦四年的"初为算赋"仅是对秦代人头税收制度的恢复而已,人头税并非汉家初创。只是秦代的人头税的具体数额及征收情况，史无记载，我们不得知其详而已。

汉代的口赋起征年龄，并非一成不变。《汉书·贡禹传》曾记载贡禹"以为古民亡赋算，口钱起武帝征伐四夷，重赋于民。民产子三岁，则出口钱，故民重困。至于生子辄杀，甚可悲痛。宜令儿七岁去齿，乃出口钱，年二十乃算。……天子下其议，令民产子七岁，乃出口钱，自此始"。则元帝前为三岁起征，元帝后才改为七岁起征。直至东汉循而未改，王充在其《论衡·谢短篇》中有"七岁头钱二十三，何缘？"问题，可以为证。但至东汉末年，又有变化，《水经注·湘水》载："县有白土乡，《零陵先贤传》曰：郑产，字景载，泉陵人也，为白土啬夫。汉末多事，国用不足，产子一岁，辄出口钱，民多不举子。产乃敕民勿得杀子口钱当自代出，产言其郡县，为表上言，钱得除，更名白土为更生乡也"。

汉代的算赋额，亦有变化。

《汉书·贾捐之传》云："（文帝）闵中国未安，偃武行文，则断狱数百，民赋四十，丁男三年而一事。"如淳注："常赋岁百二十，岁一事，时天下民多，故出赋四十，三岁而一事。"则文帝时的算赋额仅四十钱，是原来的 1/3。

《汉书·宣帝纪》载甘露三年"减民算三十"，此年之算赋额为九十钱。

《汉书·成帝纪》载建始二年"减天下赋钱，算四十"。则为八十钱。

《文物》1971 年第 7 期公布了裘锡圭先生的《湖北江陵凤凰山十号汉墓出土简牍考释》一文，为我们研究西汉前朝的算赋额和征收情况，提供了新的资料。其中有关算赋的简文如下：

市阳二月百一十二算,算卅五钱,三千九百廿,正偃付西乡偃佐缠,吏奉卩。受正忠(?)二百四十八。

市阳二月百一十二算,算十钱,千一百廿,正偃付西乡佐赐口钱卩。

市阳二月百一十二算,算八钱,八百九十六,正偃付西乡偃佐缠传送卩。

市阳三月百九算,算九钱,九百八十一,正偃付西乡偃佐赐。

市阳三月百九算,算廿六钱,二千八百卅四,正偃付西乡偃佐赐。

市阳三月百九算,算八钱,八百七十二,正偃付西乡偃佐赐。

市阳四月百九算,算廿六钱,二千八百卅四,正偃付西乡偃佐赐。

市阳四月百九算,算八钱,八百七十二,正偃付西乡偃佐赐。

市阳四月百九算,算九钱,九百八十一,正偃付西乡偃佐赐。

市阳四月百九算,算九钱,九百八十一,正堰付西乡偃佐赐,四月五千六百六十八。

市阳五月百九算,算九钱,九百八十一,正偃付西乡佐愈思。

市阳五月百九算,算廿六钱,二千八百卅四,正偃付西乡佐愈。

市阳五月百九算,算八钱,八百七十二,正偃付西乡佐愈,

第四章 战国秦汉小农的租税赋役负担

五月四千六百八十七。

市阳六月百廿算,算卅六钱,四千三百廿,付□得奴。

郑里二月七十二算,算卅五钱,二千五百廿,正偃付西乡偃佐缠吏奉卩。

郑里二月七十二算,算八钱,五百七十六,正偃付西乡偃佐缠,传送卩。

郑里二月七十二算,算十钱,七百廿,正偃付西乡佐赐,口钱。

当利正月定算百一十五

正月算卅二给转费卩

正月算十四吏奉卩

正月算十三吏奉卩

正月算□传送卩

正月算□□虎(?)口卩

当利二月定算百

二月算十四西吏奉卩

二月算十三吏奉卩

二月算廿□□□缮兵卩

三月算十四吏奉卩

三月算十三吏奉卩

三月算六传送

根据考证,墓主张偃,爵为五大夫,职为江陵西乡的有秩或啬夫,葬于景帝四年。因此,简文中所涉及的市阳、郑里、当利三里的算赋征收情况,当是文帝末年、景帝四年前这三里的真实记录。

根据这一新资料,我们可以看出如下几个特征:

(1) 各里每月都要定算,也即是每里的纳算赋的人数每月不尽相同。市阳里二月份为 112 人,三、四、五月为 109 人,六月份又增为 120 人,当利里正月为 115 人,二月即减少为 100 人,征收算赋似乎不以年为单位,而是以月为单位。

(2) 每月征收算赋,亦是分批进行,市阳、郑里二月征三次,市阳里三月、五月征三次,四月征四次,六月征一次。

(3) 各月征收的数额亦有同异,市阳里二月为 53 钱,三月、五月为 43 钱,四月为 52 钱,六月为 36 钱。

(4) 市阳、郑里虽然为两个行政单位,在二月份时定算额一为 112,一为 72,具有较大的差异,但是,它们同样征了三次,总额都是 53 钱。且三次中,各次的小数字均同,其同项都是以 35 钱作为吏奉、8 钱传送、10 钱为口钱。当利里二月份的总额因为简文廿的数字后缺了字,无法统计其准确数据,但它的开支项目却是二十七钱用于吏俸,显然与市阳、郑里数额不一。

根据以上所列的四大特征,我们可作如下的推测:

(1) 如果征收算赋是以月为单位,那么以市阳里征收的赋额计五个月中为 227 钱,全年每人的赋额即高达五百余钱,这显然与文献记载的算赋额一百二十钱相差甚远,更与文帝时算赋四十钱的记载大相径庭。此外,算赋以月计,每月的纳赋人数不一,此点不好解释。市阳里二月定算 112 人,三、四、五月减少为 109 人,六月份又增至 120 人,这种纳赋人数的剧烈变化,只能归结于人户的迁徙无常。但是,农户迁徙现象虽有,但绝不会在一个月内、五个月中如此剧烈。他们是要与田产连在一起的,绝不可能在五个月中一部分人户破产而去,另一部分人又接产而来,即使有这种情况发生在一个里中,但绝不一可能在许多里中都发生这种情况。在一个农业社会中,人口的迁徙以月为单位处于不断的变化之中,这样的社会是不可能存在下去的。

(2) 算赋的用项中有一项是吏俸、且吏奉有固定的比例、市阳、郑里为35钱,当利里为27钱。若以月计,每里按115、211、72、100、109、12 的平均数 104 人计,市阳、当利、郑里三里的月吏俸钱为3224钱,汉代的百石吏,月奉 600 钱①。则此三里赋钱中之吏奉一项即可支 5 个百石吏的月俸,这显然大大超过汉代基层小吏的供养需要。一里的 104 个纳算赋人养活 5 个百石吏,纳算赋人与百石吏之比为 21:1。而《汉书·百官公卿表》云:"吏员自佐吏至丞相,十三万二百八十五人""乡六千六百二十二,亭二万九千六百三十五"则乡的有秩即百石吏仅 6622 人,只需 139062 个纳算赋人即可供养。汉代的全国人口平帝元始二年为 59591978 人,光武帝中元二年为 21007820 人,平均约为 4000 万人,纳算赋人为其一半约为 2000 万,按 21:1 的比例,可供养 950000 个百石吏,明显超过汉代官吏的供养需要。汉代的政府全年财政收入为四十亿,吏奉用其半占二十亿,纳算赋人若全年纳 120 钱,即可达 24 亿,按文帝时每算四十钱的标准,亦可达 8 亿。如果算赋不是以年计而是以月计,每个纳算赋人全年纳 500 钱,仅此一项的财政收入即可达 100 亿,这显然与文献记载的汉代财政收入数不符。故此简文所反映的按月征赋的情况必另有原因。

(3) 根据简文所列三个里每月每人的算赋额看,为 53、43、52、

---

① 《汉书·宣帝纪》神爵二年诏增百石以下吏奉引如淳曰:"律,百石奉月六百。"

36 四个数额,平均为 46 钱,这个数字十分接近于史书所载文帝时算赋额为四十钱的记录。

基于以上三点推测,我们可以得出结论如下:

(1)简文所列正、二、三、四、五、六月都征赋应该是一种特殊情况。我们知道,墓主张偃葬于景帝四年,而景帝三年适当吴楚七国之乱,当时列侯封君从军,均借款治装,毋盐氏以十倍取息,可见当时西汉改府财政之拮据。在这种情况下,西汉政府会向人民急征暴敛,根据《汉书·景帝纪》载,七国之乱暴发于正月,六月景帝下诏赦诸胁从造反者,与简文所列正、二、三、四、五、六月相符、则简文极有可能是记载此年之征赋情况。西汉政府既然可以预先免除当年、下年的赋税,在紧急情况下亦可预征下年或数年的赋钱,这也许即是简文一年中分月征赋的原因。

(2)简文中所反映的纳赋人的变化,应与当时的征发徭役和兵役有关,同墓所出的简文中有"邓得二,任甲二、宋财(?)二、野人四,凡十算徒一男一女,男野人、女惠"。

"晨一、说一、不害二、囗伏(?)三、囗三、凡十算徒一男一女,男囗女辨"。

这百分之二十的变动率,就构成了各月纳赋人的变化。因为这时是非常时期,即所谓"户赋口敛"以给军费的战争时期,口敛即是按当时在里中的实际人口数来征收。

(3)算赋收入中的一部分作为地方官吏的俸禄和地方行政的开支外,其余部分上缴国家,即简文所载之传送部分,在一个具体的里中,各部分的比例是固定的,地方官吏即按此固定比例所规定的数额分批、分项向纳赋人征收。

(4)文帝时算赋额为四十钱的记载是可信的,它得到了出土简文的证明。

(5)根据郑里定算72,而郑里禀簿能田者69人的记载,可以肯定秦汉的算赋确为15—56岁的人所缴纳的人头税。

(6)市阳和郑里二月的算赋支出中,有10钱是作为口钱一项缴纳的,市阳里在四月份亦多出了9钱一项,并未注明它的具体项目,而其他各月均有26、9和8钱三个数字,26加9为35,正是二月吏俸之数,8为传送费,9亦当为口钱。若此推测不错,口钱为10或9。是算赋43钱的四分之一弱,五分之一强,则地方官吏在征收算赋、口赋时,为方便起见,将其纳入一个总数一体征收,这是极有可能的。我们以郑里为例,郑里受贷种户为25户,115人,能田者69人,定算72人,每人纳53钱,总数为3816钱。我们以算赋为40钱计,应纳人为72人,其数额应为2880钱,115人减69人为46人,此为应纳口赋人,人纳20钱则为920钱,两数相加正为3800钱,与上述定算数额几乎完全相符。因此,政府所规定的征赋对象和钱额仅是一个原则,地方在执行的过程中自会产生一些变通之举。

因此,大体说来,秦汉,其中主要是两汉的小农所承担的人头税负担,可列表如下:

赋目 时代\赋额	算 赋	口 赋
文帝前	120钱(15—56岁)	20钱(3—14岁)
文帝时	40钱(15—56岁)	20钱(3—14岁)
武帝时	120钱(15—56岁)	23钱(3—14岁)
宣帝时	90钱(15—56岁)	23钱(3—14岁)

续表

元帝时	120钱(15—56岁)	23钱(7—14岁)
成帝时	80钱(15—56岁)	23钱(7—14岁)
东　汉	120钱(15—56岁)	23钱(7—14岁)
东汉末	120钱(15—56岁)	23钱(1—14岁)

对于西汉的五口之家来说,大体上得二人纳算赋,三人纳口赋,人头税负担为三百钱上下。东汉小农为六口之家得三人纳算赋,三人纳口赋,人头税负担为四百钱左右。这就是两汉小农家庭的人头税负担。战国和秦代的情况因史无明文,只得暂付阙如。

马端临在其《文献通考》中说:"古之治民者,有田则税之,有身则役之,未有税其身者也。汉法,民年十五而出口赋,至五十六而除。二十而傅,给徭役,亦五十六而除,是且役之且税之也"。他所说的口赋其实即是包括算赋和口赋的人头税,他批评汉代政府对百姓是既役其身又税其人,是十分正确的,但他说这种制度是从汉开始,就不正确了。

第三节　田租与刍稿税

田租,是春秋战国以来国家向农民征收的土地税。《墨子·贵义篇》云:"今农夫入其税于大人,大人以为酒醴粢盛以祭上帝鬼神。"租字从禾从且,本来是用于祭祀的,但在阶级分化,私有制产生,特别是土地私有后,其性质就发生了变化,所谓"税以足食",那就成为统治者剥削农民以满足其食物需要的重要税目了。

刍稿,一是用来饲养牲畜,二是用于燃料,同样出于土地,故统治者让其与田租一体征收。

第四章　战国秦汉小农的租税赋役负担

田租的征收率,战国、秦汉间人都说"古者什一而税",李悝在叙述战国小农的经济状况时亦说"什一之税",看来十分取一,确实是春秋、战国年间的通例,可是贪婪的统治者并不一定按此通例办事,鲁哀公时就是行的什二之法。《论语·颜渊》载:"哀公问于有若曰:'年饥,用不足,如之何?'有若对曰:'盍彻乎?'曰:'二,吾犹不足,如之何其彻也?'对曰:'百姓足,君孰与不足? 百姓不足,君孰与足!'"便是明证。

《汉书·食货志》云:"至于始皇,遂并天下,内兴功作,外攘四夷,收秦半之赋,发闾左之戍。男子力耕,不足粮饷,女子纺绩,不足衣服。竭天下之资财以奉其政,犹未足以澹其欲也。"董仲舒则说秦时"田租、口赋、盐铁之利二十倍于古"。

他们说得都太笼统,秦时的田租率究竟为多少还是不清楚。虽然从总体上来说,是"收秦半之赋",政府攫取了农民劳动收入的三分之二,然而我们却不可推论其田租率就是66%。

根据《汉书·食货志》的记载:"天下既定,民亡盖藏,自天子不能具醇驷而将相或乘牛车。上于是约法省禁,轻田租,什五税一。"

《汉书·惠帝纪》载,惠帝于高祖去世一月后曾"减田租,复十五税一"。则高祖时之"轻田租,十五税一",并未贯彻始终。因此相对于高租十五税一而重的为秦,相对于惠帝十五税一而重的为高祖不行十五税一时,而此时所行税率,当承秦制,重于十五税一虽可能有很多比率,然根据古之"什一而税"之通例,当可推为什一之率。因为十五税一与什一而税相较,税率降低了1/3,这对于统治者来说,已是大发慈悲了。若以往的税率越高,则其减去的田租就越多,汉初的统治阶级是不可能突然地在税收率上作更大幅度的降低的。即使是降低了三分之一,汉高祖也是未能贯彻始终的,因此秦代行什一之税法具有较大的可能性。

西汉的田租税率从上引的史料中我们可知,高祖刘邦时曾一度为十五分之一,不久又复原为十分之一,惠帝时定为十五取一。文帝时又有变化。《汉书·文帝纪》载文帝二年诏曰:"农,天下之大本也,民所恃以生也。而民或不务本而事末,故生不遂,朕忧其然。故今兹亲率群臣农以劝之,其赐天下民今年田租之半。"惠帝时为十五税一。则当年田租率应为三十税一。十二年下诏:"其赐农民今年田租之半。"十三年再下诏:"农,天下之本,务莫大焉,今谨身从事,而有租税之赋,是谓本末者无以异也。其于劝农之道未备,其除田之租税。"除田之租税即是免去农民的此项负担。问题是免本年,还是今后全部免收?《汉书·景帝纪》载景帝元年五月"令田半租",足证文帝时还是有田租的,且根据文帝时诏文所令减免均为当年田租的通例,文帝十三年"除田之租税"必限于当年无疑。在无皇帝诏书减免之年,惠帝后皆行十五税一之法,直至景帝元年,三十税一方成汉家定制。

东汉光武帝建武六年十二月诏曰:"顷者师旅未解,用度不足,故行什一之税。今军士屯田,粮储差积,令郡国收见田租,三十税一如旧制。"[①]则光武建武六年前一度曾行什一之税。这种什一之税的恢复,很有可能是承袭王莽时的税率。因为王莽是攻击汉代三十税一的制度的。他说:"汉氏减径田租,三十而税一。常有更赋,罢癃咸出,而豪民侵陵,分田劫假,厥名三十税一,实什税五也,

---

① 《后汉书·光武帝纪》。

父子夫妇,终年耕耘,所得不足以自存。"①因此他实行王田制,复古,税法当然亦应该复古之什一制。根据以上的史料和分析,我们可列秦汉田租税率变化表如下:

时代	税率
秦	什一
西汉高祖	什一,十五税一、什一
惠帝	十五税一
文帝二年	三十税一
文帝三年—十二年	十五税一
文帝十三年	不取
景帝元年	三十税一
王莽	什一
刘秀	什一
建武六年—东汉末	三十取一

　　田租的税率虽然比较确定,但是在全国范围内具体征收的时候,却不可能每年对每一农户的产量进行详细的、准确的核定。因此只能根据一个平均亩产量,依税率确定一个征收的量。这就是《盐铁论·未通篇》文学们所说的:"田虽三十而以顷亩出税,乐岁粒米梁粝而寡取之,凶年饥馑而必求其足。"关于平均粮食亩产量,我已在上章中考证为每一小亩年产 2 小石。则什一税率下田租的亩征收量为二小斗,什五税一率下为 $13\frac{1}{3}$ 小升合 8 大升,三十税一率下为 $6\frac{2}{3}$ 小升合 4 大升。故曹魏的亩租四升实是承汉家三十

---

① 《汉书·王莽传》。

税一之制,西晋的亩课八升租亦是承汉家十五税一旧法,北魏在均田前的田租额为每户粟二十石,还是基于一夫百亩,亩产二石的什一税,均田后变为户租二石,这即为百一之税,及至隋唐,一仍其旧,都没有离一夫百亩,亩产二石这个老谱儿。

下面我们来讨论刍、稿税。

秦代的刍、稿税因有出土的秦律为据,不烦考证,便可明白。

《秦律·仓律》载:"入顷刍、稿,以其受田之数,无垦不垦,顷入刍三石,稿二石。刍,自黄龂以上皆受之。入刍、稿、相输度,可也。"

汉承秦制,既有田租,亦有刍、稿税。

《史记·萧相国世家》载:"萧何为民请曰:'长安地狭,上林多空地,弃,愿民得入田,毋收稿为禽兽食。'……"这是汉初有刍、稿税的证明。

《后汉书·光武纪》云:"初,光武为春陵侯家讼逋租于尤,尤见而奇之。"李贤注引《东观纪》:"为季父故春陵侯诣大司马府,讼地皇元年十二月壬寅前租二万六千斛,刍、稿钱若千万。"这是王莽时亦有刍、稿税的证明。

此外尚有《汉书·贡禹传》云:"农夫父子,暴露于中野,不避寒暑,捽草把土,手足胼胝。已奉谷租,又出稿税。乡部私求,不可胜供。"

王充在其《论衡·谢短篇》中亦有这样的质问:"古人井田,民为公家耕,今量租、刍,何意?"

《后汉书·百官志二》刘昭补注引《汉官仪》曰:"田租、刍稿,以给经用。"而江陵凤凰山十号汉墓所出竹简,更有汉初征收刍、稿税

第四章 战国秦汉小农的租税赋役负担

的记录,其文如下:

  平里户刍廿七石

  田刍四石三斗七升

  凡三十石三斗七升

  八斗为钱

  六石当稾

  定廿四石六斗九升当□

  田稾二石二斗四升半

  刍为稾十二石

  凡十四石二斗八升半

  稾上户刍十三石

  田刍一石六斗六升

  凡十四石六斗六升

  二斗为钱

  一石当稾

  定十三石四斗八升给当□

  田稾八斗三升

  刍为稾二石

  凡二石八斗三升

从简文中我们可以看出如下几点:

(1)刍、稾可以互相折算,这与秦律所云:"入刍、稾,相输度,可也。"的规定完全符合。

(2)刍、稾均可以钱折纳,这与《光武帝纪》注文"刍、稾钱若干万"亦完全吻合。

(3) 似乎还存在着户刍、田刍、户稿、田稿的区别。

(4) 根据"六石当稿"、"刍为稿十二石";"一石当稿"、"刍为稿二石"的记载可知,刍折为稿的比率是1∶2,即一石刍相当于二石稿。

根据平里定刍廿四石六斗九升的记载,若按每顷出三石刍的秦代标准计,可知平里有田823亩。市阳里田租为五十三石三斗六升半,按亩纳 $6\frac{2}{3}$ 升的比率,可知,市阳里的土地总量为808亩。从平里的土地总额、刍、租的征收总额比例来看,汉代在征收刍、稿税时的比率,仍然是沿袭秦顷入刍三石、稿二石的税率,并未因田租率的下降而有所变动。

居延汉简中有简文为:"出茭三石,四月庚辰候长霸以食橐他六匹,行食至方廪宿,匹二钱。"①则茭每石值四钱。因为茭是牲口的饲料,当是刍的一种。故我们可知汉代居延地区的刍每石值四钱,内地的刍钱亦当与此价格相差不大。

湖北江陵张家山二四七号汉墓所出的《二年律令》中的《田律》,为我们了解汉代的刍、稿税提供了最新,也是最权威的证据。现将有关的内容征引如下:

  入顷刍稿,顷入刍三石;上郡地恶,顷入二石;稿皆二石。令各入其岁所有,毋入陈。不从令者罚黄金四两。收入刍稿,县各度一岁用刍稿,足其县用。其余令顷入五十五钱以当刍稿。刍一石当十五钱,稿一石当五钱。

  刍稿节贵于律,以入刍稿时平贾(价)入钱。

---

① 《居延汉简甲乙编》二八五·一一简。

第四章 战国秦汉小农的租税赋役负担

卿以下,五月户出赋十六钱,十月户出刍一石,足其县用,余以入顷刍律入钱。①

此《二年律令》中二年,是吕后二年即公元前 186 年,根据上引律文可知,汉代的刍、稿征收的数量与秦完全相同,但征收和方法又有具体规定,这就是顷入刍三石、稿二石是上缴给中央政府的,折合成钱数为五十五钱,刍一石当十五钱,三石为四十五钱,稿一石当五钱,二石为十钱,合计为五十五钱。除此而外,农户还必须在五月上缴县政府十六钱、十月上缴县政府刍一石,折合成钱为十五钱。这样,一个拥有一百亩土地的农户每年的刍稿税实际上是八十六钱,相当于刍五石、稿二石,还要外加一钱。

《文物》1985 年第四期公布了山东临沂银雀山汉墓所出竹书《守法》、《守令》等十三篇的内容,其中第九篇有这样的简文:

岁收:中田小亩亩廿斗,中岁也。上田亩廿七斗,下田亩十三斗。

卒岁田入少入五十斗者,□(谇)之。卒岁少入百斗者,罚为公人一岁,卒岁少入二百斗者,罚为公人二岁,出之之岁(□□□□)者,以为公人终身。卒岁少入三百斗者,黥刑以为公人。

由此我们可知,中田中岁小亩的产量为廿斗,上田为廿七斗,下田为十三斗,一夫百亩,上田仅能收获二千七百斗。但田租若少纳五十斗,就要受到责骂,少纳百斗,就要罚为公人一岁,少纳二百

---

① 《张家山汉墓竹简[二四七号墓](释文修订本)》文物出版社 2006 年 5 月第一版,第 41、43 页。

斗,就要罚为公人二岁,少纳三百斗,就要罚为公人终身,也即是要永远成为官奴。则战国时的田租为一夫三百斗,这已超过了中田中岁亩产廿七斗的十分之一的标准。

现在我们可以将战国秦汉田租、刍、稿税的具体标准和数额列表如下:

时代	田税率	定额(小亩)	刍	稿
战国	什一	3 小斗	不详	不详
秦	什一	不详	3 升	2 升
汉	什一	20 小升	3 升	2 升
	十五税一	$13\frac{1}{3}$ 小升	3 升	2 升
	三十税一	$6\frac{2}{3}$ 小升	3 升	2 升

战国时期的小农,不管一家是否拥有百亩土地,都要按三百小斗的标准向政府缴纳田租,秦汉小农将依据自己拥有的土地数额,按上述标准缴纳田租、刍、稿,也即是土地税。

第四节　徭役与兵役

有关战国秦汉小农的徭役和兵役负担问题,实际上牵涉如下三个问题:

1. 战国秦汉的徭役、兵役的服役对象,这又包括服役者的年龄和性别;

2. 服役的时限;

3. 免役、代役的具体规定。

下面我们先讨论第一个问题,即战国秦汉徭役、兵役的服役对象是何人？

(1) 服役者的年龄

《史记·白起列传》载昭王四十七年"发年十五以上，悉诣长平，遮绝赵救及粮食"。则战国时秦服兵役的最低年龄为十五岁。《史记·项羽本纪》载，楚汉相争时，项羽攻外黄，"外黄不下数日，已降，项王怒，悉令男子年十五已上诣城东，欲坑之"。亦为秦时服兵役者的年龄最低限为 15 岁的证明。

云梦睡虎地秦墓所出竹简中，有简文记载："四十五年（秦昭王）……十二月甲午鸡鸣时，喜产""今（秦始皇）元年，喜傅。"秦昭王四十五年为公元前 262 年，秦始皇元年为公元前 246 年，其间相距 16 年，喜是个刚满十六周岁的男子，按虚龄计，已 17 岁。所谓"傅"，根据颜师古的解释即是："傅，著也，言著名籍，给公家徭役也。"这是秦代徭役、兵役征发对象的年龄下限为 17 岁的证明。但，此是个别情况，不足以推翻最低限是 15 岁的规定。

秦代徭役、兵役征发对象的年龄上限，《汉旧仪》有明确的记载："秦制二十爵，男子赐爵一级以上，有罪以减。年五十六免。无爵为士伍，年六十乃免者。"

"免者"二字，孙星衍校本下有注云："案，本作老，今改"这说明"免者"本作"免老"是孙星衍将其校改为"免者"的。

《秦律·傅律》云："百姓不当老，至老时不用请，敢为酢〔诈〕伪者，赀二甲，典、老弗告，赀各一甲；伍人，户一盾，皆〔迁〕之。"

《秦律·仓律》云："隶臣欲以人丁粼者二人赎，许之。其老当免老，小高五尺以下及隶妾欲以丁粼者一人赎，许之。"

从上引秦律可知，"免老"乃秦代法律用语，孙星衍将其校改为

"免者"是错误的,同时也无可辩驳地证明了秦代确实存在着服役者年龄的上限。根据《汉旧仪》的记载可知,有爵者为五十六岁,无爵者为六十岁。秦人非军功不可能获得爵位,因而一般小农的服役年龄当为 15—60 岁。

汉承秦制,然亦有变化。《汉书·景帝纪》载,景帝二年"令天下男子,年二十始傅"。

《盐铁论·未通篇》记御史语:"古者十五入大学,与小役,二十冠而成人,与戎事,五十以上,血脉溢刚曰艾壮。……今陛下(指昭帝)哀怜百姓,宽力役之政,二十三始傅,五十六而免,所以辅耆壮而息老艾也。"同时又记文学语:"今五十以上至六十,与子孙服挽输,并给徭役,非养老之意也。"这说明昭帝时确有二十三始傅,五十六而免的规定,文学所说的"五十以上至六十,与子孙服挽输,并给徭役"亦是实情,此六十岁的上限,必有所据。

《汉书·高帝纪》云:"萧何发关中老弱未傅者悉诣军"。

孟康注曰:"古者,二十而傅,三年耕,有一年储,故二十三而后役之。"

如淳注曰:"律,年二十三,傅之畴官,各从其父畴学之。高不满六尺二寸以下为罢癃。《汉仪注》云:'民年二十三为正,一岁为卫士,一岁为材官、骑士,习射御、骑驰、战陈(阵)。'又曰:'年五十六,衰老,乃得免为庶民,就田里。'今老弱未尝傅者皆发之,未二十三为弱,过五十六为老。"

他们的注释当是根据汉昭帝后的规定,昭帝将免老的年龄降为五十六岁,确实是一种德政。但因为有爵者的免老年龄与无爵者是不同的,而汉代的民爵授予较滥,许多人都有爵位,在这种情况下,再分有爵者与无爵者,其意义已不大,划一为56岁为老免年龄,乃是势之必然。值得注意的是汉代对服役者年龄下限的规定,这是需要讨论的。

汉代15岁以上者称为大男、大女,是国家征收算赋的对象,自然是服役的对象。

《汉书·惠帝纪》载,惠帝令"女子年十五以上至三十不嫁,五算"。十五岁即是决定的成年人,理应婚嫁,女子成年后不嫁,就要受罚,可见国家对劳动力的需求是多么的迫切,在这种形势下,政府是不可能提高服役者年龄的下限的。

从居延汉简中我们可以看到7—14岁者为使男、使女,7岁以下者称未使男、未使女,15岁以上者称大男、大女,其禀食标准各不相同。如:

> 制虏燧卒周贤
> 妻大女止民年廿六,用谷二石一斗六升大
> 子使女捐之年八,用谷一石六斗六升大
> 子使男并年七,用谷二石一斗六升大
> 凡用谷六石①。
> 执胡燧卒富风
> 妻大女君以年廿八用谷二石一斗六升大
> 子使女始年七,用谷一石六斗六升大
> 子未使女寄年三,用谷一石一斗六升大
> 凡用谷五石②。

---

① 《居延汉简甲乙编》二七·四简。
② 同上书,一六一·一简。

第四燧卒虞护

妻大女胥年十五

弟使女自如年十二

子未使女真省年五

见署用谷四石八斗一升少①。

武成燧卒孙青肩

妻大女娞年卅四，用谷二石一斗六升大

子使女放年十，用谷一石六斗六升大

子未使女足年六，用谷一石一斗六升大

凡用谷五石。②

正因为7—14岁者为使男、使女，说明他们已是半劳动力，政府才向他们征收口赋，而7岁以下者为未使男、未使女，他们是无劳动能力者，政府才未将他们纳入交纳口赋的行列。对于15岁的大男、大女们来说，他们就是全劳动力，在居延地区，他们的禀食标准完全同于20岁、23岁，以及23岁以上的大男、大女们，当然得与他们干同样的活。他们是戍卒的家属，但是禀食于公，为政府干活，也就是服役于政府。这种大男、大女年龄的最低限，当然就是汉代服役对象年龄的最低限。因此，我们从汉代纳算赋者的起始年龄，成年人的起始年龄都是15岁这一规定中，可以推知汉代服役者的起始年龄亦当承秦制为15岁。

此外，我们还可以从居延汉简中记载的戍卒、田卒的名籍中，

---

① 《居延汉简甲乙编》一九四·二〇简。
② 同上书，二〇三·七简。

找到汉代服役者起始年龄的规定。

觚得定国里簪褭王遣年廿口,今除肩水当井燧长,代□便。①

昭武骑士并廷里觚宪十四。②

侍郎年十六,长六尺。③

这三简中,年龄最小者仅 14 岁,最大者廿余岁,有二人小于我们通常所认为的汉代的徭役、兵役的起征年龄 23 岁。因此,我们可以断定,尽管景帝时曾令天下男子 20 始傅,昭帝亦将役者的起始年龄定为 23 岁,都不是通行于两汉的定制,而是在有限的时间内施行的所谓"德政",通行于两汉的服役者年龄仍然是 15—56 岁。

湖北江陵张家山汉墓所出的《二年律令》中的《傅律》为我们提供了新的、权威的有关汉初服役者年龄的史料:

> 大夫以上年五十八,不更六十二,簪褭六十三,上造六十四,公士六十五。公卒以下六十六,皆为免老。④

> 不更年五十八,簪褭五十九,上造六十,公七十一,公卒、士五(伍)六十二,皆为睆老。⑤

由此我们可知,汉初无爵位人免老的年龄为 66 岁,大夫以上为 58,这是最低的免老年龄。除不服役的"免老"外,尚有一个半服役的"睆老",其规定为:

---

① 《居延汉简甲乙编》一八三·六简。
② 同上书,五六二·二三、五六四·一四简。
③ 同上书,七·一七简。
④ 《张家山汉墓竹简·二年律令·傅律》。
⑤ 同上。

> 不更年五十八，簪褭五十九，上造六十，公士六十一，公卒、士大夫五(伍)六十二，皆为睆老。①

关于傅籍和年龄，其规定为：

> 不更以下子年二十岁，大夫以上至五大夫子及小爵不更以下至上造年廿二岁，卿以上子及小爵大夫以上年廿四岁，皆傅之。公士、公卒及士五(伍)、司寇、隐官子，皆为士五(伍)。畴官各从其父畴，有学师者学之。②

不更以下爵位人的儿子，其傅籍的年龄为20岁。

据此，我们可知，汉初法律规定的无爵位人的傅籍年龄为20岁，免老的年龄为六十六岁，汉昭帝将傅籍的年龄推迟至23岁，又将免老的年龄提前至56岁，等于将汉王朝统治下的男子一生中服役的时间整整缩短了十三年，这不能不算作是皇恩浩荡了！

(2) 服役者的性别

一般情况下，徭役、兵役，特别是兵役的服役者为男子，但亦有例外。

《墨子·备城门》云："守法，五十步，丈夫十人，丁女二十人，老小十人。计之，五十步四十人。"

《商君书·兵守》载："三军：壮男为一军，壮女为一军，男女之老弱者为一军，此之谓三军也。"

因为这是守城，大敌当前，就不分男女老少，均得上阵。

徭役及妇女的事，《史记》、《汉书》均有惠帝时两次征发长安六

---

① 《张家山汉墓竹简·二年律令·傅律》。
② 同上。

百里内男女十四万五千人建长安的记载，这说明汉初妇女亦是徭役的对象。

《后汉书·何敞传》云："比年水旱，人不收获，凉州边缘，家被凶害，男子疲于战阵，妻子劳于转运。老弱孤寡，叹息相依"，此是章帝时事，则东汉徭役亦及妇女。

秦代的情况则如《汉书·严安传》所云："丁男被甲，丁女转输，苦不聊生，自经于道树，死者相望。"妇女也是得服徭役的。

故尔，战国、秦、西汉、东汉，妇女均被役及，乃一脉相承，我们就不能把这种现象看成是特殊的。我们只能得出如下的结论：战国秦汉妇女也是徭役的对象，就如同缴纳人头税的对象并无性别的区分而只有年龄的区分一样，战国秦汉的徭役对象亦无性别的区别，这是原则，至于她们是否服行徭役，则完全视她们所处的具体的时空环境而定。像文帝时丁男才三年一事，妇女就肯定不会服徭役了。

现在我们来讨论第二个问题，即服役的时限。

(1) 徭役的期限

云梦睡虎地出土的秦律有《徭律》，其文为："御中发征，乏弗行，赀二甲。失期三日到五日，谇；六日到旬，赀一盾；过旬，赀一甲。其得殹（也），及诣，水雨，除兴。兴徒以为邑中之红（功）者，令縜（嫥）堵卒岁。未卒堵坏，司空将红（功）及君子主堵者有罪。令其徒复垣之，勿计为繇（徭）。县葆禁苑、公马牛苑，兴徒以斩（堑）垣离（篱）散及补缮之，辄以效苑吏，苑吏循之。未卒岁或坏（决），过三堵以上，县葆者补缮之，三堵以下，及虽未盈卒岁而或盗（决）道出入，令苑辄自补缮之。县所葆禁苑之傅山、远山，其土恶不能

(耐)雨，夏有坏者，勿稍补缮，至秋毋(无)雨时而以繇(徭)为之。其近田恐兽及马牛出食稼者，县啬夫材兴有田其旁者，无贵贱，以田少多出人，以垣缮之，不得为繇(徭)。县毋敢擅坏更公舍官府及廷，其有欲坏更殹(也)，必澯之。欲以城旦舂益为公舍官府及补缮之，为之，勿澯。县为恒事及有澯为殹(也)，吏程攻(功)，嬴员及减员自二日以上，为不察。上之所兴，其程攻(功)而不当者，如县然。度攻(功)必令司空与匠度之，毋独令匠。其不审，以律论度者，而以其实为繇(徭)徒计"。

从这个律文中，我们可知，秦代对征发徭役已有法律规定，且徭役已有了固定的期限，其期限可以从律文中推知。

因为律文规定"乏弗行"即逃避一次徭役的惩罚为"赀二甲"下面分列失期三至五日，六至十日，十日以上三个惩罚等级，连同"乏弗行"共四个等级。根据过旬的惩罚为"赀一甲"的规定，过二旬即应赀二甲，过三旬应赀三甲，"乏弗行"所包含的全部役期只能容纳两个过旬，不可能过三旬，因而秦徭期只能限制在 21—30 天之间，最高限额为三旬。而"乏弗行"就是达到最高限额的失期，赀二甲的惩罚也是极限，故可以肯定，秦代法定的徭役之期为三旬，也即是一月。

汉承秦制，徭役之期亦为一月。

《汉书·食货志》："又加月为更卒，已，复为正一岁，屯戍一岁，力役三十倍于古，此汉初因秦法而行之也。"所谓月为更卒，即是徭役为一月。

《汉书·昭帝纪》如淳注文亦有："古者正卒无常人，皆当选为之，一月一更，是谓卒更也。""律说，卒践更者，居也，居更县中五月乃更也。后从尉律,卒践更一月,休十一月也"。

东汉的王充在其《论衡·谢短篇》中问:"一业(业当是岁)使民,居更一月,何据?"说明徭役之期秦汉均为一月。

《汉书·惠帝纪》载三年、五年两次征发长安六百里内男女十四万五千人建长安,均是"三十日罢",更是徭期为一个月的证明。

(2)兵役及期限

根据《汉书·食货志》的记载,秦汉的兵役均是两年,即"为正一岁"和"屯戍一岁"。

《汉旧仪》云:"民年二十三为正,一岁为卫士,一岁为材官骑士,习射御骑驰战阵。八月,太守、都尉、令、长、相、丞、尉会都试,课殿最,水处为楼船,亦习战射行船。"

此亦为兵役两年之证。它更详细地说明了两年兵役的具体情况,这就是一年是在地方上服役,一年当卫士。卫士是保卫京城的,那就得远离家乡了。

《史记·汉兴以来将相名臣年表》载:"(高后五年)八月,令戍卒岁更。"

《汉书·晁错传》:"陛下幸忧边境,遣将吏发卒以治塞,甚大惠也。然今远方之卒守塞,一岁而更,不知胡人之能,不如选常居者,家室田作。"

《汉书·沟洫志》注引如淳曰:"《律说》:戍边一岁当罢,若有急,当留守六月。"

这三条史料充分说明汉代戍边的兵役为期一年。

那么戍卫京师的一岁与戍边的一岁是何种关系?这是涉及兵役的期限究竟是两年,还是三年的大问题。

《汉书·叔孙通传》:"戍卒卫官设兵张旗帜。"

《汉书·魏相传》:"人有告相贼杀不辜,事下有司,河南卒戍中都官者二、三千人,遮大将军,自言愿复留作一岁,以赎太守罪。"

这里的戍卒,皆是保卫京师的卫士。故戍卒令就不仅适用于戍守边疆的戍卒,而且也适用于保卫京师的卫士。既然卫士亦是戍更的一种,他们的区别仅是戍卫的地点一为京城、一为边疆,那么汉代的兵役之期就是两年而不是三年。

这样,汉代的小农服兵役的情况就较为清楚了,他们一生中要当两年兵,一年是在地方上服役,接受训练,充当地方兵,一年在京城或边疆当戍卒。

秦代的兵役期限,因汉家制度从其承袭,当与汉同,然其具体情况则因书缺有间,不得知其详了。战国时期,年年征战,小农服兵役即使有期限,政府也不可能遵守,极有可能是随时随地都要上战场服兵役了。

最后我们来讨论有关秦汉徭役与兵役的免役、代役问题。首先对"更三品"问题作些辨析。

《汉书·昭帝纪》:"毋收四年、五年口赋,三年以前逋更赋未入者,皆勿收。"颜师古引如淳注曰:"更有三品,有卒更,有践更,有过更。古者正卒无常人,皆当迭为之,一月一更,是谓卒更也。贫者欲得顾更钱者,次直者出钱顾之,月二千,是谓践更也。天下人皆直戍边三日,亦名为更,律所谓徭戍也。虽丞相子亦在戍边之调。不可人人自行三日戍,又行者当自戍三日,不可往便还,因便住一岁一更。诸不行者,出钱三百入官,官以给戍者,是谓过更也。《律说》卒践更者,居也,居更县中五月乃更也,后从《尉律》,卒践更一月,休十一月也。《食货志》曰:月为更卒,已,复为正一岁,屯戍一岁,力役三十倍于古。"

根据如淳之注,则秦汉人的徭役负担可以通过请人代役的办法得到免除,其代价为月二千钱。出钱雇人代役叫作践更,而戍边三日的兵役,只要缴纳三百钱入官,即可免除,这又有一个专门术语叫做过更,连同一月一更的徭役名称卒更,就形成如淳的更三品说。

《史记·吴王濞列传》:"卒践更者,辄与平贾。"《集解》引《汉书音义》曰:"以当为更卒,出钱三百文,谓之过更,自行为卒,谓之践更。吴王欲得民心。为卒者顾其庸,随时月与平贾,如汉桓、灵时有所兴作,以少府钱借民比也。"《索隐》案:"汉律,卒更有三,践更、居更、过更也。此言践更辄与平贾者,谓为践更合自出钱,今王欲得人心,乃与平贾,官酬之也。"《正义》曰:"践更,若今唱更、行更者也。言民自著卒。"下文全引如淳更三品说,且将"戍边三日"误作"戍边三月"。

从上引各家的注解中,我们可以看到,注家对"更三品"从名称到内容的解释存在着十分明显的分歧。表现在:

(1)更三品的名称各异

如淳认为是:卒更、践更、过更,

司马贞认为是:践更、居更、过更。

(2)更三品的内容各异

如淳认为"卒更"是一月一更的正卒役的名称,是更之一品;

司马贞认为"卒更"不是更之一品,践更、居更、过更,是服徭役的三种类型;

如淳、司马贞认为"践更"是雇人代服徭役；

崔骃、张守节却认为"践更"是"自行为卒"。

如淳认为"过更"是纳三百钱入官而免去戍边三日兵役的名称；

崔骃认为"过更"乃是纳三百钱入官而免去一月一更的徭役的名称。

《律说》认为"践更"同于"居更"，

司马贞却认为"践更"与"居更"乃更之二品。

因而"更三品"就成为古今中外学者聚讼的问题。

我们知道，秦汉的徭役、兵役区分十分明显。云梦睡虎地出土的《秦律》中既有《徭律》又有《戍律》，汉代亦有《尉律》和《戍卒令》，徭役、兵役的规定各有法律，泾渭分明。徭役之期为每年一月，戍边兵役为期一年。对服徭役者失期的惩处仅是罚款，而对服戍边兵役者失期的惩处却是处以死刑。像陈胜、吴广谪戍渔阳，因遇雨失期，《史记》明言："失期，法皆斩。"《后汉书·章帝纪》载："诏天下系囚减死一等，勿笞，诣边戍，妻子自随，占著所在。父母同产欲相从者恣听之。有不到者皆以乏军兴论。"李贤注："军兴而致阙乏，当死刑也。"

我们从秦汉的法律文书和史书的记载中都找不到戍边三日的其他证据。且如淳也是知道戍边为一岁一更的，缴纳三百钱只是代替戍边三日的兵役，汉代男子的役龄为 15—56 岁，计 41 年，应戍边 123 日，仅及一年戍期的 1/3，这岂不是太便宜了这些纳钱的人？恐怕任何一个糊涂的政府都不会制定出如此胡涂的政策来。此外，对一个具体的服役者来说，他每年都缴纳三百钱，便可免除当年戍边三日的兵役,他实际上就成为一个不服戍边役的人。人人皆如此,汉代政府将何以征人去戍边?因此如淳的过更三百钱说不仅与史无证,且不合逻辑。

另外,如淳认为践更是雇人代役的解释亦是错误的,其理由如下:

《史记·吴王濞列传》:"卒践更者,辄与平贾。"

《汉书·游侠传》:"(郭)解出,人皆避,有一人独箕踞视之。解问其姓名,客欲杀之。……乃阴请尉史曰:'是人吾所重,至践更时脱之。'每至直更,数过,吏弗求。怪之,问其故,解使脱之,箕踞者乃肉袒谢罪。"

《盐铁论·禁耕篇》:"故盐冶之处,大傲皆依山川,近铁炭,其势咸远而作剧。郡中卒践更者多不勘,责取庸代。"

这三条史料中所提及的践更,其意义均十分明确,都是指本人亲自服行徭役。吴王濞给予平贾的对象为践更者,当然是自行为卒的人,若是雇人代役者,政府何不自行雇人服役,反而要给雇人代役者以平贾,天下有这等的蠢事吗?第二条史料中"践更"与"直更"对言,意义更为明确,若"践更"是雇人代役,这已是自己解放了自己,何劳郭解关照尉史"脱之"?第三条史料中之践更者,若是指雇人代役的人,他已安坐家中,何"不勘"之有?安有再"责取庸代"之理?若是"践更者"均指替人服役的人、则其人已受人雇金,吴王又安得将"平贾"与他?郭解又怎么可能关照尉史"脱之"?又怎么可能出现佣客成了雇主这种怪现象?因此可以肯定如淳关于"践更"的定义是错误的,"践更"的定义只能是服役的对象自己履行一月一更的徭役义务。

《秦律·徭律》有"御中发证"的诸项规定,且主持的单位为县,还有"上之所兴,其程功而不当者,如县然"的规定。

《秦律·工律》尚有律文为,"邦中之繇(徭)及公事官(馆)舍,其(假)公、(假)而有死、亡者,亦令其徒、舍人任其(假)如从兴成然。"

根据律文,我们可知秦代征发徭役的单位有县和中央政府的区别,这对于我们理解居更、践更和外徭的定义有很大的启示。

如淳引《律说》:"卒践更者,居也,居更县中,五月乃更也。后从《尉律》,卒践更一月,休十一月也。"这就为我们肯定了一点,这就是"居更县中"为在本县服役。

《汉书音义》:"自行为卒,谓之践更",此一"行"字,固然有"履行"之义,但也肯定有行走之义。《秦律·法律答问》云:"可(何)谓'逋事'及'乏繇(徭)'?律所谓者,当繇(徭),吏、典已令之,即亡弗会,为'逋事';已阅及敦(屯)车食若行到繇(徭)所乃亡,皆为'乏繇(徭)'。"此中即有"行到徭所"四字。则践更相对于居更而言,乃是指离开本县到其他县或郡去服役。这就相当于服《秦律》中所说的"上之所兴"、"邦中之徭"。

因此,践更与居更是既有区别又有联系的,其区别在于服役者服役的地点是否在本县,而造成此种区别的原因在于征发徭役的单位有所不同。若考虑到除中央政府和县外,秦汉尚有郡一级行政机构,则凡是因服郡或中央政府的徭役而必须离开本县的,均可视为践更。其联系在于,践更和居更均是应服役者本人履行徭役义务,并不雇佣自代,从这点上说,践更与居更乃是同一概念。

第四章　战国秦汉小农的租税赋役负担

下面我们来讨论"外繇",先将有关史料征引如下：

《汉书·沟洫志》："上曰：'东郡河决,漂流二州,校尉延世,堤防三旬立塞,其以五年为河平元年,卒治河者,著外繇六月。'""后二岁,河复决平原……遣焉等作治六月乃成,复延赐世黄金百斤,治河卒非受平贾者,为著外繇六月"。

《汉书·贾山传》："陛下即位,亲自勉以厚天下,损食膳,不听乐,减外繇、卫卒,止岁贡,省厩马,以赋具传,去诸苑以赋农夫。"

《汉书·卜式传》："式复持钱二十万与河南郡守,以给徙民,河南上富人助贫民者,上识式姓名,曰：'是固前欲输其家半财助边。'乃赐式外繇四百人,式又尽复与官。是时富豪皆争匿财,唯式尤欲助费,上于是以式终长者,乃召拜式为中郎,赐爵左庶长,田千顷,布告天下,尊显以风百姓。"

古今注家均注"外繇"为戍边。苏林注赐卜式之"外繇四百人"为四百人之戍边过更费,每人为三百钱,卜式共得十二万钱。

其实"外繇"并非是戍边,理由是：

(1)秦汉繇役、兵役泾渭分明,上文已辨明,戍边名称不得称为"外繇"；

(2)贾山赞美文帝的德政内容,皆为减省直接为皇帝服务的项目。"外繇"并非指戍边,只能是指服务于皇帝的繇役。按《汉书·文帝纪》文："因各敕以职任,务省繇费以便民。朕既不能远德,故悯然念外人之有非,是以设备未息。今纵不能罢边屯戍,又饬兵厚卫,其罢卫将军军,太仆见马遗财足,余皆以给传置。"贾山所赞之德政,实本于此。诏文明言"不能罢边屯戍""省繇费以便民",故贾山所云"减外徭",必与戍边无涉。

我认为此"外徭"即是《秦律》所载之"上之所兴"之徭、"邦中之徭",其所以称为"外徭"这是相对于本郡、本县所征徭役而言。

《汉书·沟洫志》所记两次"著外徭六月",第一次治河役为期三十六日,超过正常役期仅六日,工程中途并不需要更换役者,第二次治河役期为六个月,工程中按规定应更换役者六次。因为同是治河,第一次役者仅服役三十六日,即可得到"著外徭六月"的待遇,第二次役者同样享受此待遇,役期必也相等,方才合乎情理。

但在第二次治河役中出现了"受平贾者",这必与役期超长有关。我认为这些"受平贾者"乃是那些自愿或被迫超期服役的人。其超期的部分已由政府支付给平价,故此部分不得再享受服役一月"著外徭六月"之待遇。而"著外徭六月"并非指登记治河卒的劳绩,可以抵消边六个月的兵役,而是因为治河成功,治河卒实役一月却可算作六个月的徭役,这乃是皇恩浩荡了。至于说为何要"著",也即是登记,其实际做法怎样?我们可从《秦律·金布律》之:"有责(债)于公及赀、赎者居它县,辄移居县责之。公有责(债)百姓未赏(偿),亦移其县,县赏(偿)。"律文中得到启示。律文规定政府所欠百姓债务,必须转移到百姓所居县,由其县政府偿还。治河役是由中央政府征发的,但服役者仍是从各县来的,"著外徭六月"即是著录服役者的情况,移至其居县偿还六个月外徭的代价,或是抵消其六个月的徭役。

现在我们来探讨"过更"。

如淳与《汉书音义》的作者虽然对过更所代役的内容各有所

指，但在"出钱三百文，谓之过更"这一点上并没有任何分歧。我们只要能找到证据证明三百文的确是一个月的庸值。则《汉书音义》对过更的解释就得到了证实。

《秦律·司空律》有律文为："有罪以赀赎及有责（债）于公，以其令日问之，其弗能入及赏（偿），以令日居之，日居八钱，公食者，日居六钱。"

由此律文可知，秦代的官定劳动力日价格为八钱，伙食费为二钱。

我们知道，政府兴役，是要供应伙食的，自古已然。《左传·襄公卅年》载晋国征发徭役，"晋悼夫人食舆人之城杞，绛县人或年长矣，无子而往，与于食……"便是证明。

我们在上文所引的《秦律·法律答问》中亦有"已阅及敦（屯）车食若行到繇（徭）所乃亡，皆为'乏繇（徭）'"的律文，"屯车食"即是共同乘车食廪，这就说明秦代征发徭役，也是廪食于公的。

至于汉代，亦复如是。《盐铁论·复古篇》明载："卒徒衣食县官。"

既然官定的劳动力日价格为八钱，伙食费为二钱，则一个服政府徭役的人，实际上的日价即为十钱，月正好为三百钱。自己不服此徭役，当然得缴纳三百钱作为"过更"费了。故《汉书音义》所说的"出钱三百文，谓之过更"肯定是承袭秦代的规定。

我们从《九章算术》中亦可看到秦汉庸价的具体数字。

"今有取保一岁，价钱二千五百，今先取一千五百，问当作日几何？"[①]

秦律中的劳动力日价为八钱，月为二百四十钱，年为二千八

---

① 《九章算术》卷第三《衰分》。

八十钱,此为年二千五百钱,月为二百零八钱,日为七钱,相差不大。

"今有均赋粟,甲县四万二千算,粟一斛二十,自输其县,乙县三万四千二百七十二算,粟一斛一十八,佣价一日一十钱,到所输七十里,丙县一万九千三百二十八算,粟一斛一十六,佣价一日五钱,到输所一百四十里,丁县一万七千七百算,粟一斛一十四,佣价一日五钱,到输所一百七十五里,戊县二万三千四十算,粟一斛一十二,佣价一日五钱,到输所二百一十里,已县一万九千一百三十六算,粟一斛一十,佣价一日五钱,到输所二百八十里。凡六县赋粟六万,皆输甲县,六人共车,车载二十五斛,重车日行五十里,空车日行七十里,载输之间各一日,粟有贵贱,佣各别价,以算出钱,令费劳等,问县各粟几何?"①

佣价有两个数字,日十钱和日五钱,平均7.5钱,与秦律中的8钱亦相差无几。

可见秦汉劳动力的月价应该在200—300钱左右,过更三百文,当是指一月一更徭役的代役费。

但是如淳却根据《律说》认为雇人代役的钱却是"月二千"。

东汉的崔实在其《政论》中亦云:"假令无奴,当复取客,客庸月一千。"

同是秦汉时代,同是一月的佣价,为何价格如此不一,若不能解决这个矛盾,如淳的过更三百文是指戍边三日的代役费的论点就驳不倒,《汉书音义》过更三百文是指一月一更徭役的代役费的论点也就不能完全成立。

我们知道,秦代行的是半两钱,武帝后行的是五铢钱,币制不

---

① 《九章算术》卷第三《均输》。

第四章　战国秦汉小农的租税赋役负担

同,其商品均价格必然有异。因此,过更三百文与平贾一月得钱二千、客佣一月千钱的矛盾,即可从秦汉币制不一这一方面着手解决。

以谷价为例,《秦律·司空律》明文规定,"繋(系)城旦舂,公食当责(债)者,石卅钱"。由此可知,秦代的官定谷价为石卅钱。

汉代的官定谷价如何?我们可以从东汉的官奉规定中求出。

《后汉书·光武帝纪》:"二十六年春正月,诏有司增百官奉。"李贤注引《续汉志》曰:"大将军三公奉月三百五十斛,秩中二千石奉月百八十斛,二千石月百二十斛,比二千石月百斛,千石月九十斛,比千石月八十斛,六百石月七十斛,比六百石月五十五斛,四百石月五十斛,比四百石月四十五斛,三百石月四十斛,比三百石月三十七斛,二百石月三十斛,比二百石月二十七斛,百石月十六斛,斗食月十一斛,佐史月八斛。凡诸受奉,钱谷各半。"

《后汉书·百官志》"凡诸受奉,皆半钱半谷"。刘昭补注引荀绰《晋百官表注》:"汉延平中,中二千石奉钱九千、米七十二斛,真二千石月钱六千五百、米三十六斛,比二千石月钱五千、米三十四斛,一千石月钱四千、米三十斛,六百石月钱三千五百、米二十一斛,四百石月钱二千五百、米十五斛,三百石月钱二千、米十二斛,二百石月钱一千、米九斛,百石月钱八百、米四斛八斗。"

因延平奉制是半钱半米,故还得将米还原成谷方便于计算。

《说文解字》云:"粝,粟重一石,为十六斗大半斗,舂为米一斛曰粝。"

《秦律·仓律》亦有"〔粟一〕石六斗大半斗舂之为粝米一石"之律文。则粟与米之比为 $16\frac{2}{3}$ ∶10 即 5∶3。据此,列东汉官奉表如下:

秩禄级＼时间俸	光武二十六年	延平中
大将军、三公	350 斛谷	
中二千石	180 斛谷	9000 钱＋72 斛米（120 斛谷）
真二千石		6500 钱＋36 斛米（60 斛谷）
二千石	120 斛谷	
比二千石	100 斛谷	5000 钱＋34 斛米（56.5 斛谷）
千石	80 斛谷	4000 钱＋30 斛米（50 斛谷）
六百石	70 斛谷	3500 钱＋21 斛米（35 斛谷）
比六百石	55 斛谷	
四百石	50 斛谷	2500 钱＋15 斛米（25 斛谷）
比四百石	45 斛谷	
三百石	40 斛谷	2000 钱＋12 斛米（20 斛谷）
比三百石	37 斛谷	
二百石	30 斛谷	1000 钱＋9 斛米（15 斛谷）
比二百石	27 斛谷	
百石	16 斛谷	800 钱＋4.8 斛米
斗食	11 斛谷	
佐史	8 斛谷	

从此表我们可以看出，千石以上并非标准的半钱半谷制，但千石以下除二百石一例外，其余皆为标准的半钱半谷制，谷每石是以百钱来计算的，而千石以上的官奉，钱谷两项，总有一项为标准的一半发放。因此我们可以确定，东汉的官定谷价为每石百钱，是秦官定谷价的 3.3 倍。

西汉的官定谷价，也可从西汉的官奉标准中推知。

《史记·汲黯传》："令黯以诸侯相秩居淮阳"。《集解》引如淳曰："诸侯王相在郡守上，秩真二千石。律，真二千石奉月二万，二千石月万六千。"

《汉书·贡禹传》:"陛下过意征臣,至,拜为谏议大夫,秩八百石,奉钱月九千二百,廪食太官。……又拜为光禄大夫,秩二千石,奉钱月万二千。"

据《汉书·百官公卿表》:"太初元年更名中大夫为光禄大夫,秩比二千石。"可知贡禹拜光禄大夫,其秩应为比二千石。

《汉书·外戚传》:"婕妤视中二千石、比关内侯,傛华视真二千石、比大上造,美人视二千石、比少上造。"师古注:"中二千石,实得二千石也,中之言满也,月得百八十斛,是为一岁凡得二千一百六十石,言二千石者,举成数耳。真二千石月得百五十斛,一岁凡得千八百石耳,二千石月得百二十斛,一岁凡得一千四百四十斛耳。"

根据以上史料,我们可开列西汉二千石官俸表如下:

秩＼俸	钱	谷
中二千石	(24000)	180斛
真二千石	20000	150斛
二千石	16000	120斛
比二千石	12000	(90斛)

由此表可知,二千石官的四个等级奉钱每级相差四千,按师古注奉谷每级相差三十斛,则西汉官定谷价为每斛一百三十钱。但我们知道师古注是同于东汉建武奉例的,而当时的标准是"其千石以上,减于西京旧制,六百石以下,增于旧秩"。西汉奉虽以钱,但秩级却以禄石为标准,东汉的禄石标准既然低于西汉,则西汉的官定谷价当在每石133钱以下。

根据居延汉简的统计资料,粟的价格亦在105—130钱之间,故汉代的官定粟价为秦官定粟价的四倍左右。

再以布价为例,《秦律·金布律》有律文为:"钱十一当一布,其出入钱以当金布,以律。""布袤八尺,福(幅)广二尺五寸。布恶,其广袤不如式者,不行。"四丈为匹,则秦布一匹,值钱五十五。

居延简有简文为:"出广汉八稯布十九匹八寸大半寸,直四千三百廿,给吏秩百〔石〕一人元风三年正月尽六月积六月〔奉〕"①。则西汉的官定布价为每匹二百二十七钱。

《史记·孝景本纪》云:"令徒隶衣七稯布",七稯布为极粗疏之囚衣料,而七稯布以下即为服丧之"功布",故《秦律》所行之布当与通行之八稯布相似,因而可以比较。则西汉之官定布价亦相当于秦官定布价的四倍左右。

综上所述,秦半两钱与两汉五铢钱的比例关系为:1∶3.3—4。依此类推,秦代过更费为三百钱,则西汉行五铢钱后亦不得过一千二百钱,而东汉的"客庸月一千"与秦的过更三百钱之比完全同于谷价之比。因而可以肯定如淳所说的"平贾一月得钱二千"肯定有误,且二千钱相当于一个二百石官吏的月俸,劳动力的庸价绝不会如此之高!若是一千钱,则相当于一个斗食吏的月俸,这才合乎情理。

总之,《汉书音义》所云:"以当为更卒,出钱三百文,谓之过更"实是对过更的确解,且是沿袭秦制,这三百文是指的秦半两钱,在汉代行五铢钱后,因为通货膨胀的缘故,即应缴纳一千钱方可雇人代役了。但政府仍按三百钱的旧制征收过更费,并未改变,女徒放

---

① 《居延汉简甲乙编》九〇·五六简。

免归家，其顾山费月亦为三百钱，即是明证。

根据《汉书·游侠传》所载郭解的故事，我们可以对"过更"的本义有较为清楚的理解，这就是"至直更，数过，吏弗求"。箕踞者"过更"是因为郭解的关照，但不管通过何种方法，只要能"至直更，过，吏弗求"，便可称为"过更"。直至纳钱代役成为一种制度，成为一种常赋时，"过更"就成为一种赋税的专有名词了。"直更"过后，吏所要求的，就是过更费也。这种过更费在西汉叫作"更赋"，王莽曾批评汉代"常有更赋，罢癃咸出"。东汉直截了当地称它为过更、或更。

《后汉书·安帝纪》，"（永初）四年春辛卯，诏以三辅比遭寇乱，人庶流冗，除三年逋租、过更、口算、刍稿，禀上郡贫民各有差"。

《后汉书·和帝纪》："（永元九年）六月旱。蝗。戊辰诏：'今年秋稼为蝗虫所伤，皆勿收租、更、刍、稿。'"

根据上引东西汉诏书内容，我们可以知道，"更赋"、"过更"是以年作为核算单位来征收的，这当然是由于东西汉平民的徭役负担均为每年一个月而决定的。在通常情况下，政府不可能正好使每个应服役者都服行一个月的徭役，应服役者的人数总是要大于征发徭役的需要数，势必出现一部分人服役，一部分人未服役的情况，这些未服役的人，就是缴"更赋"、"过更"的对象。根据上引《游侠传》的内容，西汉的"更赋"不可能是向每个应服役的人预先征收。若是预先征收，箕踞者已预先出过"更赋"，他就不必"直更"。故汉昭帝可以下诏预先免除四年、五年口赋，却不能预先免除四年、五年之更赋，只能免除三年前之"逋更赋未入者"，因为四年、五年的徭役尚未兴发，是无法知道向哪些人征收更赋的。

根据东汉诏书内容,以"过更"、"更"代替西汉的"更赋"且可预先免当年"过更"之征收,可以推知东汉中后期,"过更"是应服役者人人都必须交纳的常赋,就如同田租、刍稿、口赋一样。这样,政府若欲征发徭役,必得雇人。这就是《汉书音义》所说:"如汉桓、灵时有所兴作,以少府钱借民比也。"

综上所述,更三品应以《汉书音义》所列居更、践更、过更为是。"居更",是在本县服行一个月徭役的专有名称;"践更"有二义,其一指本人亲自服行徭役,其二指离开本县至他郡、他县服徭役;"过更",是未服徭役者向政府交纳免役钱的专有名称,西汉时称为"更赋",东汉中后期成为应服徭役者人人都得缴纳的常赋。

在辨明了更三品的内容后,现在我们再回到秦汉免役、代役的规定这一本题上来。

在秦汉社会中,除皇帝诏书明确规定的某些地区、某些人享有免役权外,其余的人都必须服行每年一月的徭役和两年的兵役。但只要有钱,雇得起人,徭役、兵役均可责庸自代。关于徭役的责庸自代,史料可见上引的《盐铁论·未通篇》,关于兵役的责庸自代,可见居延汉简简文:

> 张掖居延库卒弘农郡陆浑河阳里大夫成更,年廿四,庸同县阳里大夫赵勋,年廿九,贾二万九千。①

> 中为同县不害里庆口来庸,贾钱四千六百,戍诣居延,六月旦无甲渠第。②

---

① 《居延汉简甲乙编》一七〇·二简。
② 同上书,一五九·二三简。

年廿八,庸同县干金里高祁,年卅一。①

田卒大河郡平富西里公士昭遂年卅九,庸举里严德年卅九。②

从这四简中,我们可以看出责庸自代的人必须与本人年龄相若,爵位相若,政府详细登记双方的名、里、爵、年龄和佣价。佣价亦很高,一为二万九千,一为四千六百。此四千六百可能不是一年的佣金,因为简文有"中为……戍诣居延,六月旦罢……"字,玩其文义,似乎是临时换人。第一简文字完全,二十四岁的大夫成更,代替同县阳里大夫赵勋服役,充当张掖居延库卒,佣金二万九千,肯定是服一年役,则月价为二千四百余钱。如淳根据《律说》所说的"一月得钱二千"倒是极有可能指戍边的代役费。因为大夫是第五级爵位,他的佣价比"平价"高些是理所当然的。这又进一步证明如淳关于更三品的注释之所以发生错误,其根源盖出于他将徭役与兵役混淆不分。

因此在秦汉社会中,只要有钱,就完全可以雇人代替自己服徭役兵役,而广大的小农不仅自己不能逃脱政府的徭役和兵役,有时还不得不为了钱而替人服徭役和兵役。金钱的公平交易关系中,却包含了多少不公平的社会关系!

通过以上对秦汉小农所负担的租税赋役内容的逐项分析,我们可以得出如下几点结论:

(1)秦汉政府对小农所征的租税赋役,有两大特点,这就是以税人为主,税产为辅,征货币为主,征实物为辅。

---

① 《居延汉简甲乙编》七·一四简。
② 同上书,三〇三·一三简。

以人头作为征赋役对象的项目有算赋、口赋、更赋、徭役、兵役六项,以财产作为征税对象的项目仅有田租、刍稿和户赋三项。

征收实物的仅有田租、刍稿两项,征收货币的却有算赋、口赋、更赋、户赋四项。

从征赋税的量来看,田租十取一、十五取一、三十取一的税率,并不能算重,特别是两汉的绝大部分时间都行三十税一制,小农如果耕种五十大亩土地,亩产三大石,需纳田租五石,实际只按亩4升的规定纳2石,每石粟以百钱计,合二百个五铢钱。而算赋人纳一百二十钱,户有二人纳,计钱二百四十,口赋二十三钱,户有三人纳,计六十九;更赋三百钱,户有二人纳,计六百钱,合计为九百零九钱,几乎是田租的五倍。

这种以税人为主,纳货币为主的租税赋役制度,有利于商品经济的发展,有利于大地产经济的发展,而不利于小农经济的维持。所谓"汉氏轻田租,实足以资豪强"乃是切中肯綮的批评。

(2)秦汉政府的租税赋役虽有定程,但统治阶级常常因其需要而可任意增加赋役。户赋一项,即是专为军事的需要而设,虽以赀为依据,有其合理的成分,但对小农来说,乃是沉重的负担。徭役的横兴则更为经常而普遍。这些额外的赋役负担具有突发性、任意性,对小农的危害极大,是造成小农破产的重要原因。

(3)秦汉政府所规定的以钱代役、取佣代役,虽然使小农的身份更加自由,但这更有利于富者而不利于贫穷的小农,特别是关于六百石和公乘以上官爵者享受免役的规定,更是使广大小农独力承担了国家的徭役和兵役。

因此,秦汉的租赋徭役制度,是代表着大奴隶主、大商人、大地主利益的制度,在这种制度下形成了富者越富承担赋役越少,贫者越贫承担赋役越多的怪现象。社会的贫富两极分化现象将越趋严重,它实际上起着加速小农破产进程的催化剂作用。

战国时期的小农的徭役、兵役负担只可能比秦汉时更加沉重,且制度也不可能如秦汉间如此完善,即使有每个成年人特别是男子一年服一个月徭役、一生中服兵役两年的制度规定,但是,因为年年征战,政府也是不可能按制度规定实施的。此外,由于史料的缺乏,我们也不可能勾稽出战国时期特别是各个诸侯国家的徭役、兵役的具体状况,只能暂付阙如了。

第五章 战国秦汉小农家庭的
经济状况

在以上两章中，我们探讨了战国秦汉小农家庭的生产力水平和他们承担国家赋税、徭役、兵役的具体情况，在此基础上，我们即可对战秦汉小农家庭经济状况进行总体上的把握与个案分析。下面我们将从战国秦汉小农的土地占有状况，家赀数量所反映的生产资料占有状况，经济收入与支出四个方面展开论述。

第一节 土地占有状况

战国授田制下的农民所耕种的土地是由政府授予的，农民们并不能自由出卖它。通常的授田标准是一夫百亩。这种土地制度只有在劳动人手不够，所谓地力不尽，草莱不垦的情况下方能长期推行。商鞅变法时之所以推行此种田制，还要扩大亩积，强制析户，正是因为秦国地广人稀。当时将析户与按顷亩征税的政策相结合，就可迫使秦民归于南亩，为政府开辟荒地，提供粮食、赋税和承担徭役、兵役。这确实是行之有效的富国强兵政策。

但是商鞅变法后，授田制逐渐遭到了破坏以致弛废。究竟何时授田制被废？目前尚无确凿史料说明。《史记·秦始皇本纪》崔骃集解在秦始皇三十一年（公元216年）条下引徐广语"使黔首自实田"，虽来得突兀，且语焉不详，但颇为史学界所重视。不少人都以为这是秦在全国范围内承认土地私有合法性的明证，尽管还有不少人持有疑义或反对意见，但可以肯定地说，秦在统一全国后已不再推行授田制，其理由如下：

(1)《史记·陈丞相世家》载，陈平"少时家贫，好读书，有田三十亩，独与兄伯居，伯常耕田，纵平使游学"。陈平是阳武户牖乡人，战国时属魏，公元前225年入秦。秦末农民大起义爆发于公元前209年，当时陈平是婚后不久，"从少年往事魏王咎于临济"，年龄当在二十岁至三十岁之间，因此，《史记》所说的陈平占有土地的情况，适当秦时。陈平的这三十亩土地，无论是属于他自己的，还是与他哥哥共同拥有的，都说明此时已不再实行一夫百亩的授田制了。

(2)《史记·淮阴侯列传》载韩信"为布衣时，贫无行，不得推择为吏，又不能治生商贾，常从人寄食饮，人多厌之者"，《郦生陆贾列传》载郦食其"家贫落魄，无以为衣食业，为里监门吏"，此二人在秦的统治下贫穷而无以为衣食业，完全可以说明，商鞅变法时的计口授田政策已不复存在。

(3)《史记·苏秦列传》载苏秦佩六国相印荣归故里，感慨万端地说，"且使我有洛阳负郭田二顷，吾岂能佩六国相印乎？"《赵奢列传》载赵括为将后"日视便利田宅，可买者买之"。这两则历史故事，一为战国中期的东周，一为战国晚期的赵国，土地皆已私有。那么，秦在统一全国后，若在这些地区强制推行国有制的授田制度，既无必要，亦无可能。

(4)《史记·萧相国世家》载萧何曾强行低价购买老百姓的土

地自污以取信于刘邦。此事发生在汉高祖十二年,地点是在原秦国的关中腹地,上距秦亡只有十三年时间,其时的土地已可买卖。我们无论是从文献记载还是从出土的材料中均找不到汉废除秦土地制度的任何迹象却有众多的材料说明汉承秦制,萧何在关中地区可以买土地,这说明土地买卖现象自秦已然。

(5)《汉书·食货志》引董仲舒语"至秦则不然,用商鞅之法,改帝王之制,除井田,民得卖买,富者田连阡陌,贫者无立锥之地。"综合以上史料来看,董仲舒所说的内容是反映了商鞅变法后土地制度变化的趋势,这是正确的,若是以为商鞅变法后就立即使国有制的授田制度变成了私人土地所有制,那就是失之毫厘,差之千里了!

由于秦代短促,历史记载中绝少有反映小农占有土地的材料,但两汉的文献和考古资料中能反映小农占有土地的材料还是不少的,现胪列于次:

《汉书·扬雄传》载扬雄"有田一廛(一百亩)有宅一区,世世以农桑为业,自季至雄,五世而传一子,故雄亡它扬于蜀。……家产不过十金,乏无儋石之储,晏如也"。

《贡禹传》载贡禹"家赀不满万钱,妻子糠豆不赡,裋褐不完,有田百三十亩"。

根据梁方仲先生的《中国历代田地、田赋统计》一书,我们可知两汉每户、每人的平均可得土地的数量:

西汉平帝元始二年(公元2年)全国有12233062户、59594978人、827053600亩垦地,每户平均土地数为67.61亩,每人平均土地数为13.88亩;东汉和帝元兴元年(公元105年)全国有9237112户、53256229人、732077080亩垦地,每户平均土地数为

79.25 亩，每人平均土地数为 13.74 亩。

西汉每户平均为 67.61 亩，东汉为 79.25 亩，若折成小亩算，西汉为 162.26 亩，东汉为 190.2 亩，还是有条件实行一夫百亩的授田制的。可是由于此时土地已经私有，兼并极其厉害，确实如董仲舒所言"富者田连阡陌，贫者无立锥之地"。

居延汉简中记载的礼忠一家占有五顷土地，是全国平均数的 7.4 倍，然而他不过是个中产之家。

像徙于茂陵的郡国豪民家产达三百万以上，徙于杜陵的丞相、将军、列侯、吏二千石家产达百万，他们的土地占有状况就可想而知了。

西汉的张禹"多买田至四百顷，皆径渭溉灌、极膏腴上贾"①王立"因南郡太守李尚占垦草田数百顷"②。董贤一次就得皇帝赏赐土地二千余顷，东汉的樊宏"乃开广田土三百余顷"③侯览"前后请夺人宅三百八十一所，田百一十八顷"④济南安王刘康有"私田八百顷"⑤他们确实是"田连方国"了！

西汉哀帝时师丹拟行的限田标准为三十顷，这是平均数的 44 倍，只要有此一户，就意味着另外 43 户将"贫无立锥之地"。若全国此类户占百分之一，为户 122330，则他们就要占地 366991860 亩，几乎占去全国垦田总数的一半，尚余 460061740 亩分摊到其

① 《汉书·张禹传》。
② 《汉书·孙宝传》。
③ 《后汉书·樊宏传》。
④ 《后汉书·宦者传》。
⑤ 《后汉书·光武十王传》。

余 12110732 户上,每户平均不足 38 亩。若再考虑皇家和各级政府还控制了大量的公田,则能分摊到小农户家中的田亩数就更少了。

湖北江陵凤凰山十号汉墓所出郑里廪簿竹简,为我们提供了西汉初年贫困小农户占有土地的真实状况。受贷的 25 户,共有土地 617 亩,平均每户占田 24.7 亩,仅及全国平均数的 36.5%。当然能享受政府贷种的农户,皆为特贫户或遭受自然灾害的农户。他们的土地占有状况,大体上反映了秦汉贫困小农的土地占有状况。应该说文景之治时的西汉,土地兼并尚不太激烈,湖北江陵地区也不是地狭人众之处,根据《汉书·地理志》的记载,南郡有 18 县,有 125579 户,人口 718540 人,每县平均只有 6976.61 户,每平方公里只有 917 人,其贫困小农占有的土地竟是如此之少,其他地狭人众之处的贫困小农的土地占有数肯定比这里还要少。

《文物》1974 年第 4 期刊载了四川郫县犀浦出土的东汉残碑中,记载了几个有关农户占田的数字,现将其文移录如下,

（上缺）

　　　　　　万□□□牛万
　　　田　　五长千□□一八
□　　张顷　元千彦王□□头千　　　□
　　王卅奴始奴长岑□□□□
　　田亩立田田□田□□□□
　　卅质奴八□□□□□□□
　　八□□□□□□□千□
　　亩□□□□直五□□田□

第五章 战国秦汉小农家庭的经济状况 133

　　　　　质万鼠质生□□亩□□五□
　　　　　三中共八婢□□贾□万十田
　　　　　万亭五万小田万□□□九八
缺　　　　奴后人故奴顷五十五□亩亩　　　　缺
　　　　　俾楼直王生五千五人□舍质
　　　　　婢贾廿汶共十奴万直□六四
　　　　　意四万田五亩田康廿□区千
　　　　　婢万牛顷人直婢眇万□直上
　　　　　最许一九直卅□楼牛卅四君
　　　　　奴伯头十廿万奴舍一亩十迁
　　　　　宜翔万亩万何多质头质四王
　　　　　婢谒五贾牛广奴五直六万岑
　　　　　营舍千卅一田白千万万三鞠
　　　　　奴贾田一头八奴王五下千田
　　　　　调十二万万十鼠奉千君屋□
　　　　　婢七顷故五亩共坚田迁叔□
　　　　　利万六杨千质五楼□故长□
　　　　　共故十汉田□人舍顷□□□

尽管碑文残缺不全，但根据这残缺不全的碑文，我们还是可以将已知各户拥有田、舍、奴婢、耕牛和资产的数量列表如下：

户主	田亩	地价	房区	价值	奴婢数	价值	耕牛数	价值
?	8	4000	?					
王岑菊	?	?						
?	59	?	6	443000			1	15000
屋叔长	30	60000	?	?				

续表

故？	≥200	?	?	?	5	200000	1	15000
?	≥255	>250000						
康眇			1	5000				
王奉坚			?	?				
王岑	≥100	>115000			5	200000	1	15000
长彦长	150	300000	?	?				
何广	80	?						
?	?	?	?	?	5	200000	1	15000
元始	80	80000						
故王汝	190	310000						
故杨汉	260	?	?	?	5	200000	1	15000
?	130	?	1	40000				
许伯翔			1	170000				
张王	38	30000	?	?	7	?		

此表所列可知农户共18户，其中康眇、许伯翔两户肯定没有土地，王奉坚一户则不详，而许伯翔则有谒舍一区价值十七万，当是一个开旅店的老板。有七户土地在一顷以上，有六户在一顷以下。有五户肯定拥有奴婢，四户拥有五名，一户拥有七名，有四户肯定拥有耕牛一头。拥有土地最多者为260亩，最少者为8亩。我们取低于一顷田的六户平均数49亩作为东汉小农的平均占有的土地量，大概与东汉的实际情况不会相去过远。

现在我们可以将已知的秦汉农户的占田数列表如下：

户主	占田数	资料出处
陈平	30亩	《史记·陈丞相世家》
扬雄	100亩	《汉书·扬雄传》
贡禹	130亩	《汉书·贡禹传》
郑里25户	617亩	《文物》1974年第7期
礼忠	500亩	《居延汉简甲乙编》

续表

徐　宗	50 亩	《居延汉简甲乙编》
？	8 亩	《文物》1974 年第 4 期
？	59 亩	同上
屋叔长	30 亩	同上
长彦长	150 亩	同上
何　广	80 亩	同上
元　始	80 亩	同上
故王汶	190 亩	同上
？	130 亩	同上
故杨汉	260 亩	同上
张　王	38 亩	同上

凡高于东西汉平均数的一概不取，取西汉的平均数 67.61 亩，东汉的平均数 79.25 亩，加上陈平的 30 亩、郑里 25 户的平均数 24.7 亩，居延汉简中徐忠的 50 亩，东汉残碑的六户平均数 49 亩，可得平均数 50.11 亩。我们即以 50 亩作为秦汉小农的平均占有数，这大概与秦汉小农的占田实际情况不会相差太大。因为大亩 50 亩就相当于小亩 120 亩，这已高于春秋、战国时的一家百亩的授田量了。将秦汉四百余年的垦田量增加这一因素考虑进去，平均每户增加 20 小亩，这是合乎情理的。

当然，每户平均 50 亩土地，这仅是秦汉小农家庭的占田的平均数，各个家庭的生产资料的占有情况，我们还可以从家赀的数量中得到更为具体的印象。

第二节　秦汉小农的家赀

《汉书·景帝纪》后元二年诏云："其唯廉士寡欲易足，今赀算十以上乃得官,廉士算不必众,有市籍不得官,无赀又不得官,朕甚憨之,赀算四得官,亡令廉士久失职,贪夫长利。"服虔注:"赀万钱算百二十也。"应劭注:"十算十万也。"两汉文献及出土简牍中亦多有家赀的记载,这说明家赀是衡量两汉人贫富的标准,当然也是衡量两汉小农家庭贫富的标准。

《汉书·文帝纪》赞曰:(文帝)"尝欲作露台,召匠计之,直百金。上曰:'百金,中人十家之产也。……'"这说明汉代一个不贫不富的家庭,其家赀是十万,他们是景帝后元二年前为官的对象。

《汉书·扬雄传》载扬雄"有田一廛(一百亩)有宅一区,世世以农桑为业,自季至雄,五世而传一子,故雄无它扬于蜀。……家产不过十金,乏无儋石之储"仅得温饱而已。

《汉书·贡禹传》说贡禹"家赀不满万钱,妻子糠豆不赡,裋褐不完,有田百三十亩"。一个有田一百三十亩人的家赀却不满万钱,过着极其贫困的生活。这就提示我们在考察秦汉小农经济状况时,田产虽然是必须考虑的因素,但家赀却是更值得我们重视的内容。

居延汉简中的礼忠和徐宗的家赀简文告诉我们,礼忠有田五顷,奴婢三人,马五匹,牛车二辆,牛两头,轺车二乘,宅一区。他是一个兼营贩运的农家,家赀十五万,徐宗有田五十亩,宅一区,牛二头,家赀一万三千。

成帝鸿嘉四年诏书云:"民赀不满三万勿出租赋。"

平帝元始二年诏"天下民赀不满二万,及被灾之郡不满十万勿租税"。

这说明两汉家赀不满三万者为贫困户,属于国家照顾的对象。

徐宗家赀不满二万,应属贫困户范畴,但是居延汉简中却有他租赁房屋和放债的记录。

三燧长徐宗自言故霸胡亭长宁就舍钱二千三百卅四责不可得。①

三燧长徐宗自言责故三泉亭长石延寿茭钱少二百八十数责不可得②。

徐宗的爵为公乘,职为燧长,每月奉钱六百,家赀虽仅有一万三千,但有固定收入,又兼营房屋租赁和放债。因而在考察小农的经济项目时,尚应注意农业以外的其他经济活动。

《汉书·元帝纪》载初元元年"诏以三辅太常郡国公田及苑可省者振业贫民,赀不满千钱者赋贷种食"。

若按此诏书的内容看江陵汉简中的受贷种子的 25 户,则此 25 户当全部在家赀不满千钱的范围内,当然事实上不能作此类比。但根据贡禹的家赀情况来看,这 25 户的家赀,当不会过万钱。

根据徐宗家赀的情况来推算两汉的小农家赀,大部分当在两万以下,绝大多数小农均是贫困户。像杨雄这样的有田百亩,家赀不过十万的农家,尚且"乏无儋石之储",一般小农能得温饱就很不容易了。

礼忠的家赀十五万,就拥有三个奴隶,则汉代中产以上之家,必多为奴主无疑。

汉代徙富豪的记载,可使我们大体了解汉代的财产分布状况。

---
① 《居延汉简甲乙编》二·四简。
② 同上书,三·六简。

《汉书·高帝纪》载,九年十一月"徙齐、楚大族昭氏、屈氏、景氏、怀氏、田氏五姓关中,与利田宅"。

《景帝纪》载:"五年春正月,作阳陵邑,夏募民徙阳陵,赐钱二十万。"

《武帝纪》载:"徙郡国豪杰及訾三百万以上于茂陵。"

(建元三年)"赐徙茂陵者,户钱二十万,田二顷。"

《宣帝纪》载:"本始元年春正月,募郡国吏民訾百万以上徙平陵。"

"元康元年春,以杜东原上为初陵,更名杜县为杜陵,徙丞相、将军、列侯、二千石訾百万者杜陵"。

《成帝纪》载:"(鸿嘉元年)夏、徙郡国豪傑訾五百万以上五千户于昌陵。"

《汉书·伍被传》云:"家产五十万以上者皆徙其家属朔方之郡。"

根据《汉书·地理志》的记载,西汉时全国有县1577,成帝一次徙昌陵赀五百万以上户五千,每县平均3.2户,当然这还不是全部,即以此数计算,亦达全国总户数的0.04%。他们的家赀,还不都是从盘剥小农而来?我们若假设每个农户均可达到中家之户的十金,那么他们这种家赀五百万以上户有一户存在,就意味着五十户的倾家荡产,全国有五千户,就意味着二十五万户倾家荡产。

若伍被所建议的五十万以上家赀者为五百万家赀者的十倍,则全国应有五万户,每县平均32户,占全国总户数的0.4%。这样的家赀者存在一户,就意味着五户的倾家荡产,全国有五万户,同样意味着二十五万户倾家荡产。

仅五百万和五十万两个家赀的等级就可使五十万户农家倾家荡产,若将其包含的四百万、三百万、二百万、一百万四个等级计算在内,当不下五十万户的三倍,则全国就有一百五十万户处于倾家荡产的危险之中。

总之,占全国总户数1%的富户赀产可达五十万以上,他们都是些特大的富豪、奴隶主。而占户口总数12%的一百五十万户就是因为他们的存在却要处于极端贫困之中。余下的87%的人户中,如果中产之家占50%,中产以上之家与中产以下之家互为一半各占18.5%,则整个西汉社会中,中产以上家庭为19.5%,中产之家为50%,中产以下家庭为30.5%,这个估算,大概与两汉的实际情况相去不远。

根据居延汉简和四川郫县出土的东汉残碑听记载的家赀内容看,两汉农家的家赀估算对象为主要生活和生产资料,其具体的对象有房屋、土地、牛、马、车辆、奴婢六大项,非主要生活和生产资料以及流动资金并未计算在内。我们只要逐项探讨一下它们的平均价格,便可了解汉代上、中、下三个层次农家拥有的生产和生活资料的情况。

(1)地价

居延汉简中礼忠和徐宗家赀的土地计算价都是每亩百钱。贡禹有田百三十亩,家赀尚不满万钱,说明他拥有的这一百三十亩土地每亩价格只在七十钱左右。《九章算术》中有"今有善田一亩,价三百,恶田七亩,价五百"[①]。则善田亩价三百,恶田亩价七十钱,看来贡禹所拥有的田地必是恶田无疑。

《文物》1982年第12期刊载的《汉侍廷里父老僤买田约束石

---

① 《九章算术》卷第七《盈不足》。

券》中有"里治中乃以永平十五年六月中造起僤,敛钱共有六万一千五百,买田八十二亩"亩价七百五十钱。券文记载这是永平十五年的事,此是东汉初年的地价。

《文物》1974年第4期刊载的东汉残碑碑文有"田八亩,质四千""卅亩,质六万""顷五十亩直卅万""顷九十亩贾卅一万""田卅八亩质三万"的记录,则亩价分别五百、二千、二千、一千六百三十一、七百八十,此中凡用"质"字,大概是典质之田,价格故低,凡言"直"、"贾"者,方是真价,在二千至一千六百钱之间。

《汉书·东方朔传》云:"丰镐之间,号为土膏,其贾亩一金。"膏腴之地,亩价万钱。《汉书·李广传》载:"李蔡为丞相,坐诏赐冢地阳陵当得二十亩,蔡盗取三顷,颇卖得四十余万"则亩价在一千三百钱以上。

此外,传世的《王保卿买地券》载:"建宁二年八月,河内怀男子王保卿,从袁威买皋门亭部什三陌西袁田三亩,贾钱三千一百,并直九千三百钱。"

《樊利家买地券》云,"光和七年九月,平阴男子樊利家,从杜歌家买梁部桓千东比是陌北田五亩,亩三千,并值万五千钱。"

《房桃支买地券》云:"中平五年三月,雒阳大女房桃支,从赵敬买广德亭部罗西西口步步道东家下余地一亩,直钱三千。"

王符《潜夫论·实边》云:"中州内郡,规地拓境,不能半边,而口户百万,田亩一金。"

根据以上列的材料看,东西汉的地价最高者为亩万钱,最贱者七十钱。西汉的地价差别颇大,居延地区亩价百钱,那是由于在边远地区,地广人稀。可是贡禹所在的琅玡郡,并非地广人稀之所,不知地价因何如此之低。扬雄所在的成都地区,他拥有土地百亩,家产不过十金,地价当在数百钱一亩,看来西汉的地价诚如《九章算术》所云:"善田一亩,价三百,恶田七亩,价五百"了。至于京师,那是人口稠密,水利灌溉相当发达的地方,地价偏高,是正常的情况。

东汉的地价明显高于西汉,从上面所列的几个数据看,最低的为七百五十钱,最高者为三千一百钱,另外有二千、一千六百三十一两个数据,取其平均值为一千八百七十钱。东汉地价的提高,一是反映了东汉对土地的开垦和改良程度高于西汉,二是反映了东汉土地兼并的程度亦高于西汉。

(2)房价

居延汉简中礼忠的宅一区值万钱,徐宗的宅一区值三千钱。

东汉残碑中记载的房屋价格有如下几个数据:"康眅楼舍质五千""王奉坚楼舍口千""中亭后楼贾四万""许伯翔谒舍贾十七万"。

房价是根据自己的经济状况所建造的房屋质量来决定的,自然是穷人的房价低,富人的房价高。从目前所可见到的房屋价格中,两汉时的最贱者就是居延汉简中的徐宗的房了,值三千钱。但元帝诏书中明言尚有赀不满千钱者,那么这些贫穷的小农若是还有房屋庇身,其房屋之价仅为数百钱,其简陋可想而知。

(3)牛价

居延汉简中有"服牛二、六千""用牛二直五千"的简文,则西汉居延地区牛价在二千五至三千之间。《九章算术》亦有"牛价三千七百五十"。"牛价一千二百""牛一直金一两二十一分两之十三""牛价一千八百一十八钱一十一分钱之二",在一千二百至三千七百之间。

东汉残碑中数处都记载着:"牛一头,万五千。"

看来就如同土地一样,东汉的牛价亦明显地高于西汉。这当然也是东汉牛耕比西汉更为普及的证明。

(4)马价

居延汉简中除记载礼忠家赀简中有"用马五匹二万"匹值四千的记载外,尚有"甲渠侯长李长马钱五千五百"①"马钱五千三百已入千二百付燧卒丽定少四千一百"②的记载。且有张宗与赵宣为马匹而打官司的法律文书,赵宣因骑张宗的马追赶野骆驼,马突然死亡,结果是"共平宗马直七千令宣偿宗"。这些记录,说明汉代居延地区的马价在四千至七千之间。另有两简记"马钱九千一百""马直十千"因不明是一匹还是两匹,故未征引,总之不出万钱则是肯定的。

边地马多,故价贱,内地马少,又因战争急需,故马价的记录极高,如《汉书·武帝纪》载:"元狩五年,天下马少,平牡马匹二十万。"《汉书·景帝昭宣元成功臣表》云:"梁期侯任当千坐卖马一匹,价钱十五万,过平臧五百以上,免。"《太平御览》八百九十四引《东观汉纪》:"杜林马死,马援令子持马一匹遗林,居数月,林送钱五万。"正常情况下大概如《九章算术》所云:"马价五千四百五十四钱。"③

(5)车辆

居延汉简中记载礼忠家赀简文有"轺车二乘直万""牛车二两

---

① 《居延汉简甲乙编》三一七·五简。
② 同上书,二〇六·一〇简。
③ 《九章算术》卷第六《方程》。

直四千"则轺车每乘五千,牛车每乘二千。

(6) 奴婢

礼忠家赀简中有"小奴二人直三万","大婢一人二万"。

王褒《僮约》中有"神爵三年正月十五日,资中男子王子渊,从成都安志里女子杨惠买亡夫时户下髯奴便了,决价万五千"。

《史记·仓公传》载济北王曾用四百七十万钱买了四个高级伎女,这已不是一般的奴隶,因而价格特高。

东汉残碑中记载的奴婢价格是"五人直廿万",每人值四万。

总之,两汉的奴婢价格在一万五至四万之间,东汉的奴价亦高于西汉。

现在我们可以来估算两汉小农在一定的家赀标准下所能拥有的生产和生活资料的情况了。

不满千钱者,只能拥有最简陋的房屋一听、最劣质的土地十亩左右。

万钱以下者,可拥有简陋房屋一所,劣质土地百亩左右。

二万钱者,可拥有比较简陋的房屋一所(三千钱)劣质土地百亩左右,牛一头。

三万钱者,可拥有比较简陋的房屋一所,善田八十亩,牛一头。

四万钱者,可拥有比较简陋的房屋一所,善田百亩,牛两头。

五万钱者,可拥有比较简陋的房屋一所,善田百亩,牛两头,牛车二辆。

十万钱者,可拥有价值一万的宅一区,善田百亩,牛两头,牛车二辆,尚可买两个奴婢。

以上是西汉的情况,东汉的情况:

不满千钱者,只能拥有最简陋的房屋一所,恶田一亩。

万钱以下者,可拥有简陋的房屋一所,恶田十亩左右。

二万钱者,可拥有简陋房屋一所,恶田二十亩。

三万钱者,可拥有简陋房屋一所,恶田三十亩左右。

四万钱者,可拥有简陋房屋一所,恶田五十亩。

五万钱者,可拥有简陋房屋一所,恶田八十亩。

十万钱者,可拥有价值一万的房屋一区,善田五十亩。

总之,两汉家赀十万者确实是不贫不富的中家,五万以下者就应属于比较贫困的下户了。一般小农的家赀当在十万钱以下。

哀帝时限占田三十顷,奴婢三十人,三十顷田为钱九十万,奴婢三十人为钱六十万至一百二十万,则能占满此数者,非有家赀二百万不可。

故两汉的豪民上户应该是指那些家赀在五十万以上的大土地所有者、奴隶主们。

第三节 战国秦汉小农家庭的经济收入

(1)粮食生产收入

因为战国秦汉间粮食的大亩产量平均为大石三石左右,故粮食生产收入的量将根据每个小农家庭所拥有的耕地面积而决定其多寡。若根据平均占有的50亩计,年粮食生产收入为150石,两汉的粮食价格为每石百钱左右,150石粟为钱15000。

(2)副业收入

副业收入的量当然也是根据每个小农家庭的具体经营情况而

定,为了便于分析,我们还是根据《管子·禁藏篇》、龚遂在渤海郡的要求来推算战国秦汉小农家庭副业收入的一般水平,这就是禽畜收入 3000 钱,桑麻 1200 钱,蔬菜 1000 钱,植树 1000 钱,合计为 4200 钱。

因此战国秦汉小农家庭的全年经济收入的平均数为 19200 钱。

第四节 战国秦汉小农家庭的经济支出项目

(1) 口粮

根据李悝所说的标准,五口之家的年口粮需要量为 90 石,合 9000 五铢钱。

(2) 衣服费

根据李悝所说的标准为每人三百钱,五人年需一千五百钱,折合成汉代的五铢钱计为四千九百五十钱,可买广汉八稯布 21 匹有余,平均每人 4 匹有余,一匹布可做成人衣服一身,每人年可添置 4 套新衣,这种衣服费的标准似乎高了些。

根据《秦律·金布律》规定:秦代的官奴婢及罪犯的年衣服费标准为男子一百六十五钱,女子九十九钱,未成年男子为一百二十一钱,未成年女子为七十七钱。小农的衣服标准理应比官奴婢及罪犯要高。官奴婢及罪犯的年衣服费平均为一百一十五钱,小农的标准为他们的两倍则二百三十钱,合汉五铢钱七百六十钱,则五口之家的年衣服费为三千八百钱。

(3) 田租、刍稿税

若按什一之税的标准,一个拥有五十亩土地的小农家庭年产粟一百五十石,则应缴纳田租十五石,为钱一千五百五铢钱,按什五税一的标准,则应缴纳十石,为钱一千,按三十税一的标准,则应缴纳五石,为钱五百。战国和秦的田租标准按银雀山汉墓竹书所载的三百小斗相当于大斗一百八十斗、十八石,折合成汉代的五铢钱为一千八百钱。

刍稿税按顷入刍三石,稿二石的标准计,五十亩应纳刍一石半、稿一石,相当于纳刍二石,刍一石为汉五铢钱四钱,二石为八钱。

则战国和秦的小农家庭的田租、刍稿税为每年一千八百零八五铢钱,两汉的绝大部分时间内均行三十税一法,故我们以此标准计,则一个拥有五十亩土地小农家庭年应缴纳田租、刍稿税为五百零八钱。

(4)算赋、口赋

汉代五口之家按三人纳算赋、二人纳口赋计,则应纳四百零六钱。

(5)户赋

汉代拥有五十亩土地的农家,其家赀量当在二万至四万之间,则应缴纳户赋三百六十至四百八十钱。

(6)更赋

更赋是每年服役一月的代役费,一般的小农家庭成员都是自行服役,此钱不必缴纳。但东汉时成了常赋,就必得缴纳。晁错云:"今农夫五口之家,其服役者不下二人",无论其缴纳不缴纳代役费,每家实际上都必须有二人无偿地为政府服役一个月,其实际的价值都是与代役费相当的。故每个小农家庭都必须每年向政府缴纳六百钱的更赋。

(7)兵役

汉代男子一生中要当两年兵,计24个月,若从23—56岁的岁役年龄段计,则相当于一年中要当一个月的兵,家有一人计,其当兵期间政府供应其吃穿,小农家庭即少了一个主要劳动力所创的剩余价值,其价格当不下五百五铢钱。

(8)留种

每亩的种子需要量为一斗,五十亩即需五石,为钱五百。

现在我们将两汉小农家庭的收支状况列表如下:

项	目	金额	合计
收入	粮食	15000 钱	19200 钱
	副业	4200 钱	
支出	留种	500 钱	15664 钱
	田租刍稿	508 钱	
	算赋口赋	406 钱	
	户赋	360 钱	
	更赋	600 钱	
	兵役	500 钱	
	口粮	9000 钱	
	衣服	3800 钱	
结	余		3536 钱

从上表可知,两汉小农最基本的生活需要即衣食费用为12800钱,占全年总收入的60%,承担政府的赋役费用2374钱。占全年总收入的12.4%,所余的3536钱,尚未将疾病死丧、社祭尝新、嫁女娶媳、人际交往等支出项目计算在内,若将这些支出项目计算在内,则此3536钱的结余将不复存在。故两汉社会中,一个拥有五十亩耕地的小农家庭,在正常情况下,可以维持简单的再

生产过程。低于拥有五十亩耕地数量的小农家庭,若无其他经济收入,就无法满足一万五千钱的必要支出,其正常的简单再生产过程就无法维持,这一部分的小农将无力摆脱沦为佃客、奴隶、罪犯和流民的悲惨命运。那些拥有五十亩以上耕地的小农家庭,它们除了自给外,尚有盈余,可以进行扩大再生产的活动,他们有上升为剥削者的可能性。但他们能否进入剥削者的行列,除了他们所占有的土地和经营状况而外,尚有其他因素的影响,其中最主要的是自然灾害的有无,政府正常赋役外的加派的有无,商人中间剥削程度的高低以及家庭内部人祸的有无等。总之,两汉小农由于受当时生产力发展水平的制约,受当时生产资料所有制结构的制约,其生产的能力和规模都是极其微小的。他们中的不少的家庭,甚至连维持简单再生产的能力都没有,常常处于破产的危机中,尽管有部分小农家庭可能进行扩大再生产,但由于受家庭劳动人手少的制约,他们必须采取雇佣劳动力、购买奴隶的方法以增加劳动人手。这样,他们就失去了自耕小农的本质特征,转化为剥削者。因此,秦汉时期的小农,在整个社会中,是个极不稳定的阶层。家庭内外的任何微小的变化,都足以影响其经营状况的好坏,决定其社会地位的沉浮。

战国和秦时,由于政府还在推行一夫百亩的授田制,小农尚不必为失去生产资料而烦恼,但是他们却要比两汉的小农承担更重的田租和徭役、兵役负担,战争虽然可以给他们带来改善命运的机会,但更多的却是造成他们的家破人亡,他们更多地是沦为战俘和奴隶,他们的命运从总体上看,应该比两汉的小农更为悲惨。

第六章 战国秦汉小农的身份与社会地位

中国古代历来将国民分为士、农、工、商四大类,这既是职业的区分,亦是身份和社会地位的区分,因为农业始终是中国古代社会中的国本,农民也始终是古代社会中最基本的、数量最多的国民,因此他们在四民中始终处于第二位。尽管如此,农民的身份和社会地位,却因其所处的时代不同而有所区别,并非千载同一。战国秦汉时的小农,其身份与社会地位更有其显著的特点。深入具体地研究战国秦汉小农的身份和社会地位将有助于我们正确认识战国秦汉小农所享有的政治、经济、文化等活动的自由与权利,以及他们在战国秦汉社会中与其他各阶级、阶层的相互关系。这对于我们全面把握战国秦汉小农的基本特征,至关重要。下面,我们将从多方面加以考察。

第一节 选举权和被选举权

政治权利在现代社会中主要指选举权和被选举权,尽管战国秦汉社会并非是近代的民主社会,其选举的方式与近代的民主社会差别甚大,但是任何一个社会都得有一套选举制度,将适合这个社会所需要的人才选拔到领导岗位或政府机构中来,故我们仍可应用现代社会中的选举权和被选举权的概念来判别古代社会中某一阶级、阶层、个人所享有的政治权利。

中国的夏、商、周三代,以血缘关系决定政治权力的分配,贵族身份世袭制决定了政治权力的世袭制,有限的选举行为,只是在贵族之间发生。春秋、战国年间,士阶层的兴起,使得部分低级贵族和平民也能挤进统治者的行列,特别是在战国年间,战事频仍,不少的小农通过积军功而进入统治者阶层。及至秦代,当秦始皇出游,群众围观时,项羽竟说出:"彼可取而代也!"刘邦亦喟然太息曰,"嗟乎!大丈夫当如此也!"连皇帝的宝座亦可觊觎,直至秦末农民大起义时,陈胜高呼:"王侯将相宁有种乎?"这就标志着血缘关系支配政治权力的旧时代的结束和选贤与能掌握国家政治权力的新时代的确立。而两汉的察举制,正是新的选举方式的制度化、法典化的结果。这种制度,使得不少的小农都具有了被选举权,而选举权则掌握在官僚和地方豪强手中。汉代有"孝弟力田"一科,小农们当有幸获得被选举权,但若欲为官,却又要受赀产量的限制。

《汉书·景帝纪》载,景帝于后元二年下诏:"今赀算十以上乃得官,廉士算不必众,有市籍不得官,无赀又不得官,朕甚愍之。赀算四得官,毋令廉士失职,贪夫长利。"由此诏书内容可知,景帝后元二年前为官者必须是家赀十万以上者。景帝后元二年后,为官者的赀产标准降为四万。

我们知道,家赀十金,在两汉为不贫不富的中家。从居延汉简所载礼忠家赀可知,家赀十万以上,在小农中必为富裕者无疑。因为礼忠有田五顷、宅一区、两头牛、五匹马、一辆轺车、二辆牛车、三个奴婢,合计家赀为十五万,其中三个奴婢占五万,若除去这三个奴婢,那礼忠的家赀正是十万,从其所拥有的生产资料看,他在小农中当然是富者。

《汉书·成帝纪》载,鸿嘉四年诏书云:"民赀不满三万勿出租赋。"

《汉书·平帝纪》载平帝元始二年诏曰:"天下民赀不满二万,及被灾之郡不满十万勿租税。"

由此两诏可知,汉代赀三万以下者必为贫困户无疑。

那么景帝所规定的家赀四万以上方可为官者,对全社会来说必为下户无疑,但于小农之中,恰可谓中家。因此,按景帝的规定,汉代的小农只有较富裕者方可有被选举权,而那些家赀在四万以下的广大的贫困小农就被排斥在政府的大门之外了。征诸其他史料,信矣!

《史记·淮阴侯列传》载韩信因"贫无行,不得推择为吏。"则秦代对为吏者必也有资产的限制,贫者也是不得为吏的。

《后汉书·贾复传》载贾宗"建初中为朔方太守,旧内郡徙人在边者,率多贫弱,为居人所仆役,不得为吏。宗推用其任职者,与边吏参选,转相监司,以挝发其奸,或以功次补长吏,故各愿尽死"。这说明东汉也存在着贫弱者不得为吏的规定。贾宗为争取这些内郡徙人的效力,才打破这个规定,取得了"匈奴畏之,不敢入塞"的政绩。

《文物》1982年12期刊布的《汉侍廷里父老僤买田约束石券》中载二十五户聚钱买田的目的是:"僤中其有訾次当给为父老者,其以客田借与,得收其上毛物谷实自给。即訾下不中,还田转与当为父老者,传后子孙以为常。"则汉代对最基层的乡官父老的充任者也有资产的限制。

通检两汉史乘,出自贫穷人家得以仕宦者有公孙弘、倪宽、朱买臣、蔡义、胡建、陈汤、贡禹、匡衡、朱博、吴汉、承宫、桓荣、班超、徐稚、申屠蟠、公沙穆、檀敷、卫飒、第五访、逢萌、黄香等人。可以肯定为小农出身者有贡禹、倪宽、匡衡、承宫、桓荣、徐稚、第五访,其余人中之大部分亦可推定为小农出身。其中唯贡禹明言"家赀不满万钱"因是当时名士而被征召,可算作是破格。以上诸人,其家庭虽多出于小农,而其本身的身份已转化为士,故能被推举而仕宦。故两汉的小农欲想仕宦,必须具备家赀四万钱以上,本人又转化为士这两个条件。因此,对于绝大多数的小农来说,他们是被剥夺了参政权利的。

除了被察举为官外,两汉时尚有诣阙上书而求官的惯例。

《汉书·魏相传》云:"故事,诸上书者皆为二封,署其一曰副,领尚书者先发副封,所言不善,屏去不奏。"

《汉书·东方朔传》载:"武帝初即位,诏天下举方正贤良文学材力之士,待以不次之位,四方士多上书言得失,自炫鬻者以千数,其不足采者辄报罢闻。"

娄敬"汉五年,戍陇西,过雒阳,高帝在焉。敬脱輓辂,见齐人虞将军曰:'臣愿见王言便宜。'虞将军欲与鲜衣,敬曰:'臣衣帛,衣帛见,衣褐,衣褐见,不敢易衣。'……"①终于得见刘邦,并向他提出西都关中的建议,被采纳后,娄敬被赐为姓刘,拜为郎中,号曰奉

---

① 《汉书·娄敬传》。

春君。传中虽未言其身份,但从其充当戍卒推测,当是小农居多。

朱买臣亦是"随上计吏为卒,将重车至长安"[①]诣阙上书后得皇帝召见而仕宦的。

除此而外,像陈汤"家贫匄贷无节,不为州里所称"失去被察举的资格,他便"西至长安求官,得太官献食丞。"[②]

像娄敬、朱买臣、陈汤这样的贫穷小农,在地方上是不可能脱颖而出的,只能通过直接向皇帝进言或至京城求官的办法进入仕途。当然,他们必须要有真知灼见,尚要得人引荐,否则,此终南捷径亦是行不通的。

第二节 婚姻对象

判定一个阶级、阶层或个人在一个特定的历史环境中的身份及其社会地位的高低,除了从以上的仕宦情况来考察外,尚可从其婚姻的对象方面来加以考察。当然就绝大部分的小农来说,他们的婚姻对象自然是与自己处于相同社会地位、相同经济状况的小农,但这些芸芸众生们的活动对于那些古代的史学家们来说是不屑一顾的,他们绝不会在这一方面花费笔墨,遂使我们今日无法从正史中找到材料。但这并不妨碍我们通过对战国秦汉小农婚姻对象的考察来判定他们的身份和社会地位。因为相同身份者之间的婚姻关系并不如不同身份者之间的婚姻关系更能反映两者的社会

---

① 《汉书·朱买臣传》。
② 《汉书·陈汤传》。

地位,故我们就可通过考察其他社会阶层的人们与小农的婚姻关系来确定秦汉小农的身份和社会地位,而这一方面的内容,于史可征。

刘邦与吕雉结为伉俪的故事颇能说明问题。刘邦出身于小农,婚后仍为小农。刘邦的岳父吕公乃沛令重客,其身份与社会地位不低,沛令欲求其女而不与,反而将其女嫁与刘邦。此是秦汉小农可娶社会地位高于己者之女之一例。

《史记·陈丞相世家》载:"陈丞相平者,阳武户牖乡人也。少时家贫,好读书,有田三十亩,独与兄伯居。……及平长,可娶妻,富人莫肯与者,贫者平亦耻之。久之,户牖富人有张负者,张负女孙五嫁而夫辄死,人莫敢娶,平欲得之。……(负)卒与女。为平贫,乃假贷市以聘,予酒肉之资以内妇。"此乃贫穷之小农娶富家女之一例。

《后汉书·列女传》载:"鲍宣妻者,桓氏之女也,字少君,宣尝就少君父学,父奇其清苦,故以女妻之,装送资贿甚盛,宣不悦,谓妻曰:'少君生富骄习美饰,而吾实贫贱,不敢当礼。'妻曰:'大人以先生修德守约,故使贱妾侍执巾栉。既奉承君事,唯命是从。'宣笑曰:'能如是,是吾志也。'妻乃悉归侍御服饰,更著短布裳,与宣共挽鹿车归乡里,拜姑礼毕,提瓮出汲、修行妇道,乡邦称之。"此亦为贫穷之小农娶富家女之另一例也。

《汉书·外戚传》载:"孝文窦皇后,景帝母也,吕太后时,以良家子选入宫。……窦后兄长君,弟广国,字少君,年四五岁时,家贫,为人所略卖。……皇后新立,家在观津,姓窦氏。广国去时,虽少,识其县名及姓,又尝与其采桑堕,用为符信,上书自陈。"则窦后亦本小农家女,以良家子而入宫,成为代王姬妾,因生男被立为太子,自己亦被尊为皇后,此乃是小农家女被立为皇后之一例。

因此,战国秦汉小农的婚姻对象并无什么身份上的限制,而家庭的贫富和个人的才干在婚姻的缔结上起主导作用。

第三节 交际对象

战国秦汉小农的身份和地位还可以从他们的交际对象中得到反映。

春秋战国时期,是一个社会大变革的时期,人们的社会地位常处于变动之中。旧的贵族为保住自己的地位,不得不争取比其社会地位低的人们其中当然包括小农的支持和拥护。特别是士阶层的兴起,则成为左右政治局势变化的关键因素。得士者昌,失士者亡。战国时的孟尝君、信陵君、平原君、春申君不遗余力地招募人才,身边聚集了一大批门客为其所用,使得鸡鸣狗盗之徒,引车卖浆者流都纷纷上了历史舞台。而士阶层中的一部分就是从接受了教育与训练的小农转化而来,故战国时期的小农,其交友的对象并无制度性的限制。这种社会风气,一直保持到东汉均无实质性的改变。

《史记·陈丞相世家》记载陈平"家乃负郭穷巷,以弊席为门,然门外多有长者车辙"。这说明秦代仍有战国之遗风,那时无论是鸡鸣狗盗之徒,还是引车卖浆者流,均可成为贵公子的座上客。陈平虽家贫如洗,然与其交游者却多长者。这一点为张负所看准,他坚信"人固有好美如陈平而长贫贱乎?"故决意将孙女倒贴妆奁嫁与陈平。

《后汉书·方术列传》载:"公沙穆,家贫贱……居建成山中,依林阻为室,独宿无侣。……后遂隐居东莱山,学者自远而至。有富人王仲,致产千金,谓穆曰:'方今之士,以货自通,吾奉百万,与子为资,何如?'"公沙穆以贫贱之身,隐居山中,当然只能自耕自食,然学者能自远而至,富人能为其出资求官,则贫贱又有何妨!

《后汉书·吴祐传》载:"时公沙穆来游太学,乃变服客佣,为祐赁舂,祐与语大惊,遂共定交于杵臼之间。"

《后汉书·独行范式传》载:"友人南阳孔嵩,家贫亲老,乃变姓名,佣为新野县阿里街卒。式行部到新野,而县选嵩为导骑迎式,式见而识之,呼嵩把臂……"

公沙穆、孔嵩贫为佣者,却可与为官之主人交友,此一方面反映庸主与庸客关系尚较平等,另一方面也反映了战国秦汉间的小农的交友并不受身份地位的限制。

东汉末大名士郭林宗"家世贫贱","年二十为县小吏,喟然叹曰:'大丈夫焉能处斗筲之役!'乃言于母,欲就师问。母对之曰:'无资奈何?'林宗曰:'无用资为。'遂辞母而行,至成皋屈伯彦精庐,并日而食,衣不盖形,人不堪其忧,林宗不改其乐,三年之后,艺兼游夏。""乃游于洛阳,始见河南尹李膺,膺大奇之,遂相友善。于是名震京师,后归乡里,衣冠诸儒送至河上。车数千辆,林宗唯与李膺同舟而济,众宾望之以为神仙焉。"[①]他一生未任官职,然与之交游者,上至公卿,下逮贫农。他自己未成名时,以及他成名后的

---

① 《后汉书·郭太传》。

交友对象，都说明了秦汉间小农的交友并不受身份地位的限制。东汉的徐稚，"家贫常自耕稼，非其力不食"乃是自耕小农。郡太守陈蕃与其交友，特设一榻以待其来，去则悬之。此徐稚下陈蕃之榻故事，亦足资说明此点。

第四节 接受教育的权利

自孔子设私学，并奉行"有教无类"的宗旨后，文化教育便从贵族的私有特权转为普通平民也可享有的权利。经战国、秦，至两汉，私人讲学授徒之风更盛，汉武帝建立了从中央到地方的学校制度，为统治阶级培养人才。这样，在两汉就有官私两种教学机构并存，就使不少的小农家庭出身的子弟也有了接受教育的机会，他们中的一些人从而踏入仕途。即使在秦代，仍设有博士，博士亦有弟子，仍有私学，只是在焚书禁私学后，方被禁止。但国家仍有"以吏为师"的教育方针，萧何即是以"文无害"而任沛县主吏的。当然，秦代焚书和禁断私学，其教育的规模遂急剧缩小，小农接受教育的机会自然就更微乎其微了。所以小农真正获得受教育的权利那应该在两汉。

"汉兴，萧何草律，曰：太史试学童，能讽书九千字以上，乃得为吏。又以六体试之，课最者以为尚书、御史、史书、令史。吏民上书，字或不正，辄举劾。"[①]则汉初即已草创教学要求的法律了。

汉武帝兴太学，郡国也相继立学官，国家教育体制初具规模。

---

① 《汉书·艺文志》。

武帝元朔五年"为博士官置弟子五十人,复其身。太常择民年十八以上仪状端正者,补博士弟子。郡国县官有好文学,敬长上,肃政教,顺乡里、出入不悖,所闻,令相长丞上属所二千石,二千石谨察可者,常与计偕,诣太常,得受业如弟子。"①昭帝时,博士弟子增至百人,宣帝又倍增之。元帝好儒,能通一经者皆复,博士弟子增为千人。成帝时又增至三千。王莽时又扩大太学生的人数至万人。东汉时太学生增至三万人,而地方郡国州县尚有学校,亦有大批生徒,若加上私人授徒在内,这是一个相当大的数字。政府以免服徭役相号召,将吸引大量的小农子弟从事学习。西汉文翁在蜀郡建立学校,致使县邑吏民"争欲为学官弟子,富人至出钱以求之"②上文中所胪列的小农出身的仕宦者,绝大部分均是通过学习才可成功。东汉的桓荣一家,数世为帝师,荣极一时。而桓荣亦为农家子,本人亦曾客庸以自给,"初遭仓卒,与族人桓元卿同饥厄,而荣讲诵不息,元卿嗤荣曰:'但自苦气力,何时复施用乎?'荣笑不应。及为太常,元卿叹曰:'我农家子,岂意学之为利,乃若是哉!'"③因而连社会风气亦为之改,遂有"遗子黄金满籝,不如一经"之谚。东汉的马融,"致养诸生常有千数"。郑玄家贫"客耕东莱"而学徒相随已数百千人。郭太的子弟亦以千数,受其奖掖而成名的小农即有茅容、庚乘,此外,他还"识张孝仲刍牧之中,知范特祖邮置之役,召公子、许伟康并出屠沽,司马子威拔自卒伍",并使之读书成名。农家弟子求学,常背井离乡,家中无力供其资用,只得出卖劳动力,

---

① 《汉书·儒林传》。
② 《汉书·循吏·文翁传》。
③ 《后汉书·桓荣传》。

且庸且读,往往是这些人成就较大。如西汉的匡衡世代农夫,本人好读书"从博士受诗,家贫,衡庸作以给食饮"①。倪宽"受业孔安国,贫无资用,尝为弟子都养,时行赁作,带经而锄,休息辄诵读。"②东汉的桓荣、侯瑾、公沙穆、卫飒、第五访等人皆如此。因此,秦汉间,特别是两汉时,通过读书求学来改变自己的处境,乃是小农求富贵的重要途径。西汉的夏侯胜说:'士病不明经术,经术苟明,其取青紫如俛拾地芥耳!学经不明,不如归耕。"③这说明汉代的士与小农有着天然的联系,小农读书即为士,明经即可取青紫,不明经术,退就垄亩,仍操旧业。霍光的儿子霍山曾说:"诸儒生多窶人子,远客饥寒。"则更是将儒生的成分表述得极为明确。儒生中小农及小农出身者居多。

总之,战国秦汉特别是两汉的小农是享有接受教育的权利和具有接受教育的可能和条件的。

第五节　职业的转换与兼业

春秋年间齐国的管仲实行改革的重要内容之一就是使士、农、工、商四者分别部居,不相杂厕,士之子恒为士,农之子恒为农,工之子恒为工、商之子恒为商。而在此之前,各国基本上皆奉行"工商食官"、"士食田"、"庶人食力"的政策,士、农、工、商的身份其实已经固定化,管仲只不过是通过行政手段,将此四民的居住区分

---

① 《汉书·匡衡传》。
② 《汉书·倪宽传》。
③ 《汉书·夏侯胜传》。

开,强化这种固定化的身份制度而已。这种强制性的管理措施,在《吕氏春秋·上农篇》中亦有反映:"凡民自七尺以上,属诸三官,农攻粟、工攻器、贾攻货。"但是,随着商品货币经济的发展,这种强制性的身份管理制度亦遭破坏,至战国、秦汉间,士农工商间已没有不可逾越的鸿沟。像阳翟大贾吕不韦官至秦国丞相,洛阳贾人子桑弘羊官至御史大夫都是商人为官的典型。范蠡隐退经商成陶朱公,宣曲任氏,其先为督道仓吏,遭遇时变,独窖仓粟,囤积居奇终成巨富,乃弃官经商之尤者。西汉时宁成获罪归家,发誓"仕不至二千石,贾不至千万,安可比人乎!"足见致仕经商悉由人便。特别是那些政府的官员们已经不再奉行"伐冰食禄之人,不与百姓争利"的旧教条,纷纷广置产业,数业并举以求赢利。桑弘羊以"奉禄赏赐,一二筹策之积浸以致富成业"。① 所谓"筹策"即是"运之六寸,转之息耗,取之贵贱之间耳"。② 也即是从事商业活动。张安世"尊为公侯,食邑万户,然身衣弋,夫人自纺绩,家童七百人,皆有手技作事,内治产业,累积纤微,是以能殖其货富于大将军光"。③ 东汉光武帝舅郭况居高官,累金数亿,家童四百人,万金为器,工治之声,震于都鄙。时人谓"郭氏之室,不雨而雷,言铸锻之声盛也"④。东汉甚至连皇帝亦与民争利,设置私产,像灵帝"本侯家宿贫,每叹桓帝不能作家居,故聚为私藏,复藏寄小黄门、常侍钱各数千万,常云:'张常侍是我父,赵常侍是我母。'""又还河间买田宅、起第观。"⑤ 诚如司马迁所云:"夫千乘之王,万家之侯,百室之君,尚犹

---

① 《盐铁论·贫富》。
② 同上。
③ 《汉书·张汤传》。
④ 《太平御览》卷833引王子年《拾遗记》。
⑤ 《后汉书·宦者列传·张让传》。

患贫,而况匹夫编户之民夫!"故尔政治家们纷纷指责这种官吏与民争利的时弊,董仲舒说:"身宠而载高位,家温而食厚禄,因乘富贵之资力,以与民争利于下,民安能如之哉! 是故众其奴婢,多其牛羊,广其田宅。博其产业,畜其积委,务此而无已。"①西晋的江统批评说:"秦汉以来,风俗转薄,公侯之尊,莫不殖园圃之田,而收市井之利,渐冉相放,莫以为耻,乘以古道,诚可愧也。"②既然皇帝、官僚均可从事工、商,广置田宅以求利,则一般平民小农自可数业并举以求生存了。像西汉的司马相如先"以赀为郎",后罢官回家,为客,得文君与之至临邛卖酒,因卓王孙资助,才得以返成都,"买田宅,为富人",最后又能做起官来,一生中转换四五次职业。东汉时的樊重,"世善农稼,好货殖","课役童隶,各得其宜","又池渔牧畜","假贷人间数百万"③,是个兼营农、林、牧、渔、高利贷的人物。仲长统则云:"豪人之室,连栋数百,膏田满野,奴婢千群,徒附万计,船车贾贩,周于四方,废居积贮,满于都城,琦赂宝货,巨室不能容,马牛羊豕,山谷不能受"④亦是农、牧、商数业并举。故《汉书·货殖列传》云:"郡国富民兼业颛利,以货赂自行,取重于乡里者,不可胜数。"小农们当然可以舍本逐末,或本末兼营。西汉的翟方进"家世微贱,欲西至京师受经",其母即"随之长安,织屦以给"⑤东汉的崔实,虽出身于官宦之家,自己亦曾为官,然其微时,

---

① 《汉书·食货志》。
② 《晋书·江统传》。
③ 《后汉书·樊玄传》。
④ 《后汉书·仲长统传》。
⑤ 《汉书·翟方进传》。

亦是务农之人。《后汉书·崔实传》载:"初.实父卒,剽卖田宅,起塚茔,立碑颂,葬讫,资产竭尽,因贫困,以酤酿贩鬻为业。"实是士、农、工、商、官兼于一身之人。尽管秦汉间亦有禁民二业之令,如《后汉书·刘般传》载:"般上言郡国以官禁二业,至有田者不得渔捕",《后汉书·桓谭传》亦载桓谭文曰:"夫理国之道,举本业而抑末利,是以先帝禁人二业。"但实际情况却是为官者、豪强们均兼业求利,禁断不了,商贾们同样可以经营田产,则此禁民二业之令,实为具文。《后汉书·和帝纪》载:"永元六年……三月庚寅,诏流民所过,郡国皆实禀之。其有贩卖者,勿出租税。"流民从事贾贩,实为政府所容许,并特诏不收租税,则平时小农兼营贾贩,只要完纳租税,当在情理中,法律岂可禁断?西汉的何武弟兄五人皆为郡吏,"武弟显,家有市籍,租常不入,县数负其课。市啬夫求商,捕辱显家,显怒,欲以吏事中商。"①则何显家有市籍,并不妨碍他为郡吏,由此可见禁民二业令之为具文也。《四民月令》中详列了四时可以买进卖出的各种农副产品,小农从事商业,乃是普遍的、大量的经济活动,安可禁断?故战国秦汉间的小农其弃本逐末成为普遍的社会现象。王符形容当时的社会是:"今举俗舍本农,趋商贾,牛马车舆,填塞道路,游手为巧,充盈都邑,务本者少,浮食者众。商邑翼翼,四方是极。今察洛阳,资末业者,什于农夫,虚伪游手,什于末业,是则一夫耕百人食之,一妇桑百人衣之,以一奉百,孰能供之?天下百郡千县,市邑万数,类皆如此。"②司马迁则云:"用贫

---

① 《汉书·何武传》。
② 《后汉书·王符传》。

求富,农不如工,工不如商。刺绣文不如倚市门。此言末业,贫者之资也。"①故战国秦汉间的小农,特别是两汉的小农转换职业并不受任何限制,兼业政府虽有明令禁止,但执行并不力,小农们还是可以兼业以营生计的。

第六节 迁徙与脱籍

秦汉两代均有较为严密的户籍管理制度,这可从云梦秦简、居延汉简及《史记》、《汉书》、《后汉书》有关记载中得知。秦汉国家将全国人户编入户籍,掌握每户的居住地点、爵位、年龄、性别、人数、主要生产和生活资料的占有情况、估定其赀产值,作为征收租税、征发徭役的依据。因此秦汉间的百姓又称为编户民或编户齐民,其户籍又称名数。但政府并不限制编户齐民的迁徙,只要这种迁徙是合乎手续的,政府即予以承认。云梦秦简中有律文为:

"甲徙居,数谒吏,吏环,弗为更籍。今甲有耐、赀罪,问吏可(何)论?耐以上,当赀二甲。"②从此律文中可知甲徙居在前,申请更籍在其后,而吏不为他更改户籍,后甲犯有耐、赀罪,吏应受惩罚。则秦代吏民迁徙是允许的,官吏在接到他们迁徙的申报后,必须为他们办理更改户籍的手续。居延汉简中有一简为:

"建平五年八月戊□□□□广明乡啬夫客假佐玄敢言之:善居里男子丘张,自言与家买客田居延都亭部,欲取□□。案

---

① 《史记·货殖列传》。
② 《秦律·法律答问》。

张等更赋皆给,当得取检谒移居延如律令,敢言之。"此简背面有"放行"二字。①

建平乃西汉哀帝之年号,丘张所欲取之物,即是检谒,有此检谒,当地和沿途关卡皆准放行,他可顺利到达目的地,并将此检谒交目的地行政当局。如秦简中之"谒吏",办成他所欲办的事。故此检谒具有通行证和介绍信的作用。丘张是在居延买客田,他离开本乡,检谒上注明他"更赋皆给",符合离境手续,所以准予放行,看来他是准备到居延地区常住的了。由此简文可知,西汉时的平民只要在不拖欠政府赋税的情况下,向政府申报自己迁徙的目的地和目的,并取得政府的凭证后,即可自由迁徙。东汉的情况当亦复如是。章帝元和元年诏曰:"令郡国募人,无田欲徙它界就肥饶者恣听之。到在所赐给公田,为雇耕庸,赁种饷,贳与田器,勿收租五岁,除算三年,其后还本乡者,勿禁。"②《后汉书·王常传》载:"王常,字颜卿,颍川舞阳人也。"李贤注引《东观汉纪》曰:"其先鄂人,常父博,成、哀间转客颍川舞阳,因家焉也。"

《后汉书·张禹传》载:"(张禹)迁下邳相,徐县北界,有蒲阳坡,傍多良田,而湮废莫修,禹为开水门,通引灌溉,遂成孰田数百顷,劝率吏民,假与种粮,亲自勉力,遂大收谷实。邻郡贫者,归之千余户,室庐相属,其下成市。"

《史记·田叔列传》褚先生曰:"臣为郎时,闻之曰:田仁故与任安相善。任安,蒙阳人也,少孤贫困,为人将车之长安。留,求事为

---

① 《居延汉简甲乙编》五〇五·三七 A、五〇五·三七 B 简。
② 《后汉书·章帝纪》。

小吏,未有因缘也,因占著名数,家于武功。……代人为求盗亭父,后为亭长……其后除为三老,举为亲民,出为三百石长。"

《史记·万石张叔列传》载:"万石君,名奋,其父赵人也,姓石氏,赵亡,徙居温。"

由以上史料可知,无论秦汉,编户齐民均可合法迁徙,且迁徙后并不影响其仕宦。至于那些并非迁徙户籍的游历,则更是经常的、普遍的行为。像"主父偃,齐国临淄人也。……家贫,假贷无所得,北游燕赵中山,皆莫能厚,客甚困。以诸侯莫足游者。元光六年,乃西入关。"①他是在本国和其他诸侯国游腻了才到都城去的,游来游去,并无障碍。

东汉的"桓荣,字春卿,沛郡龙亢人也。少学长安,习欧阳尚书,事博士九江朱普。贫窭无资,常客庸以自给,精力不倦,十五年不窥家园,至王莽篡位乃归,会朱普卒,荣奔丧九江,负土成坟,因留教授,徒众数百人,莽败,天下乱,荣抱其经书,与弟子逃匿山谷,虽常饥困,而讲论不辍,后复客授江淮间。"②

桓荣几乎一生均在外游历,在未任官职之前,倒也能自糊其口,这说明两汉存在广阔的容纳闲散劳动力的天地。故秦汉间脱籍在外从事各种职业以营生的人特别多,政府称这些人为亡命、无名数者、流民,其中的绝大部分当然是小农。他们或因犯罪逃避政府的追捕,或因避仇,或因避逃政府的赋役,或因天灾人祸而流落四方,而商人、奴主、手工业主、政客、侠者均可根据自己的需要而

---

① 《汉书·主父偃传》。
② 《后汉书·桓荣传》。

容纳他们,政府亦不得不安置和赈济他们,致使流民成为两汉极为严重的社会问题。

刘邦的岳父吕公、项羽的叔父项梁、皆因避仇而离乡土,刘邦本人因纵徒而流亡,东汉的吴汉亦因宾客犯法而亡命,西汉的江充因得罪齐王太子而亡命,季布因获罪而亡命,成为大侠朱家的奴隶,钟离昧亡命于韩信处,东汉的姜肱"窜伏青川界中,卖卜给食。"①赵岐逃难四方"匿姓名,卖饼北海市中。"②均为史所明载。而云梦睡虎地秦简中则为我们保留了逃避徭役而亡命的法律规定:"可(何)谓'逋事'及'乏繇(徭)'?律所谓者,当繇(徭),吏、典已令之,即亡弗会,为逋事,已阅及敦(屯)车食若行到繇(徭)所乃亡,皆为乏繇(徭)。"③《史记·高祖本纪》所载"高祖以亭长为县送徒骊山,徒多道亡",这些道亡之徒,按秦律就是犯了"乏繇"之罪。而桑弘羊则明确指出:"往者豪强大家得管山海之利,采铁石鼓铸,煮盐,一家聚众或至千余人,大抵尽收放流人民也。"④东汉时仍然如此,《后汉书·卫飒传》:"耒阳县出铁石,佗郡民庶常依因聚会,私自冶铸,遂招徕亡命,多至奸盗。"当然,秦汉政府对于这些违法而亡命者总是要通过各种措施将其缉拿归案,但对于广大的因天灾人祸破产而流亡的大批流民,除去安抚外则别无良策。

《汉书·高帝记》载:"民前或相聚保山泽,不书名数,今天下已定,令各归其县,复故爵田宅。"

---

① 《后汉书·姜肱传》。
② 《后汉书·赵岐传》。
③ 《秦律·法律答问》。
④ 《盐铁论·复古》。

《史记·万石张叔列传》载:"元封四年中,关东流民二百万口,无名数者四十万。"

《汉书·谷永传》云:"灾异屡降,饥馑仍臻,流散冗食,饿死于道,以百万数。"

后汉和帝十五年诏:"流民欲还归本郡而无粮食者,所过实廪之……其不欲还归者勿强。"

"永兴元年秋七月,郡国二十二蝗,河水溢,百姓饥穷,流冗道路,至有数十万户,冀州尤甚。"①

因为秦汉间生产资料已经私有化,国家不再实行普遍的授田制,小农也就不可能如以前那样始终与生产资料相结合,国家就不可能令民"死徙无出乡",这正如贾谊所分析的那样:"民贫则奸邪生,贫生于不足,不足生于不农,不农则不地著,不地著则离乡轻家,民如鸟兽,虽有高城深地,严法重刑,犹不能禁也。"②因此秦汉政府就无法限制小农的迁徙和流亡。

第七节 与国家的人身依附关系

秦汉小农与国家的人身依附关系,集中表现在他们必须承担国家的人口税和徭役、兵役方面。国家对小农的人身支配权,是"普天之下,莫非王土,率土之滨,莫非王臣"的法权观念,在秦汉大一统帝国中的反映,尽管此时土地所有制已不再表现为国有形式,

---

① 《后汉书·和帝纪》。
② 《汉书·食货志》。

国已不再实行普遍的授田制度,但毕竟刚刚从这种制度中脱胎而来,且国家确实还掌握着大量的公田,还在不时地以赋、假的形式将其分给那些无地和少地的农民,这就更为保留这种法权,提供了现实的根据。因此秦汉国家遂根据历史所形成的法权观念和现实的经济关系,取得了对广大小农的部分人身支配权,而小农亦因此与国家形成一定程度的人身依附关系,这种依附关系以支付一定量的力役形式表现在秦汉社会中。而一旦小农破产,变成别人的依附民或奴婢后,他们与国家的这种依附关系就随着他们与土地的分离而分离。汉代政府规定:商人和奴婢必须向政府缴纳双份的人头税。这是因为原则上限制商人名田,奴婢并无田产,作为一种补偿,他们必须向政府交纳双份的人头税。某些日本的学者曾在秦汉国家何以在土地私有的情况下却具有对农民的人身支配权迷惑不解,①其实这种国家对农民的人身支配权仍然来源于对土地的所有权,秦汉的小农们只要仍保留对部分土地的所有权,他们就不可能摆脱与政府的这种人身依附关系。因为他们对土地拥有的这种所有权并非是纯粹的、完全的,尽管他们可以自由地买卖土地。马克思在《资本论》第三卷中说:"法律观念本身只是说明,土地所有者可以像每个商品所有者处理自己的商品一样去处理土地,并且,这种观念,这种关于土地自由私有权的法律观念,在古代世界,只是在有机的社会秩序解体的时期才出现;在现代世界,只是随着资本主义生产的发展才出现。"②"这样,土地所有权就取得

---

① 见木村正雄《中国古代专制主义及其基础》,载日本《历史学研究》217号。
② 《马克思恩格斯全集》第15卷,第696页。

了纯粹经济的形式,因为它摆脱了以前的一切政治的和社会的装饰物和混杂物,简单地说,就是摆脱了一切传统的附属物;……"①而秦汉小农对土地所拥有的所有权,尚非是马克思所说的取得了纯粹经济形式的所有权,而是有着国家所有制法权观念这种附属物的所有权,因此,它是不纯粹的、不完全的。

由于秦汉间商品经济的发展,两汉政府将这种基于土地所有权而建立起来的人身支配关系变成了金钱关系,人头税用金钱缴纳自不必说,徭役亦可以出钱雇人代役或者直接缴纳代役钱的形式来承担,连戍边的兵役亦可雇人代服。这就使得小农与政府的人身依附关系转变成了支付一定量的货币的金钱关系,因而两汉的小农与政府的人身依附关系便大为松弛了。尽管如此,广大的贫穷小农,其手中掌握的货币有限,雇人代役或以钱代役的可能不大,而亲服其役的可能性甚至为钱代人服役的可能性极大。因此,从总体上来说,秦汉服役的主要对象仍是广大的小农,小农们并不能摆脱每年为政府无偿服役一月和一生中服兵役两年的这种人身依附关系。但是,当他们一旦破产,与土地相分离后,他们就脱离了与国家的这种人身依附关系,他们既可以转而依附于官僚地主,亦可以脱籍流浪,更可以出卖自己的劳动力甚至出卖自己的妻子儿女和自身,成为毫无人身自由的奴隶。

战国时期,由于各国仍在施行普遍的授田制,小农的主要生产资料要由国家来分配,他们与国家的人身依附关系必然要比秦汉时期更为紧密,他们的迁徙与脱籍必然不会像秦汉的小农那么容易。

---

① 《马克思恩格斯全集》第15卷,第697页。

第八节 战国秦汉小农的爵位

春秋以前,爵位是贵族的身份标志,与属于平民阶层的小农本无任何关系。可是由于春秋战国年间,各国都在求生存和发展,就不得不利用爵位作为诱饵,鼓励小农为国拼命战斗,于是各国都纷纷颁布了各自的军功爵位制度。这样,小农们如果在战场上立下军功,就可以被政府授予相应的爵位,就获得了跻身于贵族阶层的机会。

自秦设二十等军功爵制以来,爵位遂成为秦汉社会中人们的身份和社会地位高低的标志。

根据《汉书·百官公卿表》的记录,秦汉的二十等爵位序列如下:

  爵一级曰公士,二上造,三簪裹,四不更,五大夫,六官大夫,七公大夫,八公乘,九五大夫,十左庶长,十一右庶长,十二左更,十三中更,十四右更,十五少上造,十六大上造,十七驷车庶长,十八大庶长,十九关内侯,二十彻侯。

《后汉书·百官志》引刘劭《爵制》云:"一爵为公士……二爵上造……三爵曰簪裹……四爵曰不更,不更者为车右,不复与凡更卒同也,五爵曰大夫,大夫在车左者也,六爵为官大夫,七爵为公大夫,八爵为公乘,九爵为五大夫,皆军吏也,吏民爵不得过公乘者得贳与子若同产。然则公乘者军吏之爵最高者也。……十爵为左庶长,十一爵为右庶长,十二爵为左更,十三爵为中更,十四爵为右更,十五爵为少上造,十六爵为大上造,十七爵为驷车庶长,十八爵为大庶长,十九爵为关内侯,二十爵为列侯。自左庶长已上至大庶长皆卿大夫,皆军将也……"

由此可知秦汉的军功爵实际分军卒、军吏、军将和侯四个等级,并以第八级爵公乘为界,分为民爵和官爵两部分。设军功爵的本来目的是奖励作战有功人员,它是适应战国时期兼并战争的需要而产生的。有爵者可享受无爵者所享受不到的种种特权。

《韩非子·定法》云:"商君之法曰,斩一首者,爵一级,欲为官者,为五十石之官,斩二首者,爵二级,欲为官者,为百石之官,官爵之迁,与斩首之功相称也。"

《商君书·境内》载:"其有爵者乞无爵者以为庶子,级乞一人。其无役事也,其庶子役其大夫月六日,其役事也,随而养之。""能得爵首一者,赏爵一级,益田一顷,益宅九亩。""爵自二级以上,有刑罪则贬,爵自一级以下,有刑罪则已。""其官级一等,其墓树级一树。""就为五大夫,则税邑三百家,故爵五大夫,皆有赐邑三百家。""有赐税三百家,爵五大夫邑,有税六百家者,受客。"

《汉书·百官公卿表》师古注:"(不更)谓不豫更卒之事。"

云梦秦简中的《秦律·军爵律》规定:"欲归爵二级,以免亲父母为隶臣者一人,及隶臣斩首为公士,谒归公士而免故妻隶妾一人者,许之,免以为庶人。"

《汉书·刑法志》云:"凡有爵者与七十者,与未龀者,皆不为奴。"

《秦律·传食律》规定:"其有爵者,自官大夫以上,爵食之,……不更以下到谋人,稗米一斗,酱半升,菜羹,刍稿各半石。……上造以下到官佐,史毋爵者,及卜、史、司御、寺、府,粝米一斗,有菜羹,盐廿二分升二。"

根据以上史料,可将其特权归结如下:

(1)可以做官;

(2)可以益田宅;

(3)可以取得依附民;

(4)可以免徭役;

(5)可以食邑、食税;

(6)可以养客;

(7)可以抵罪;

(8)可以赎奴隶;

(9)不沦为奴;

(10)身前死后荣耀;

(11)爵越高,伙食标准亦越高。

这些特权,无疑会刺激秦民奋勇作战,在秦统一六国的过程中起了重大作用。在秦统一六国后,军功爵制已完成了它的历史使命,但作为上层建筑的一部分仍长期保留在秦汉社会中。秦存在仅有十五年,军爵制所规定的种种特权不会骤然丧失,两汉存在了四百余年,除汉初因论功行赏和汉武帝时四出征讨外,军功爵制已丧失了它本来的意义,逐渐变得有其名而无其实了。

汉高祖五年诏:"其七大夫以上,皆令食邑、非七大夫以下,皆复其身及户不事。又曰:七大夫公乘以上,皆高爵也,诸侯子及从军归者,多高爵,吾数诏吏,先与田宅及所当求于吏者,亟与。……异日,秦民爵公大夫以上,令丞与亢礼。……"①

---

① 《汉书·高祖本纪》。

第六章 战国秦汉小农的身份与社会地位

刘邦将秦时不更以上方可免役的条件降低为非七大夫以下的所有的有爵者,将秦时五大夫以上爵位者方可食邑的条件,降低为七大夫以上爵位者,而秦时有爵者的其他相应享受的特权因诏书有"复故爵田宅"的内容,亦应是全部承认。

刘邦在公元前 205 年二月"令民除秦社稷,立汉社稷,施恩德,赐民爵"首开赐民爵先例,破坏了军功爵的授受原则。从此,两汉的皇帝遂经常赐民爵作为喜庆的应景措施,乃有一次授天下男子户二级、三级者。根据《汉书》、《后汉书》各帝纪的记载和统计可知,西汉共授民爵 54 次,其中高祖 1 次,惠帝 3 次,吕后 1 次,文帝 2 次,景帝 8 次,武帝 5 次,昭帝 2 次,宣帝 14 次,元帝 7 次,成帝 7 次,哀帝 2 次,平帝 2 次。东汉共授民爵 34 次,其中光武帝 4 次,明帝 6 次,章帝 4 次,和帝 4 次,安帝 6 次,顺帝 5 次,质帝 2 次,桓帝 1 次,灵帝 1 次,献帝 1 次。(详见附一)西汉每次授民爵一般是一级,很少有二级,东汉却以授二级为常。两汉的授民爵的性质已与秦的授军功爵的性质迥异,民爵不得过第八级公乘,而欲享受免役权,必须在第九级爵五大夫以上。民爵再也不能作为名田宅的条件,也不见可用来赎奴婢的规定,只保留了"民赐爵,有罪得以减也",多了"令民得卖爵"的规定。由于赐爵的轻滥,军爵的许多相应的特权被取消,故两汉的小农有无爵位已不再影响其身份和社会地位的高低,从居延汉简的戍卒名籍中,我们可以看到担任戍卒的人从无爵位至公乘者均有之,故清代钱大昕说:"大约公乘以下,与齐民无异,五大夫以上,始得复其身"[①]是很正确的判断。这样,

---

① 《潜研堂文集》卷 34《再答袁简斋书》。

两汉的包括广大小农在内的平民之间再也不存在因爵位而呈现的身份和社会地位的等级差别,只存在着公乘以上的官与公乘以下的民的统治阶级与被统治阶级的区别。如淳在注释齐民时说:"齐等无有贵贱,故谓之齐民,若今言平民矣。"①

总之,战国、秦的小农因受军功爵制的影响,身份和社会地位随有无爵位的高低而有等差,两汉的小农虽有有爵无爵及爵位高低的区别,但不能对其身份和社会地位有实质性的影响,都是无有贵贱的齐民。

第九节 法律地位

云梦睡虎地秦墓所出《秦律·法律答问》有如下简文:"内公孙(无)爵者当赎刑,得比公士赎耐不得? 得比焉。"

《汉书·惠帝纪》载:"上造以上及内外公孙、耳孙有罪当刑及当为城旦、舂者,皆耐为鬼薪、白粲。"

《秦律·法律答问》:"可(何)谓'宦者显大夫?'宦及智(知)于王,及六百石吏以上,皆为显大夫。"

《汉书·惠帝纪》载:"爵五大夫,吏六百石以上,及宦皇帝而知名者,有罪当盗械者皆颂系。"

从以上秦律和史籍的记载中我们可知,贵族子孙的法律地位在秦只相当于平民中之第一等爵位者,在汉仅相当于平民中之第二级爵位者,唯有六百石以上吏,爵至第九级者,在秦汉社会中其

---

① 《史记·平准书》注。

第六章 战国秦汉小农的身份与社会地位　175

法律地位高于一般平民,但也仅能享受犯罪不戴枷锁的优待,旧日之"刑不上大夫"的原则已荡然无存。贾谊曾为此而愤愤不平:"今自王侯三公之贵,皆天子之所以改容而礼之也,古天子之所谓伯父伯舅也,令与众庶徒隶同黥劓髡刖笞骂弃市之法,然则堂下不亡陛乎?"①

在秦汉社会中所有的只是以爵位减刑,以钱赎罪的规定。而爵位在两汉社会中是可买卖的,因此法律面前的人人平等变成了金钱面前人人平等。东汉明帝规定:"赎死罪缣三十匹,左趾至髡钳城旦舂十匹,完城旦至司寇五匹,吏人犯罪未发觉诏书到自告者半入赎。"②

居延汉简中有汉代的《捕律》律文:"《捕律》:禁吏毋夜入人庐舍捕人,犯者其室殴伤之,以毋故入人室律从事。"③

《周礼·小司寇·朝士》:"凡盗贼军、乡、邑及家人,杀之无罪。"郑玄注引郑司农云:"若今时无故入人室宅庐舍、上人车船,牵引人欲犯法者,其时格杀之无罪。"

则秦汉时期已确立了私人住宅不受侵犯,保护公民生命及财产安全的法律。小农乃是公民中的绝大多数,他们的生命财产得到法律的保护,是与秦汉社会的其他公民一视同仁的。

《秦律·法律答问》有律文为:"'公室告',〔何〕殹(也)?'非公室告',可(何)殹(也)?贼杀伤、盗它人为'公室',子盗父母,父母擅杀、刑、髡子及奴妾,不为'公室告'。"

---

① 贾谊《新书·阶级》。
② 《后汉书·明帝纪》。
③ 《居延汉简甲乙编》三九五·一一简。

"子告父母,臣妾告主,非公室告,勿听。可(何)谓'非公室告'？主擅杀、刑、髡其子、臣妾,是谓'非公室告',勿听,而行告,告者罪。告〔者〕罪已行,它人有(又)袭其告之,亦不当听。"

从以上的法律条文中,我们可以看到,秦代的法律是强化一家一户的小农经济的法律,只有家长才具有完全的法人资格,在一个家庭内部,子女的人身安全并不受法律的保护。

但是在《秦律·法律答问》又有与此相矛盾的法律规定:"擅杀子,黥为城旦舂。""士五(伍)甲毋(无)子,其弟子以为后,与同居,而擅杀之,当弃市。""擅杀、刑、髡其后子,谳之。可(何)谓'后子'？官其男为爵后,以臣邦君长所置为后大(太)子,皆为后子。"

此矛盾着的两种法律规定共存于秦律中,似乎说明了秦律的不严密,然这种矛盾的法规却为汉唐的法律所继承。《唐律疏议》卷二十三规定:"诸告祖父母、父母者,绞。"卷二十二:"若子孙违犯教令,而祖父母、父母殴杀者,徒一年半,以刃杀者,徒二年,故杀者,徒二年,故杀者,各加一等。即嫡、继、慈、养杀者,又加一等,过失杀者,各勿论。"

子女不得告父母,父母可以擅杀、刑、髡子女而不受法律的约束,即使法律对他们有约束,也比一般公民间的惩罚为轻。汉代的法律允许"卖子",子女在家庭中的地位与奴婢相侔,这是典型的家长奴隶制的法律。

贾谊说:"今法律贱商人,商人已富贵矣,重农夫,农夫已贫贱矣。"[1]

---

[1] 《汉书·食货志》。

第六章 战国秦汉小农的身份与社会地位

秦汉的法律确实是重农夫而抑商贾的。农夫是公民，其生命财产受法律保护已见上述，而商人在秦汉社会中的法律地位始终低于小农。刘邦曾令"贾人不得衣锦绣绮绨縠罽、操刀、乘骑马"[①]"重租税以困辱之"。"孝惠高后时，为天下初定，复驰商贾之律，然市井子孙亦不得仕宦为吏。"[②]又有"贾人有市籍者及其家属，皆无得籍名田以便农，敢犯令，没入田僮。"[③]的规定，秦代的谪戍，"先发吏有谪及赘婿、贾人，后以尝有市籍者，又后以大父母、父母尝有市籍者，后入闾，取其左。"[④]武帝时的"七科谪"，仍是照此办理，尽管商人可以利用手中的金钱交通王侯，买官买爵赎罪，权倾乡里或礼抗人君，但其法律地位是始终很贱的，这是由于秦汉的奴隶制社会性质所决定的。马克思在《政治经济学批判》中引用尼布尔《罗马史》说："在古代，城市的手工业和商业受蔑视，而农业则受尊敬，在中世纪则相反。""罗马平民的本质就在于它是农民的总体，像在他们的魁里特所有制中所表现的那样。古代人一致认为农业是自由民的本业，是训练士兵的学校。……凡有奴隶制的地方，被释放的奴隶都力图从事这一类职业来谋生，后来往往积蓄大量财量。所以在古代，这些行业总是在他们手里、因而便被认为是不适合公民身份的事情，于是，人们认为允许手工业者获得全权公民的身份是值得怀疑的（在更早时期的希腊人那里，手工业者照例是被排斥在全权公民之外的）。任何罗马人都不许做商人或手工业者为生……"[⑤]

---

① 《汉书·高帝纪》。
② 《史记·平准书》。
③ 同上。
④ 《汉书·晁错传》。
⑤ 《马克思恩格斯全集》46卷上，第476页。

因为"农业是古代世界的决定性的生产部门",在秦汉社会中农乃是"天下之本",小农乃是秦汉社会中最基本、最重要的生产者,他们尽管经济状况低下,然其社会和法律地位并不低。但是他们也只有在还能保住其独立的小农经济状况时才能享有这种高于商贾的社会和法律地位,一旦他们破产,沦为奴婢、依附民时,则他们的社会和法律地位便降至社会的最底层了。

第十节 小结

以上我们从政治权利、婚姻对象、交际对象、享受教育的权利、转业和兼业、迁徙与脱籍、与国家的人身依附关系、爵位和法律地位九个方面来论述战国秦汉小农的身份和社会地位,可以得出结论如下:

1. 战国秦汉小农特别是汉代小农的身份是比较自由的,他们除了必须为政府服徭役和兵役外,取得了迁徙、转业和兼业的自由,并有了出卖爵位、劳动力以及人身的自由。由于汉代政府规定了徭役可以雇人和纳钱代役,兵役也逐渐从义务兵役制逐渐向募兵制转化,小农与国家的人身依附关系已大为减轻。

2. 战国秦汉小农的社会地位和法律地位并不低,婚宦交友并无严格的等级限制,这与春秋前的"礼不下庶人"及魏晋后的门阀等级制度实有天壤之别。他们具有公民的法律地位,生命和财产受到法律的保护。在法律面前,他们与官僚、贵族的地位相对于春秋前的庶人和魏晋以后的小农来说还是比较平等的。在战国秦汉社会中,既没有春秋前的"刑不上大夫"亦无魏晋后的"八议"规定。

他们有了享受教育的权利,并可以通过教育步入仕途。在战国秦汉社会中贵族的血缘关系在政治生活中的支配作用远不如春秋前和魏晋后那么明显、那么重大。

因此,战国秦汉的小农确实是社会中的自由民、平民。但是,我们也不能不指出,战国秦汉小农的这种相对自由的身份和相对平等的社会和法律地位,又受到了经济地位和财产拥有状况的制约,秦汉政府对仕宦者赀产量的规定,实际上剥夺了广大贫困小农的参政权,政府虽然屡次赐给他们爵位,可是因为他们的贫困又不得不卖爵以求生存,在法律面前虽然较为平等,但是由于赎罪的普遍施行,有钱者则可游离于法律之外,被刑者仍是广大的小农,虽说是接受教育的机会对战国秦汉的自由民是均等的,但大多数小农忙于生计,温饱尚难解决,焉能顾及接受教育?尽管小农出身而受教育步入仕途的不乏其人,但比起富人、官僚、贵族家庭出身的人来说,毕竟是少数。战国秦汉间小农的婚姻和交友对象虽无严格的等级和身份限制,但财产的占有状况和个人的素质特别是文化和道德修养的素质却起着较重要的作用。战国秦汉小农的身份相对自由,特别表现在破产后的身份的自由,连清代实行摊丁入亩的赋税政策后的破产小农亦不能与之相比,但这种自由所带来的结果是"富者田连阡陌,贫者无立锥之地"的严重贫富不均。众多的贫困小农只落得"流冗道路,死者相望"、"躬率妻子,奴事富人"、"嫁妻鬻子"沦为毫无自由、毫无社会和法律地位的奴婢的下场。

马克思说:"如果说经济形式,交换确立了主体之间的全面平等,那么内容,即促使人们去进行交换的个人材料和物质材料,则确立了自由。价值的交换是一切平等和自由的生产的、现实的基础。

作为纯粹观念,平等和自由仅仅是交换价值的交换的一种理想化的表现;作为在法律的、政治的、社会关系上发展了的东西。平等和自由不过是另一次方的这种基础而已。"①战国秦汉小农身份的相对自由和社会、法律地位的相对平等,正是由于战国秦汉社会商品经济较为发达的结果。由于生产资料特别是土地进入交换领域,旧时代依身份等级占有生产资料的制度就崩溃了,随着动产和不动产的交换,人们的经济地泣和社会地位亦随之而发生变化,正是在这种自由、平等的交换过程中,小农取得了身份自由和社会地位、法律地位的平等。作为交换的媒介——金钱,在秦汉社会中起作支配的作用,人们为了追逐它,几乎达到了疯狂的程度!秦代即有盗铸的现象,汉代则盗铸成风:《汉书·食货志》云:"自造白金五铢钱后五岁,而赦吏民之坐盗金钱死者数十万人,其不发觉相杀者,不可胜计。赦自出者百余万人,然不能半自出。天下大氐无虑皆铸金钱矣!"西汉政府从武帝至平帝一百余年间亦造了二百八十亿万五铢钱投入到流通领域中。如此巨额的通货,它繁荣了经济,但也给社会带来了灾难,它促使广大的小农迅速破产,加速了大地产的形成,激增了流民和奴婢的数量,最终导致了社会危机的总爆发。

"正如商品的一切质的差别在货币上消灭了一样,货币作为激进的平均主义者把一切差别都消灭了,但货币本身是商品,是可以'成为任何人的私产的外界物。这样,社会权力就成为私人的私有权力。因此,古代社会咒骂货币是换走了自己的经济秩序和道德秩序的辅币。"②秦汉的情况正是如此。尽管小农的社会地位和法

---

① 《马克思恩格斯全集》第 46 卷上,第 197 页。
② 《马克思恩格斯全集》第 13 卷,第 152 页。

第六章 战国秦汉小农的身份与社会地位

律地位并不低贱,但是由于金钱的力量,在秦汉社会中,"凡编户之民,富相什则卑下之,伯则畏惮之,千则役,万则仆。"成了"物之理"。"相与同为编户齐民而以财力相君长者,世无数焉"。①"故下户崎岖,无所峙足,乃父子低首,奴事富人,躬率妻孥,为之服役。"②社会权力成了私人的私有权力,贫困的小农的社会地位实是卑下。而富商大贾,可以利用手中的金钱买官买爵,交通王侯,力过吏势,横行乡里,鱼肉小农,更可以利用手中的金钱赎罪,以致有"千金之子,不死于市"之谚。货币的所有者可以利用手中掌握的金钱同政府争夺小农以破坏旧有的经济秩序,也可以利用手中掌握的货币来破坏旧有的道德秩序。这正如贾谊所指出的那样:"胡以孝弟循顺为?善书而为吏卒,胡以行义礼节为?家富而出官耳。骄耻偏而为祭尊,黥劓者攘臂而为政。行为狗彘也。苟家富财足,隐机盱视而为天子耳。"③

两汉的政治家们纷纷指责时弊,诅咒金钱。西汉的贡禹说:"富人藏钱满室,犹亡厌足,民心动摇。商贾求利,东西南北,各用智巧,好衣美食,岁有十二之利,而不出租税。农夫父子暴露中野,不避寒暑,捽草把土,手足胼胝。已奉租谷,又出稾税。乡部私求,不可胜供。故民弃本逐末,耕者不能半。贫民虽赐之以田,犹贱买以贾,穷则起而为盗。何者?末利深而惑于钱也。是以奸邪不可禁,其原皆起于钱也。"④他首倡废钱之议,东汉的张林、刘陶随之

---

① 《史记·货殖列传》。
② 仲长统:《昌言·理乱》。
③ 崔实:《政论》,贾谊:《新书·时变》。
④ 《汉书·贡禹传》。

附和,直至董卓废五铢钱更铸小钱,民不乐使用,"自是钱货不行",历史发生大转折,进入中古自然经济阶段。随着自由平等的交换关系被超经济的强制关系所代替,秦汉小农所能享受的自由和平等,这时的小农已丧失过半。

列宁说:"只要土地和生产资料的私有制继续存在,资产阶级制度和资产阶级民主中的'自由和平等',就只是一种形式,实际上是对工人(他们在形式上是自由和平等的)实际雇用奴隶制,是资本独裁,是资本压迫劳动。"[1]

秦汉小农的自由和平等,其实也是一种形式。实质上是官僚、奴主、商人、地主对他们的压迫。处在商品经济洪流和旋涡中的小农,虽然取得了一定程度的自由和平等,但他们利用这种种自由和平等上升为官僚、奴主、地主、富人的可能性却远比他们沦为丧失自由和平等待遇的奴隶、依附民的可能性小。正因为秦汉的小农比他们的前朝后世的小农享有更多的自由和平等,故他们被社会剥夺全部自由和平等的危险性就远远大于他们前朝后世的小农。秦汉的历史,就是绝大部分小农从自由民走向流民、奴隶、依附民的历史,是官僚、奴隶主、商人、地主利用自由和平等的交换关系压迫和剥削小农、奴隶、依附民的历史。较为自由的身份和较为平等的社会、法律地位,既是秦汉小农的吉祥物,更是他们的催命符。

---

[1] 《列宁全集》第 29 卷,第 343 页。

第七章　战国秦汉小农与商品货币经济

在探讨战国秦汉的小农和小农经济时，我们不能将战国秦汉小农与市场的联系也即是战国秦汉小农经济与商品货币经济的相互关系这一问题，置于我们的研究领域之外。这是因为战国秦汉间的商品经济颇为发达，它对战国秦汉社会生活的各个领域都产生了巨大而深刻的影响。详细地探讨战国秦汉小农与商品经济的相互关系，将有助于我们对战国秦汉的小农经济以及战国秦汉的社会经济的正确认识，进而为我们正确判断战国秦汉的社会性质提供真实的依据。

我们知道，战国时代是中国古代社会中商品经济颇为繁荣的时代，此时市场林立，商贾云集，金属货币广泛流通，交易之物无所不至。商品经济的繁荣，不仅造成了社会政治、经济关系的深刻变化，而且也使人们的价值观念发生了深刻变化。确如司马迁引谚语所云："用贫求富、农不如工、工不如商，刺绣文不如倚市门"，"天下熙熙，皆为利至，天下攘攘，皆为利往"，商品经济已将三代以来的那种森严的，等级占有制度下的自然经济，破坏得百孔千疮，逐渐正整个社会生活中居于支配地位。孟子对自然经济的鼓吹者许行的批判，充分说明了小农经济对商品经济的依赖，现移录其文如次：

有为神农之言者许行,自楚之滕,踵门而告文公曰:"远方之人,闻君行仁政,愿受一廛而为氓。"文公与之处,其徒数十人,皆衣褐、捆屦、织席以为食。陈良之徒陈桐与其弟辛,负耒耜而自宋之滕,曰:"闻君行圣人之政,是亦圣人也。愿为圣人氓。"陈相见许行而大悦,尽弃其学而学焉。陈相见孟子道许行之言,曰:"滕君则诚贤君也,虽然,未闻道也。贤者与民并耕而食,饔飧而治。今也滕有仓廪府库,则是厉民而以自养也,恶得贤?"

孟子曰:"许子必种粟而后食乎?"

曰:"然。"

"许子必织布然后衣乎?"

曰:"否。许子衣褐。"

"许子冠乎?"

曰:"冠。"

曰:"奚冠?"

曰:"冠素。"

曰:"自织之欤?"

曰:"否,以粟易之。"

曰:"许子奚为不自织?"

曰:"害于耕。"

曰:"许子以釜甑爨,以铁耕乎?"

曰:"然。"

"自为之与?"

第七章 战国秦汉小农与商品货币经济

曰:"否,以粟易之。"

"以粟易械器者不为厉陶冶,陶冶亦以器械易粟者,岂为厉农夫哉!且许子何不为陶冶,舍皆取诸其官中而用之,何为纷纷然与百工交易?何许子之不惮烦?"

曰:"百工之事,因不可耕且为也。"……①

从这段文字中,我们可以了解到战国年间的小农就必须以自己生产的粮食和手工制品纷纷然与百工交易以换取必要的生产和生活用品,故他们与市场的联系已相当广泛和密切,他们所从事的农业生产,已含有相当的商品经济的成分。

及至秦汉,全国统一,交通发达,社会分工更加精细,商品经济得到了长足的发展,诚如司马迁所言:"汉兴,海内为一,开关梁,弛山泽之禁,是以富商大贾周流天下,交易之物莫不通,得其所欲。"②自汉武元狩五年三官初铸五铢钱,至平帝元始中,成钱二百八十亿万余。一百二十年间投放市场的货币量高达二百八十亿万,平均每年投放市场的货币量达 2.3 亿万。因为商品价格总额等于执行流通手段的货币量乘同名货币的流通次数。根据《汉书·王嘉传》的记载,元帝时国家府库藏钱八十三亿,而投放市场的货币总量当不下二千亿,则其时必定有一千九百万五铢钱掌握在私人手中和在流通领域里流通,我们若以其一半用于储藏,一半在流通领域且流通的次数以一计,当有价值九百五十亿的商品总量,这是一个相当可观的数字。元帝时的全国人口为 59594978,则人均商品量为

---

① 《孟子·滕文公上》。
② 《史记·货殖列传》。

1700钱左右,人均拥有的货币量为5090钱左右,当然,这是个十分保守的统计数,因为尚未将大量流通的上币黄金计算在内。尽管如此,仅凭此两个统计数字,就足以说明西汉的商品经济是何等的发达了。

故尔西汉的政治家在指责时弊时总是要说时近战国,民皆弃本趋末。

文帝后元元年诏曰:"夫度田非益寡,而计民未加益,以口量地,其于古犹有余,而食之甚不足者……无乃百姓从事于末以害农者繁?……"①

《汉书·东方朔传》载:"时天下侈靡趋末,百姓多离农亩。"

贡禹则指出:"故民弃本逐末,耕者不能半,贫者虽赐之田,犹贱卖以贾。"②

东汉的商品经济虽远不及西汉发达,但舍本逐末的社会风气一仍其旧。王符云:"今举俗舍本农,趋商贾,牛马车兴,填塞道路,游手为巧,充盈都邑。务本者少,浮食者众。商邑翼翼,四方是极。今察洛阳,资末业者计于农夫,虚伪游手,什于末业,是则一夫耕百人食之,一妇桑百人衣之,以一奉百,孰能供之?天下百郡千县,市邑万数,类皆如此。"③

至于秦代,虽说是上农除末,但《史记·货殖列传》中所载的卓氏、程郑、孔氏等富商大贾,皆为秦时人。司马迁记载秦始皇,令倮

---

① 《史记·文帝本纪》。
② 《汉书·贡禹传》。
③ 《后汉书·王符传》。

比封君以时与列臣朝请,为巴寡妇清筑女怀清台,并很有感触地说:"夫倮,鄙人牧长,清,穷乡寡妇,礼抗万乘,名显天下,岂非以富邪!"①这说明秦代的社会风气亦完全同于战国、两汉。

因此,在整个战国秦汉社会中,由于商品经济的高度发展,舍本逐末,追求财富已形成社会风气。在这样的社会风气中,小农的经济活动,就不能不受其影响和制约。这是战国秦汉小农与商品经济存在着密切联系的社会根源。

商品经济对战国秦汉小农的作用和影响,大体上可归结为如下五个方面:

1. 全社会对商品粮需求量的增加,刺激小农粮食生产中的商品生产成分增加。

2. 舍本逐末的社会风气,促使小农由单一的粮食作物生产向众多的经济作物方向发展:由单一的农业经营向多种经营方向发展。

3. 以征收货币为主的赋税形式,迫使汉代小农经济活动中商品经济必须占有一定的比例。

4. 为购买必要的生产和生活用品,战国秦汉小农必须参与商业活动。

5. 品交换是秦汉官僚、奴主、商人等兼并小农的主要形式。

下面我们将围绕上述五个方面展开论述。

第一节 "谷贱伤农"与"谷贵民流"

战国秦汉的城市,绝非孤立的政治堡垒,在商品经济颇为发达

---

① 《史记·货殖列传》。

的状况下,它们成为重要的商品集散地和商业中心,在商品交换中发挥着十分重要的作用,此点,司马迁在其《史记·货殖列传》中表述得十分清楚。他总是把城市周围的物产、风土民情同这个城市所处的经济地位结合在一起描述以突出其在商品经济中所处的地位和作用。如:"夫燕、亦勃碣之间一都会也,南通齐赵、东北边胡。上谷至辽东,地踔远,人民希,数被寇,大与赵、代俗相类,而民雕悍少虑,有鱼盐枣粟之饶,北邻乌桓、夫余;东绾秽貉、朝鲜、真番之利。""洛阳、东贾齐鲁,南贾梁楚。故泰山之阳则鲁,其阴则齐。齐带山海,膏壤千里,宜桑麻,人民多文采布帛鱼盐。"而每一城市中都居住着相当数量的市民,其中有不少的人是从事商业活动的,像"齐临淄十万户,市租千金,人众殷富,钜于长安。"①西汉的长安城内居住着八万八百户,二十四万六千二百人,设有九市,各方二百六十五步,凡四里为一市,商业活动极其频繁。张衡在《西京赋》中说:"尔乃廓开九市,通闠带阓,旗亭五重,俯察百隧,周制大胥,今也惟尉。瑰货方至,乌集麟萃,鬻者兼赢,求者不匮。尔乃商贾百族,裨贩夫妇,鬻良杂苦,蚩眩边鄙,何必昏于作劳,邪赢优而足恃。彼肆人之男女,丽美奢乎许、史。若夫翁伯、浊、质、张里之家,击钟鼎食,连骑相过,东京公侯,壮何能加……郊甸之内,乡邑殷赈,五都货殖,既迁既引。商旅联槅,隐隐展展,冠带交错,方辕接轸,封畿千里,统以京严。"如此众多的市民和商贾,他们并不从事粮食生产,他们的吃饭问题,当然只能依靠购买商品粮来解决。此外,尚有部分地区并不生产粮食,其间民众的吃饭问题,也只有通过购买

---

① 《汉书·高五王传》。

商品粮才能解决。像东汉时的合浦郡即是"郡不产谷实,而海出珠宝,与交阯比境,常通商贩,贸籴粮食。"①除此而外,酿酒业、畜牧业也要消耗不少的粮食。总之,秦汉社会中商品粮的需求量是颇为巨大的,一旦供应的来源受到阻碍,马上就会产生危及社会的严重现象。

秦始皇三十一年,秦始皇"为微行咸阳,与武士四人俱,夜出,逢盗兰池,见窘,武士击杀盗,关中大索二十日,米石千六百。"②

汉武帝征和元年冬十一月"发三辅骑士大搜上林,闭长安城门索,十一日乃解"。臣瓒注:"《汉帝年纪》:发三辅骑士大搜长安上林中,闭城门中五日,待诏北军征宫多饿死。"③

因为是闭城门搜索,短时间断绝了商品粮供应的正常渠道,遂使粮价飞涨,甚至饿死了人,这充分反映了秦汉间城市对于商品粮供应力依赖程度是多么的高!

正因为秦汉间全社会对商品粮的需求量相当大,这就必然会刺激秦汉小农在自给有余的基础上,尽可能地将其多余的粮食投放市场。这样一来,秦汉小农就被卷入了商品经济的洪流中,在价值规律的支配下决定其沉浮。"谷贱伤农"与"谷贵民流"成了政治家们忧患的社会问题,可见秦汉小农被卷入商品经济程度之深!

在供求关系与价值规律的支配下,秦汉的粮价是极不稳定的。粮价的高低,成了秦汉政治兴乱的晴雨表。现根据史料开列秦汉粮价一览表如下:

---

① 《后汉书·循吏·孟尝传》。
② 《史记·秦始皇本纪》。
③ 《汉书·武帝纪》。

年代	地区	价格	资料来源
秦		石卅钱	《秦律·司空律》
始皇三十一年	咸阳	石千六百	《史记·秦始皇本纪》
汉高祖二年	关中	斛米万钱	《汉书·高帝纪》
汉初		米石五千	《汉书·食货志》
文帝		粟石十余钱	《史记·律书》
文帝		谷石五百	《风俗通·正史》
宣帝元康四年		谷石五钱	《汉书·宣帝纪》
宣帝	金城湟中	谷斛八钱	《汉书·赵充国传》
宣帝	张掖以东	粟石百余	同上
元帝	齐	谷石二百余	《汉书·食货志》
元帝	长安	谷石二百余	同上
	边郡	谷石四百	同上
	关东	谷五百	《汉书·冯奉世传》
西汉中后期	居延	谷石百钱左右 低者石三十钱	《居延汉简甲乙编》
西汉中后期		高者百一百五十钱	《九章算术》
新莽	洛阳以东	米石二千	《汉书·食货志》
新莽末年		粟一斛万钱	《后汉书·光武帝纪》
光武建武三年		黄斤一斤易豆五升	同上
明帝永平十二年		粟斛三十	《后汉书·明帝纪》
章帝建初中		米石千余	《后汉书·朱晖传》

安帝永初二年		米石二千	《后汉书·安帝纪》
永初四年		谷石万余	《后汉书·庞参传》
永初四年	常山郡	谷斗三钱	《金石粹篇》
安帝	武都郡	谷石千 米石八千	《后汉书·虞诩传》注
顺帝	张掖郡	粟石数千	《后汉书·循吏传》
顺帝	张掖郡	谷石百钱	《后汉纪》卷十九
灵帝	盖川	米斛百钱 米至数十	《后汉书·西南夷传》
灵帝初平间	幽州	谷石三十钱	《后汉书·刘虞传》
献帝初	幽州	谷石数万	《后汉书·刘虞传》
献帝兴平元年		谷斛五十万 豆麦一斛二十万	《后汉书·献帝纪》

从上表的统计数字看,秦汉的粮食价格十分不稳定,上下的波动幅度大得惊人。当然,其中有钱币异制,记载讹误,天灾人祸诸多因素的影响。我们在论述秦汉小农的赋役负担时,已考证出秦代的官定粟价为每石三十钱,西汉的官定粟价为每石一百二十钱左右,东汉的官定粟价为每石百钱,我们若将此表中高于千钱,低于三十钱的统计数字抛开,并仅取武帝铸五铢钱后的统计数字看,则两汉粮价最低者为每石三十钱,最高者为每石五百钱,低价仅及官价的四分之一,高者达官价的五倍,上下的浮动率为400%—500%。

《史记·货殖列传》在引春秋晚期计然的粮价观点云:"夫粜,二十病农,九十病末。末病则财不出,农病,则草不辟矣。上不过八十,下不减三十,则农末俱利矣。"若以六十为其标准值,则其理想的粮价浮动率亦可达130%—200%,但与两汉的统计数字相较,可谓小巫见大巫。粮价的大幅度波动,正是商品经济对小农经济直接影响的结果。

《汉书·食货志》载:"宣帝即位,用吏多选贤良,百姓安土,岁数丰穰,谷石至五钱,农人少利。"王鸣盛《十七史商榷》中引沈彤语云:"五下当有十字,若石止五钱,则不得但云'少利'矣。"沈氏的推论是正确的,谷石五十钱,也仅及官定谷价的50%左右,若贱至石五钱,仅及官定谷价的5%,这是不可能的。昭帝时两次诏令三辅、太常允许民以菽粟当赋,皆因谷贱。谷贱乃是因为农民投入到市场内的商品粮总额的相对增多,但对于具体的小农家庭来说,全年的粮食总产量可能有所增加,但也不可能增加许多,他们投放到市场的商品粮总额虽然增加了,但由于粮价下跌,所能换取的货币额反而有所减少,这就是谷贱伤农的原因。对于秦汉小农来说,丰年亦为不幸,这正是商品经济对小农直接影响的结果。而"谷贵民流"正是"谷贱伤农"的反面,多因灾荒或战乱,小农不能自给,社会上商品粮数额减少,粮价腾跃,在此情况下,小农遂纷纷流亡以求生存,"谷贱伤农"与"谷贵民流"亦成为存在于秦汉社会机体中的两种疾病而困扰着秦汉社会,究其病因,正是商品经济对小农经济的裹胁。

第二节 多种经营

战国秦汉商品经济对小农的作用和影响还表现在小农对其种

植的作物由单一的粮食向多种经济作物的转变上,当然,这是就全社会而言,业非指某个别的小农家庭而言。具体表现为如下两个方面：

1. 经济作物兼营量增多

《史记·货殖列传》云:"安邑千树枣、燕秦千树栗、蜀、汉江陵千树桔,淮北、常山巳南,河济之间千树荻,陈、夏千亩漆,齐鲁千亩桑麻,渭川千亩竹……若千亩厄茜,千畦姜韭,此其人皆与千户侯等。"

《四民月令》载:"正月,可种瓜、瓟、葵、芥、鳌、大小葱、苏、苜蓿及杂蒜,亦可种。"

举凡枣、粟、桔、荻、漆、桑、麻、竹、厄、茜、姜、韭、瓜、瓟、葵、芥、鳌、葱、蒜、苏、苜蓿、芜菁等皆为当时的经济作物,小农们种植它们,或为自给,或为交换。只要市场需要,有利可图,小农们就会努力增多这些经济作物的种植。所谓"安平好枣,中山好粟、魏郡好合……真定好梨,共汲好漆"①,这种不同地区经营经济作物品种的差异,正是商品经济影响下的分工表现,这种分工越细,就越能反映经济作物种植的普遍。

2. 专业小农户的涌现

司马迁所列举的与千户侯等同的专营经济作物者,均非小农,但可以肯定,战国秦汉社会中既然有此种大专业户的存在,必然也

---

① 《艺文类聚》卷 86 引何晏《九州论》。

有众多的小专业户的存在。

《史记·萧相国世家》载:"召平者,故秦东陵侯,秦破,为布衣,贫、种瓜长安城东,瓜美,故世俗谓之东陵瓜,以召平以为名也。"

赵岐在其《蓝田赋》中亦云:"余就医偃师,道经陈留,此境人皆以种蓝染绀为业,蓝田弥望,黍稷不植,慨其遗本念末,遂作赋曰:……"①

这些种瓜的,种蓝的,均为小农无疑,这些专营经济作物的小农户的涌现,当然是战国秦汉商品经济影响的结果。他们的农产品,完全是商品,他们的农业经营,须臾也离不开市场。

3. 多种经营

商品经济对战国秦汉小农经济的影响还表现在小农由单一的农业经营向多种经营方向转化上。由于商品经济的繁荣,战国秦汉的小农们在选择自己的经营方向上有了较大的自由,为获得较多的货币,小农们乐于进行农业以外的其他经营活动。

《华阳国志》记载:"汉安县……有盐井鱼池以百数,家家有焉,一郡丰沃。"

《后汉书·儒林传》载:"孙期……家贫事母至孝,牧豕于大泽中以奉养焉,远人从其学者,皆执经垄畔以追之。"

"朱儁……少孤,母常贩缯为业,儁以孝养致名,为县门下书佐。"②

----

① 《艺文类聚》卷 81。
② 《后汉书·朱儁传》。

第七章 战国秦汉小农与商品货币经济

《后汉书·西南夷传》记载冉駹夷"土气多寒,在盛夏冰犹不释。故夷人冬则避寒,入蜀为佣,夏则违暑,反其〔聚〕邑。"

西汉的匡衡"父世农夫,至衡好学,家贫,庸作以供资用"。①

东汉的第五防亦是"少孤贫,常佣耕以养兄嫂"。②

朱买臣则干脆"不治产业,常艾薪樵,卖以给食"。③

举凡工、牧、渔、商、佣、樵、小农皆可兼营或弃农专营,更有甚者,干脆铸造货币,直接生财。

云梦睡地秦简中就载有盗铸钱的案例:

〔爰书〕某里士五〔伍〕甲、乙缚男子丙、丁及新钱百一十钱、容(熔)二合,告曰:"丙盗铸此钱,丁佐铸。甲、乙捕索(索)其室而得此钱、容(熔),来诣之。"④

此盗铸钱之男子丙、丁,简文未载其身份,然从捕捉他们的人并非官吏,而是里中的士伍,被捕的地点是在罪犯的家中来看,罪犯为捕者的同里士伍居多,当为普通的农民。秦代行什伍连坐法,同什伍者才有告奸的责任,若非同里之人有法律责任,非官吏之人怎可入人室而捕人?

至于汉代,盗铸之风更甚。贾谊说:"今农事捐弃,而采铜者日蕃,释其耒耜,冶熔炊炭。奸钱日多,五谷不为多……"⑤

《汉书·食货志》载武帝"白造白金五铢钱,后五岁而赦吏民之

---

① 《汉书·匡衡传》。
② 《后汉书·循吏·第五访传》。
③ 《汉书·朱买臣传》。
④ 《睡虎地秦墓竹简·封诊式》。
⑤ 《汉书·食货志》。

坐盗铸金钱死者数十万人,其不发觉相杀者不可胜计,赦自出者百余万人,然不能半自出,天下大抵无虑皆铸金钱矣!"

以上的这些社会现象,当然也是商品经济作用的结果。朝廷的命官甚至还为它们做了理论上的辩护。《盐铁论》载御史大夫桑弘羊语云:"燕之涿蓟、赵之邯郸、魏之温积、韩之荥阳、齐之临淄、楚之宛邱、郑之阳翟、二周之三川,富冠海内,皆为天下名都。非有助之耕其野而田其地也。居五诸侯之衢,跨街冲之路也。故物丰者民衍,宅近市者家富。富在术数,不在劳身,利在势居,不在力耕也。"①又曰:"贤圣治家非一室,富国非一道。昔管仲以权谲伯,而范氏以强大亡,使治家善生必于农,则舜不甄陶,而伊尹不为庖。"②

既然权贵们的治国方针皆本功利主义,则本来就喻于利的小农们背本趋末或本末俱举,也就可理直气壮了。

第三节 货币纳赋税

秦汉国家,特别是两汉国家向小农所征收的赋税,是以货币为主,实物为辅,连徭役、兵役亦可责佣自代。任何一个小农家庭,必须向政府上缴一定量的货币,这就决定了秦汉小农经济中商品经济始终要占一定的比例。

根据前几章探讨的内容和得出的统计数据我们将秦汉小农,

---

① 《盐铁论·通有》。
② 《盐铁论·力耕》。

主要是两汉小农以货币形式交纳国家赋税的一览表开列如下。

赋税项目	金额	纳税人数	合计金额
口　　赋	23 钱	2	46 钱
算　　赋	120 钱	3	360 钱
户　　赋	360 钱		360 钱
更　　赋	300 钱	2	600 钱
合计金额			1366 钱

一个五口之家的小农,每年必须向政府缴纳1366钱,两汉的官定粮价为每石百钱左右,若以粮食到市场上交换货币,就需13.66石。若不用粮食,也必须以其他途径获得1366钱,才能满足政府的需要。即使是一个不参与其他任何经济活动而只靠种粮食谋生的小农家庭,此13.66石粮食,必然要成为商品而投入市场。这样,小农们的经济活动就不能离开市场,就不能不受到商品经济、价值规律的影响。

我们知道,每石百钱左右的粮价,是两汉政府的官定价格,市场的价格将随供求关系的变化而上下浮动。当市场上的商品粮数额远远大于社会需求量时,粮价就会下跌,若市场价格低于官定价格1/5,则小农欲缴纳政府赋税,就必须拿出16.39石,若低于1/3,则必须拿出18.16石,若低于1/2,则必须拿出20.49石。总之,粮价越贱,小农所受到的损害越大。这就是两汉社会中,产生"谷贱伤农"社会问题的根源。正因为商品经济的繁盛,政府才以货币作为其征收赋税的主要形式。在这样的赋税征收形式下,一方面迫使小农更深地卷入商品经济的洪流中去,一方面又使得小农必须承受国家与商人、高利贷者的双重压榨。通检两汉史乘,仅有昭帝时两度下诏因谷贱伤农而允许以粟菽完纳当年之赋,其余各帝均无此类记载。因此，小农们缴纳赋税之时，诚如晁错所言："当具，有者半贾而卖，亡者，取倍乘之息。于是有卖田宅、鬻子孙以偿责者矣！"①

第四节 交换

就如同孟子所说的战国时代的小农一样，秦汉的小农也必须纷纷然与百工交易以换取自己所必需的生产和生活资料。

小农的生产资料最主要的是耕牛、农具和土地。西汉时的一头牛价为三千钱左右，东汉时则需一万五千钱左右。西汉的小农若要购买一头耕牛，则需卖出三十五石粮食，东汉的小农若要购买一头耕牛，则需要卖出一百五十石粮食。这对于两汉的小农来说，无疑是很大的一笔买卖。

耕牛以外，铁制农具乃是小农须臾不可或缺的生产工具，举凡犁、畚、锄、镰、铲等均是小农常备之物。西汉前由于牛耕尚未普及，铁农具尤显重要，《盐铁论》中文学称："铁器者，农夫之死生也。"连王莽诏书亦云："铁曰农之本。"因此，铁农具的生产与供应直接关系到农民经营状况的好坏。在汉武帝未笼盐铁之时，私人鼓铸铁器，出了不少冶铁家。他们生产的铁农具"和利而中用"，当"农事急"时，就"挽运衍之阡陌之间，民相与市买，得以财货五谷新弊易货。"农夫甚感方便。武帝实行盐铁官营政策后，农具质量不

---

① 《汉书·食货志》。

好,价格又贵,农民不愿购买,政府以致强行摊派,致使"贫民或木耕手耨"。因此无论是官营或私营,小农总需以自己的产品或货币去与卖主交换,只是战国秦汉未留下铁农具价格的史料,我们已无法来计算战国秦汉小农在购买铁农具方面所需的货币量。

土地,亦是秦汉小农农常需买卖的重要生产资料。尽管小农购买土地的能力有限,但由于小农人数众多,因而在全国范围内,其交易的总量不容忽视。小农的购置土地,不仅仅是为了扩大再生产,即使是为了维持简单的再生产水平,小农亦需购置土地。因为财产的继承和分析形式,决定了小农家庭的生产资料会沿着愈益减少的方向发展。每个面临析分家产的家庭以及析产后土地的拥有量不足以维持新家庭生存的家庭,只要他们的经济能力许可,总是要购置土地的。例如罗振玉的《贞松堂集古遗文》中所载:"建宁二年八月庚午朔、廿五日甲午,河内怀男子王未卿从河南南街邮部男子袁叔威,买皋门亭部什三陌西袁田三亩,亩贾钱三千一百,并值九千三百。钱即日毕,时约者袁叔威,沽酒,即日丹书铁卷为约。"

《文物》1982年12期刊布的《汉侍廷里父老僤买田约束石券》文载:"建初二年正月十五日,侍廷里父老僤祭尊于季,主疏左臣等廿五人,共为约束石券。里治中乃以永平十五年六月中造起僤,敛钱共有六万一千五百,买田八十二亩。僤中其有訾次当给为父老者,其以客田借与,得收田上毛物谷实自给。即訾下不中,还田转与当为父老者,传后子孙以为常。其有物故,得传后代户者一人。即僤中皆訾下不中父老,季、臣等共假赁田,它如约束。单侯、单子阳、尹伯通、锜中都、周平、周兰、(父老?)周伟、于中山、于中程、于季、于孝卿、于程、于伯先、于孝、左臣、单力、于稚、锜初卿、左中、（文）口、王思、锜季卿、尹太孙、于伯和、尹明功。"此两件文物，一件记录了个体与个体的土地交易，一件记录了集体内的成员担任乡官而购置土地的事情，从土地购置的量来看，一为一人买三亩，一为二十五户共同购置八十二亩，都是较小数量的土地买卖，当为小农自购置土地的明证。

战国秦汉小农生活资料中需用货币或实物交换的主要物品有盐、衣两大项。

盐乃食肴之将，不食则人病肿，《管子·海王篇》云："十口之家，十人食盐，百口之家，百人食盐。终月，大男食盐五升少半，大女食盐三升少半，吾子食盐二升少半，此其大历也。"

居延汉简中亦有戍卒方廪盐的记录："障卒李就，盐三升，十二月食三石三斗三升少。十一月庚申自取。"①

从居延汉简中所规定的廪食标准三石三斗三升少看，此为小石，小量制，盐三升，也应为小量制。但从《管子·海王篇》所载的食盐标准看，五升少半肯定为小量制，合大量制 $3\frac{1}{5}$ 升、与居延卒的食盐标准三升接近，看来居延地区大、小量制并行，此简中的廪盐标准为大量制，廪食标准为小量制。

根据《管子·海王篇》所载食盐标准和居延汉简所载的食盐标准可知，战国秦汉时期成年男子月食盐约三升，成年女子约二升，小孩一升半，皆为大量制。

《盐铁论·水旱篇》云："故民得占租、鼓铸、煮盐之时，盐与五

---

① 《居延汉简甲乙编》二五四·二四简。

谷同贾。"

《后汉书·虞诩传》注引《续汉志》曰:"诩始到,谷石干,盐石八千,见户万三千,视事三岁,米石八十,盐石四百钱。"

由此可知,两汉盐价颇不一致,贱时与五谷同价,贵时竟达每石八千,正常情况下为每石四百钱,为谷价的五倍。

根据以上所推知的一般人食盐的标准,一个五口之家的小农月需食盐斗左右,年食石二斗左右,以谷易盐,则需六石谷方可换得。这也是小农的一项支出,特别是在盐价高昂之时,能使小农不堪。宣帝时曾下诏曰:"盐,民之食,而贾咸贵,众庶重困,其减天下盐贾。"

有关战国秦汉小农的衣服费的支出,《汉书·食货志》引李悝语云:"衣,人率用钱三百,五人终岁用千五百。"李悝所说的物价,大体上反映了秦时行半两钱的物价情况,汉代行五铢钱后,物价上涨,小农所需支出的衣服费当超过年一千五百钱。我们若以战国秦汉小农穿衣可以半自给计,则战国秦汉小农亦需用二十五石粮食的代价去换取衣服方能满足穿衣的需要。

除食盐、穿衣而外,小农日常生活所需物品尚有锅、碗、瓢、盆等杂物亦是通过市场方可获得。

总之,战国秦汉小农每年用于生产和生活必需品的购买所支出的货币量当不下四十石粮食的价值总和。

第五节 货币所有者的盘剥

战国秦汉小农受商品经济的裹胁还集中表现在官僚、商人、高利贷者、地主、奴隶主等货币所有者对他们的盘剥和兼并上。

由于秦汉的土地所有制已经变成了私有制，国家对于私人土地的拥有量并未加以限制，即使哀帝和王莽时曾有过限制的打算和措施，但均未起任何作用。因此，在秦汉社会中，土地就成为商品而可以自由买卖。那些官僚、商人、高利贷者、地主、奴隶主们就可利用手中掌握的货币，利用商品交换公平交易的形式，去兼并小农的土地，造成"富者田连阡陌，贫者无立锥之地"的社会现象。因此，土地的商品化这是秦汉小农破产的主要原因。

像张禹"家以田为业，及富贵，多买田至四百顷，皆径渭灌溉极膏腴上贾，它财物称是。"①

"茂陵富民袁广汉，藏镪巨万，家僮八九百人，于北山下设园，东西四里，南北五里……"②

他们的土地，当然是从小农手中购买而来，小农每当需要货币而又无其他财产能换取时，只能卖田宅以解燃眉之急。像西汉的贡禹"家赀不满万钱。妻子糠豆不赡，裋褐不完，有田百三十亩"应朝廷征召，他即"卖田百亩，以供车马。"③当然，他卖土地是为了发迹，今后可以获得更多的土地。但我们应该看到，有机会发迹的小农在需要货币时尚得出卖土地，那些发迹无望的广大小农，为求暂时的生存而变卖田产则更是在劫难逃了！

随着商品经济的发展，秦汉的劳动力亦成为商品，无地或少地的农民或出卖自己的劳动力为人佣作，或自卖为奴供人使役。我

---

① 《汉书·张禹传》。
② 《西京杂记一》。
③ 《汉书·贡禹传》。

们翻开《史记》《汉书》《后汉书》的人物传记部分,就可以看到许多人都曾有过为佣的经历。其中有秦代的陈胜为人庸耕,栾布、彭越为酒人保,周勃为人吹箫,楚怀王孙心为人牧羊,西汉时的匡衡、倪宽为人庸作,任安为人推车,连汉初功臣之后至宣帝时亦多半败落,"咸出庸保之中"。东汉则有申屠蟠庸为漆工,桓荣、侯瑾、江革、施延、卫飒等卖佣自食,杜根、李燮为酒保,班超为官书庸,梁鸿、公沙穆为人赁舂,第五访庸耕以养兄嫂,孔嵩庸为街卒,凡此等等,不一而足。名垂青史之辈尚有如许卖庸之人,则那些名不见经传的小农中之卖庸者,其数量之众,亦可想而知矣!

我们在居延汉简中即可看到一些载有雇佣关系的简文:

"城承禄偿居延卒李明长顾钱二千六百钱"①

"中为同县不害里庆口来庸贾钱四千六百成诣居延六月旦署无甲渠第"②

"里杜买奴年廿三庸北里吉"③

这里既有戍卒成为雇佣劳动者,亦有代人戍边的雇佣兵,他们受雇于人,完全是为了得到雇主的货币,这种雇佣关系为政府所承认,并受到政府的保护。雇主与佣客之间完全是公平的现钱交易,是纯粹的商品交换。秦汉间的这种雇佣劳动现象是极为普遍的,小农们利用它或求生存或求获得货币,雇主则利用它购买劳动力以获得剩余价值,这种基于商品经济而发展起来的雇佣劳动制度,正是秦汉间的货币所有者盘剥小农的一种重要方式。

---

① 《居延汉简甲乙编》一一六·四〇简。
② 同上书,一五九·二三简。
③ 同上书,二二一·三〇简。

雇佣关系，是劳动者短期地、自由地出卖自己的劳动力的剥削关系，若劳动者一次性、永久性地出卖自己的劳动力，他就成了买主的奴隶。秦汉间的奴隶制正是在这种商品经济的公平交易下得到了大发展，它不知吞噬了多少破产的小农！

董仲舒曰："身宠而载高位，家温而食厚禄，因乘富贵之资力，以与民争利于下，民安能如之哉！是故众其奴婢，多其牛羊，广其田宅，博其产业，畜其积委，务此而亡已。"①此乃秦汉间的官僚、商人、地主、奴隶主的普遍心理。

根据史书的记载，张良家亦有奴隶三百人，卓王孙有家僮八百人、张安世有家僮七百人、马防兄弟各有奴婢千人以上，折国亦有家僮八百人。他们所拥有的这众多的奴隶，除一部分为政府的赏赐外，绝大部分皆从购买而来。汉高祖刘邦曾"令民得卖子"，栾布曾"为人所略卖，为奴于燕"，窦广国四五岁时，家贫，亦为人所略卖。王莽时曾下诏禁断过奴婢的买卖，他说："秦为无道，厚赋税以自供奉，罢民力以极欲，坏圣制、废井田，是以兼并起，贪鄙生，强者规田以千数，弱者曾无立锥之居。又置奴婢之市，与牛马同栏，制于民臣，颛断其命。奸虐之人因缘为利，至略卖人妻子……今更名天下田曰'王田'，奴婢曰'私属'，皆不得卖买。"②但奴隶制度乃是秦汉社会经济发展规律下的产物，岂是一纸诏书即可禁断得了的呢？结果是"农商失业、食货俱废，民人至涕泣于市道。及坐卖买田宅奴婢、铸钱，自诸侯卿大夫至于庶民，抵罪者不可胜数。"③未

---

① 《汉书·董仲舒传》。
② 《汉书·王莽传》。
③ 同上。

凡王莽又下诏允许卖买田宅、奴婢。东汉的光武帝虽曾放免过奴婢,但并未禁断过奴婢的买卖,梁冀曾"取良人,悉为奴婢,至数千人,名曰'自卖人'。"① 小农破产,自卖为奴,这可是《略人法》所不可绳的。

在迫使秦汉小农破产的过程中,高利贷及债务法实起了十分重要的作用。

《管子·治国篇》云:"凡农者,月不足而岁有余者也。而上征暴急无时,则民倍贷而以给上之征矣。耕耨者有时,而泽不必足,则民倍贷以取庸矣。秋籴以五、春粜以束,是又倍贷也。故以上之征,而倍取民者四。关市之租,府库之征,粟什一,厮舆之事,此四时亦当一倍贷矣。夫以一民养四主,故逃徒女者刑,而上不能止者,粟少民无积也。"此中之倍贷,即是借一还二,为百分之二百之利率,完全同于于晁错所说的"倍称之息"。而国家的法律是完全保护债权人的,在秦律中有明文规定:

"有罪以赀赎及有责(债)于公,以其令日问之,其弗能入及赏(偿),以令日居之,日居八钱,公食者,日居六钱。"②

国家以债权人的资格自居,以法律为依据,强迫债务人以自己的劳动力还偿,这在法律术语上叫"居赀赎债。"

汉代亦有保护债权人的法律,河阳严侯陈信,于孝文帝三年"坐不偿人责过六月,免"。③ 连诸侯不偿人债过半年亦要获罪,则此项法律规定对于造成小农的破产所起的作用,就可想而知了,晁

---

① 《后汉书·梁统附冀传》。
② 《睡虎地秦墓竹简·秦律十八种·司空律》。
③ 《汉书·高惠高后文功臣表》。

错所说的小农"卖田宅、鬻子孙以偿债"乃是秦汉间的普遍现象。

"前汉董永,千乘人,少失母,独养父,父亡,无以葬,乃从人贷钱一万。永谓钱主曰:'后若无钱还君,当以身作奴。'"①

东汉的梁鸿:"牧豕于上林苑中,曾误遗火延及他舍,鸿乃并访烧者,问所去失,悉以豕偿之。其主犹以为少。鸿曰:'无它财,愿以身居作。'主人许之。因为执勤,不懈朝夕。"②

董永和梁鸿皆因负债而沦为奴和庸,《汉书·严助传》:"间者数年,岁比不登,民待卖爵赘子以接衣食。"如淳注曰:"淮南俗,卖子与人作奴婢,名为赘子,三年不能赎,遂为奴婢。"正是在这种公平的金钱交易下,秦汉小农遂一步步走向破产、为庸、为奴的苦海。

第六节 结语

以上我们从五个方面列举了战国秦汉小农与商品货币经济关系的表现,这五个方面是相互联系、相互制约着的。由于土地所有制的改变,战国秦汉小农有了一块自己可以自由支配的土地,除了完纳国家的赋税外,产品全部归自己所享有,这无疑可以激发起他们生产的积极性。在普遍使用铁农具和牛耕的基础上,生产力水平得到了较快的提高,因而战国秦汉的小农能给社会提供较多的商品。这就给战国秦汉社会的分工,商品货币经济的繁荣,提供了物质基础。而已经发展起来的商品货币经济,又反作用于小农经

---

① 《太平御览》卷411引刘向《孝子图》。
② 《后汉书·逸民·梁鸿传》。

济，它使得战国秦汉的小农在选择自己的经营品种上有了较大的自由，经济作物的兼营和专营是其突出的表现。政府的赋税形式的改变，迫使小农经济中商品经济成分的增高，这就使得秦汉小农不得不较多地依赖于市场以实现其劳动的价值，换取必要的货币以满足自己生产和生活的需要，完纳政府的赋税。在与土地私有制同时产生的土地买卖，出现了"田无常主、民无常居"、"富者田连阡陌，贫者无立锥之地"的社会现象，生产资料与生产者分离的危险时刻威胁着秦汉的小农们。劳动力的商品化与秦汉间地广人稀的现实相结合，全社会对劳动力的追求就较为迫切，因此，秦汉社会中劳动力有着广阔的市场，雇佣制度、奴隶制度在秦汉社会中就得到了充分的发展。小农们为了获得货币、为了生存、为了抵债，不得不出卖自己的劳动力，成为富人的佣客和奴婢。在政府、商人和高利贷者的盘剥下，小农们即使"常衣牛马之衣、食犬彘之食"亦不免破产。在这种形势下，小农们当然会失去在土地上经营的积极性。小农"多离农亩"、"弃本趋末"也就成了两汉政治家们指责时弊的口头禅。而土地兼并、流民、奴婢问题遂成为两汉政府欲治不能的膏肓之病，而其病根，这就是自由的商品货币经济。西汉的贡禹曾一针见血地指出："故民弃本逐末，耕者不能半，贫民虽赐之田，犹贱卖以贾，穷则起为盗贼。何者？末利深而惑于钱也，是以奸邪不可禁，其原皆起于钱也。疾其末者绝其本，言罢采珠玉金银铸钱之官，亡复以为币，市井勿得贩卖，除其租铢之律，租税禄赐皆以布帛及谷，使百姓壹归于农，复古道便。"①贡禹的办法倒是个釜

---

① 《汉书·贡禹传》。

底抽薪的办法，可是社会的客观经济规律是不可违背的，社会已经进入商品经济为基础的奴隶社会，贡禹又怎么能挽狂澜于既倒？因此他的建议仅是一纸空文。及至哀帝时师丹等人提出限田、限奴的建议，欲解燃眉之急，但因官僚、奴主反对，并未施行。王莽改制，行王田、私属制，禁断土地和奴婢的买卖，这也是对症下药，但行政命令终不能扭转经济发展的方向，结果也是不了了之。直至农民们的武装起义，才给光武皇帝创造了重新调整经济结构的机会。东汉的马援提议铸五铢钱，遭到官僚们的一致责难，但最终还是采纳了铸钱的建议，铸了五铢钱。但这以后，铸钱与反铸钱就成为政治家们的争论的焦点。刘陶则干脆提出"民可百年无货，不可一朝有饥"的口号。东汉的商品经济确实比西汉大为萎缩，但这倒并非由于政府铸钱少了，而是东汉的封建庄园制得到了发展，自给自足的自然经济和封建的经济关系逐渐取代了西汉的商品经济和奴隶制的经济关系。破产的小农渐渐可以为庄园经济所容纳，生产者与生产资料分离的现象不如西汉那么严重，在经历了东汉末年的农民大起义后，商品货币经济彻底崩溃，历史遂进入中古自然经济阶段。

总之，战国秦汉小农是自由的，大量的自由小农的存在，是战国秦汉商品货币经济发展的基础。但充分发展起来的商品货币经济，又不断地吞噬着自由的小农们，把他们从土地中抛弃出来，成为不自由的依附民、奴隶。等到商品货币经济的洪流，将其存在的基础淹没时，商品货币经济也就成了无源之水和无本之木，逐渐干涸和枯萎，这就是战国秦汉小农与商品货币经济的关系。

第八章 战国秦汉小农与奴隶制经济

以往在探讨战国秦汉的社会性质时,前辈们往往着重讨论战国秦汉社会中奴隶的数量以及他们是否是社会生产部门,特别是农业生产部门中的主要劳动者这两个问题。诚然,这两个问题的解决,会使我们对战国秦汉的社会性质作出正确的判断。可是因为我们很难对奴隶社会的奴隶数量作标准的规定,且依据史料所作的统计又有很大的出入,而战国秦汉的奴隶是否是社会生产部门的主要劳动者,同样需要精确的统计数据方能正确判断,可是这一点又是很难做到的。故尽管讨论了很长时间,仍是仁者见仁,智者见智,意见纷呈,莫衷一是。

恩格斯在《家庭、私有制和国家的起源》一书中,曾对奴隶制的消亡、封建制产生的根源做了经典的阐述:"古代的奴隶制,已经过时了。无论在乡村的大规模农业方面,还是在城市的工场手工业方面,它都已经不能足以补偿所耗劳动的收益,因为销售它的产品的市场已经消失了。帝国繁荣时代的庞大的生产已经收缩为小农业和小手工业,这种小农业和小手工业都不能容纳大量奴隶了。只有替富人做家务和供他过奢侈生活用的奴隶,还存留在社会上。……

奴隶制已不再有利可图,因而灭亡了。"① 恩格斯揭示了奴隶制的灭亡在于这种剥削制度在经济上已无利可图,这就为我们探讨战国秦汉社会的性质指明了方向,我们应该从经济的角度去分析战国秦汉的奴隶制度,比较战国秦汉时期奴隶制经济与小农经济的优劣,探讨小农经济及雇佣劳动对战国秦汉奴隶价格的影响,阐述小农与奴隶制经济的关系。以求能准确回答战国秦汉时期的奴隶制是否有利可图的问题。只要这个问题解决了,我想,关于战国秦汉社会的性质问题,也就容易解决了。

第一节 战国秦汉小农经济与奴隶制经济的优劣

任何一种生产关系的兴衰,都是由与它同时存在的生产力发展水平的适应程度所决定的。生产技术发展的水平是个变动的因素,各社会集团由于它们占有的生产资料的不一,拥有的资本不一,应用生产技术的不一,会采取不同的生产方式,这是同一社会中会有几种生产方式并存的根源。但是在经济领域中总是能显出这共存的数种生产方式的优劣,社会就会选择优者而淘汰劣者,占优势的生产方式必然会在社会中取得支配地位。战国秦汉社会中的生产技术水平如何?小农与奴隶主占有生产资料的状况如何?拥有的资金如何?应用生产技术的状况如何?所得的经济效益如何?这是我们比较战国秦汉小农经济与奴隶制经济的着眼点,下

---

① 《马克思恩格斯全集》第 21 卷,第 170 页。

面,我们将围绕着以上问题,展开论述。

1. 生产资料占有的多寡

关于战国秦汉社会垦地与人口的比例状况,战国和秦因缺乏人口及垦田数量的历史记载,故其户均、人均占田数不详。按照两汉的统计数字,户均西汉为 67.61 亩,这是大亩,相当于先秦的 162.26 小亩,东汉户均 79.25 亩,相当于先秦的 190.2 亩。故义帝诏书云:"夫度田非益寡,而计民未加益,以口量地,其于古犹有余。"①是有事实为根据的,并非无稽之谈。可是由于土地的私有,兼并遂与之俱来,秦代已出现"富者田连阡陌,贫者无立锥之地"的现象,两汉的土地兼并现象比秦代尤为剧烈。西汉的张禹"及富贵多买田至四百顷,皆泾渭溉灌,极膏腴上贾"。② 东汉的外戚马防"兄弟贵盛,奴婢各千人以上,资产巨亿,皆买京师膏腴美田"。③ 梁冀的土地竟"西至弘农、东界荥阳、南极鲁阳、北达河济,包含山薮,远带斤荒,周旋封域,殆将千里"。④ 故仲长统云:"井田之变,豪人货殖,馆舍布于州郡,田亩连于方国。"⑤官僚、奴主、商人的占田无限,必然造成广大小农所占有的土地数量的锐减。湖北江陵凤凰山十号汉墓所出的郑里廪簿简文告诉我们,受贷的 25 户小农,共占有土地 521 亩,平均每户占田 20.8 亩,共有人口约 115

---

① 《汉书·文帝纪》。
② 《汉书·张禹传》。
③ 《后汉书·马防传》。
④ 《后汉书·梁统附梁冀传》。
⑤ 《后汉书·仲长统传》。

人，平均每人占田仅 4.5 亩，仅及全国平均数的 1/4。西汉的太平盛世文景时期的情况，尚且如此，土地兼并现象日趋严重的武帝后的情况，则可想而知。因为秦汉时期的农业生产，还处在较为粗放的阶段，单位面积产量不高。质地低劣，只能靠量的增加来弥补，因此，从土地占有的情况看，当然是经营大地产农业的奴隶主比经营小块土地的小农占有绝对的优势。

2. 生产技术的先进与落后

战国秦汉年间，牛耕尚未普及至每个农业经营户，因此，社会上同时存在着蹠耒而耕和以牛趋泽两种耕作方式。牛耕又以二牛抬杠为其形式，小农户受其经济能力和土地占有数量的限制，不得不沿袭蹠耒而耕的落后的耕件方式，而奴隶主们凭借着自己的经济实力，总是乐意采用先进的耕作方式，而生产技术的先进与落后之别，直接决定经济效益的高下。

赵过行代田法"其耕耘下种田器，皆有便巧。率十二夫为田一井一屋，故亩五顷，用耦犁，二牛三人。"[①] 则以前是十二夫耕种一千二百亩，相当于大亩五顷的土地，现在只需用二牛三人即可耕种完毕，则一人的耕种效率，是以往蹠耒而耕的四倍。

根据《齐民要术》所载："武帝以赵过为搜粟都尉，教民耕殖，其法，三犁共一牛，一人将之，下种挽耧，皆取备焉，日种一顷，至今三辅犹赖其利。"这与《九章算术》所载"一人一日耰种五亩"，工作效率提高了 20 倍！

---

① 《汉书·食货志》。

第八章 战国秦汉小农与奴隶制经济

《汉书·食货志》还记载了赵过推广以人挽犁的耕作情况:"民或苦少牛,亡以趋泽,故平都令光教过以人挽,过奏光以为丞,教民相与庸挽犁,率多人者,田日三十亩,少者十三亩。"我们若以六个劳动力可抵得上一头牛计,十三个劳动力可与"用耦犁二牛三人"的耕作法相当。日耕种三十亩,一个节气15日,年亦可耕种450亩,与二牛三人耕种500亩亦大致相当。有牛无牛差别还是很大。

先进的耕作技术,不仅提高了劳动生产率,还提高了产量,根据《汉书·食货志》的记载,采用代田法后"一岁之收,常过漫田亩一斛以上,善者倍之。"

这样,小农与经营大地产的奴隶主经济必然在竞争中处于劣势。即使我们退一步讲,小农们都能养畜耕牛,但由于他们所占有的耕地有限,也是无法与经营大地产的奴隶主经济竞争的。生产的技术水平再高,也始终只能在有限的生产资料范围内活动。二牛三人可耕种五顷土地,小农除了兼并别人的土地别无他法。当他占满了五顷土地后,必然要使得另外四户小农与自己的土地相分离,这四户小农只能成为流民和奴婢,或者是使得若干户小农减少自己的耕地面积。因此,战国秦汉间的二牛抬杠式的牛耕,从本质上讲,是适应大地产的奴隶制经营的先进耕作方式。而无牛的小农所采取的蹠耒而耕或以人代牛的耕作方式是落后的,低效率的耕作方式。即使是在不使用牛力,而只是使用人力的情况下,大地产的奴隶制经营仍旧比小块土地的小农经营具有明显的优越性,因为在这种情况下,劳动力的多寡就成了决定性的因素,少地、少劳动力的小农当然比不上多地、多劳动力的奴隶主,这是不言自明的道理。

我们可以从居延汉简中的礼忠家赀简文中知道,礼忠有牛二头,奴婢三人,田五顷,家赀共十五万,是汉代的中产之家。居延地区是推广代田法的重点地区之一,两头牛与五顷土地,三个奴婢及自身家庭成员相结合,是汉代农业生产领域中使用先进的耕作技术的最佳生产方式,礼忠就是汉代最具典型特征的小奴隶主。而像湖北江陵凤凰山十号汉墓简中所记载的那些少地的小农,怎么能与之竞争呢?礼忠不过是个拥有五顷土地,三个奴婢、家赀十五万的小奴隶主,那些拥有五十万以上家赀,数百顷土地,成百名上千名奴隶的大奴隶主,采用最先进的生产技术,小农经济当然更是无法与之抗争的。马克思说:"小块土地所有制按其性质来说就排斥社会劳动力的发展,劳动的社会形式,资本的社会积累,大规模的畜牧业和科学的不断扩大的应用。"①对照战国秦汉的史实,深感此乃至理名言。

3. 经营目的各异

小农经济的目的是自给自足,维持简单的再生产过程,而奴隶制的大地产经营却以商品生产和扩大再生产为其目的,战国秦汉的商品经济繁荣的基础正是奴隶制经济的高度发展。由于战国秦汉商品经济的繁荣,将小农经济也卷入了商品经济的洪流中,使得战国秦汉小农经济中商品经济的成分增多,但这并不能从根本上改变小农经济自给自足的经营性质。奴隶制的大地产经营,将会根据市场的行情,选择其经营的品种,以求获取最高的利润,而小

---

① 《马克思恩格斯全集》第 25 卷,第 910 页。

农们却不得不首先考虑自给。尽管种植粮食获利不多;小农们仍不能不以种植粮食作物为主。这样,奴隶制的大地产经营在选择经营的品种方面就比小农经济具有更大的自由和优越性。这就使得在市场竞争中,小农经济始终不是奴隶制经济的对手,总是逃脱不了破产而被奴隶制经济兼并的悲惨命运。

司马迁在《史记·货殖列传》中说:"陆地牧马二百蹄,牛蹄角千,千足羊,泽中千足彘,水居千石鱼陂,山居千章之材,安邑千树枣,燕秦千树栗,蜀汉江陵千树橘,淮北常山已南河济之间千树荻,陈夏千亩漆,齐鲁千亩桑麻,渭川千亩竹,及名国万家之城,带郭千亩亩钟之田,若千亩卮茜,千畦姜韭,此其人皆与千户侯等。"这些富比千户侯者,当然都是经营大地产的奴隶主,他们的这种社会化大生产的经济效益,当然不是经营数十亩土地,养畜数头猪羊,数只鸡,栽种数亩桑麻,数畦葱韭,数十棵树的小农所能望其项背的。

我们这里仅比较了从事农业经营的奴隶制经济与小农经济的优劣,尚未比较从事工商业的奴隶制经济与小农经济的优劣。若进行比较,当然是"用贫求富,农不如工,工不如商,刺绣文不如倚市门",小农经济就更不如从事工商业的奴隶制经济优越了。

4. 政府的赋税政策有利于奴隶制经济

我们知道,秦汉的赋税征收大别有田租、口赋、算赋、更赋、市租、户赋等项。田租、刍稿自有定律,小农、奴主一视同仁,口赋、算赋亦有定额,小农、奴主亦同样征收,但"奴婢及贾人倍算"小农算赋为一百二十钱,奴婢则需缴纳二百四十钱,更赋为代役钱,小农一年要为政府服役一个月,不服者得纳钱,以秦半两钱计为三百,而奴婢为主人畜产，并无服役义务，此钱不必缴纳。当然，政府也有征发私人奴婢服役之举。如《汉书·惠帝纪》载："(三年)六月，发诸侯王、列侯徒隶二万人城长安。"但这毕竟是非常之举。户赋以家货的1.2%征收，奴婢同于畜产，奴婢一人若值三万，奴主则需缴纳钱三百六十。市租是商业税，课有市籍者，无市籍者只要从事商业活动亦需征税，武帝时为二千算一，这当然主要是奴隶主缴纳的项目，王莽时曾"令诸取众物鸟兽鱼鳖百虫于山林水泽及收畜者，嫔妇桑蚕织任纺绩补缝，工匠医巫卜祝，及他方技商贩贾人坐肆列里区谒舍，皆各自占所为，于其在所之县官，除其本，计其利，十一分之而以其一为贡，敢不自占，自占不以实者，尽没入所采取，而作县官一岁。"①汉武帝是计本征收6%的营业税，王莽则是计利征收9%的所得税，这当然是主要征之商人奴主的。除此而外，秦汉的小农尚得服兵役，奴隶却是没有服兵役的义务的。总之，对小农来说，秦代是取"泰半之赋"，汉代是"中分其功"，而用于农业生产的奴隶除需多缴纳120钱的算赋和360钱的户赋外，却不需缴纳三百钱的更赋，不需服兵役。而从事于工商业活动的奴隶，按王莽时的高额所得税利，亦不过什一。因此，秦汉时期的政府赋役政策于奴隶制经济有利，而于小农经济不利。这也是秦汉的奴隶制经济优越于小农经济的重要原因之一。

秦汉人已经将此点作为时弊指了出来，西汉的贡禹说："商贾求利，东西南北，各用智巧，好衣美食，岁有十二之利，而不出租税。农夫父子，暴露中野，不避寒暑，捽草把土，手足胼胝，已奉谷租，又

---

① 《汉书·食货志》。

出稾税,乡部求私,不可胜供,故民弃本逐末,耕者不能半,贫民虽赐之以田,犹贱卖以贾。"①

东汉的崔实亦云:"农桑勤而利薄,工商逸而入厚,故农夫辍耒而雕镂,工女投杼而刺文,躬耕者少,末作者众。"②

这不仅仅是农业与工商业生产之间的剪刀差,更重要的是小农经济与奴隶制经济的差别。因为工商业中是以奴隶制经济为主体的。若纯粹的农业与工商业之间的差别,政府完全可以通过赋税政策来调节,使得从事农工商的人们获利相接近。而且商品经济的发展,也会使价值规律越来越起到调节作用,使得社会各生产部门的利润趋于一致。秦汉社会的商品经济尽管尚未达到资本主义商品大生产的程度,但价值规律还是起着较大作用的。《史记·货殖列传》中有比较明确的记载:"人各任其能,竭其力,以得所欲,故物贱之征贵,贵之征贱,各劝其业,乐其事,若水之趋下,日夜无休时。""庶民农工商贾,率亦岁万息二千。"故他所记载的与千户侯,千乘之家相侔的素封,既有从事农业的,亦有从事工商业的。在岁万息二千的平均利润下,从事各人的生产活动而致富。小农经营之所以不如工商生经营有利,主要原因是政府向小农们征求过量,而对于奴隶制经营的课税量相对于小农们来说,是大为减轻的。因此,秦汉间才出现以从事"田农拙业"而"盖一州"的大农业奴隶主秦阳,起富数千万的大商业奴隶主刁间,拟于人君之乐的大手工业奴隶主卓王孙。造成这种不合理现象的根源是奴隶是畜产

---

① 《汉书·食货志》。
② 《群书治要》卷四十五《政论》。

无承担国家赋役的义务，小农是自由民，必须承担国家的赋役，可是在生产劳动力方面，小农与奴婢并无不同，政府的赋税政策并不改变，这当然是对奴隶主有利而不利于小农了。

以上我们从生产资料的占有状况，生产技术状况，经营目的和政府的赋役政策四个方面论证了秦汉时期奴隶制经济优越于小农经济，应该说，秦汉时期二牛抬杆式的耕作技术与奴隶制的大地产相结合，乃是农业领域中最先进的生产方式，而小农经济相对于奴隶制经济是较为落后的，这是秦汉的奴隶制经济得到大发展的根本原因。

第二节 秦汉奴价考辨

曶鼎有"我既买汝五(夫效)父,用匹马束丝"的铭文，这是标明西周奴价的一条极重要的史料。五个奴隶的价值只等于一匹马和一束丝，其价值之低贱，曾引起大家的慨叹。两汉的奴婢价格在一万五至四万钱之间，于是乎不少的学者就据此认为两汉的奴价很高，购买奴隶从事于生产的成本过高，从经济学的观点看是不合算的，从而推论两汉就不可能是奴隶社会。其实，西周与两汉相距千年，各种商品的价值不一，衡量价值的尺度不一，是不能通过以上简单的比较就得出正确的结论来的。我们只有将某一特定历史时期的奴隶价格与同一历史时期的其他物价进行比较，才能得知奴隶价格高低的第一比较系数；我们只有清楚了同一历史时期的奴隶价格与奴隶们在劳动过程中所创造剩余价值的货币表现形式之间的差额，才能得知奴隶价格高低的第二比较系数。我们也只有以这两种比较系数为基准,才能看出某个特定历史时期奴隶价格的高低。这里,我们将主要根据云梦睡虎地所出土的秦简和居延汉简及近年来出土的有关秦汉奴隶价格的新资料,并结合旧有的史料,对秦汉奴价作综合的考察和辨析,以期对秦汉奴价作比较清楚的揭示。

1. 秦奴价考辨

春秋年间的百里奚又称五羖大夫,他本是虞国的大夫,晋灭虞,他成了战俘,降为媵臣,而入秦,中途逃亡至楚,为楚鄙人所执。秦穆公知其贤,以五张羊皮从楚人手中赎回了他。他当时的身价是通过五张羊皮表现出来的。因为这仅仅是简单的物物交换,我们缺乏当时各种物价的一览表,因而无法对当时的奴价作较为清楚的揭示。

1975年湖北云梦睡虎地出土的秦律,为我们提供了研究秦国奴价的新的极为重要的材料。通过这些新材料,并与其他史籍相比勘,我们可以大体上清楚秦奴价的两种比较系数。

(1) 秦奴价第一比较系数

秦粟价

《秦律·仓律》云:"隶臣妾其从事公,隶臣月禾二石,隶妾一石半,其不从事,勿禀。"

《秦律·司空律》载:"有辠(罪)以贳赎及有责(债)于公,以其令日问之,其弗能入及尝(偿),以其令日居之,日居八钱,公食者,日居六钱。"

一个隶臣每月禀食禾二石,居赀赎债的人其禀食如隶臣,这有

《秦律·司空律》为证:"以日当刑而不能自衣食者,亦衣食而令居之。"因为吃了国家的饭,每日便要扣除伙食费二钱,每月以三十日计,则每月之伙食费为六十钱,而每月的禀食标准为禾二石,这样我们便可推知禾一石值三十钱。《秦律·司空律》的另一条文也明确规定"繋(系)城旦舂,公食当责(债)者,石卅钱。"禾即粟也,故粟一石值钱三十,此乃秦代政府所定之正价。

布价

《秦律·金布律》规定:"布袤八尺,福(幅)广二尺五寸,布恶,其广袤不如式者,不行。"同时又规定:"钱十一当一布,其出入钱以当金布、以律。"而且在其他律文中,钱数大都以十一的倍数出现。由此我们可知,秦统一六国前还是将布作为一种法定货币在使用的。因而《诗经》中"氓之蚩蚩,抱布贸丝"之情景,当时尚存,八尺布值十一钱,一匹为四丈,为钱五十五,这也是秦官定的市正价。

秦奴价

出土的秦简有"告臣"的案例,其文为:

某里士五(伍)甲,缚诣男子丙,告曰:"丙,甲臣,桥(骄)悍,不田作,不听甲令,谒买(卖)公,以为城旦,受贾钱。"讯丙,辞曰:"甲臣,诚不听甲,甲未赏(尝)身免丙。丙毋疾殹(也),毋它坐辠(罪)。"令令使某诊丙,不病。令少内某,佐某以市正贾(价)贾丙,丞某前丙中人,贾若干钱。丞某告某乡主:"男子丙有鞫,辞曰:某里士五(伍)甲臣,其定名事里,所坐论云可(何)?可(何)辠(罪)赦,或覆问毋有?甲赏(尝)身免丙复臣之不殹(也)?以律封守之,到以书言。"①

---

① 《睡虎地秦墓竹简·封诊式·告臣》。

所谓"市正价",即市场的正价。这种市场正价,是由政府主管部门根据市场行情而定的,所以是官定价格。很可惜的是该案例并没有将市正价揭示出来,我们只能根据其他律文作近似的推算了。

《秦律·司空律》云:"百姓有母及同牲(生)为隶妾,非適(谪)皋(罪)殹(也),而欲为冗边五岁,毋赏(尝)兴日,以免一人为庶人,许之。或赎遷(迁),欲入钱者,日八钱。"

此律规定自愿到边疆服役五年,可赎一隶妾为庶人,又规定凡赎迁者日需八钱。我们若联系上文所引"日居八钱,公食者,日居六钱"之律文,便可知晓:秦代凡在政府服役的劳动力日价格为八钱,除去伙食费,实得六钱。冗边之人是必须禀食于政府的,这样我们便可推算出秦政府所规定的赎一女奴的价钱了。一年为三百六十五日,五年为一千八百二十五日,日居六钱,五年为钱一万零九百五十。

《秦律·仓律》规定:"隶臣欲以人丁邻者二人赎,许之。其老当免老,小高五尺以下及隶妾欲以丁邻者一人赎,许之。赎者皆以男子,以其赎为隶巨。"

既然赎隶妾必须是青壮年男子,则我们即可将上文求得的一万零九百五十钱,作为秦官定的男奴价格看待。

(2)秦奴价的第二比较系数

我们已经求出秦奴价的近似值为一万零九百五十钱,那么一个奴隶在使用的过程中究竟能创造出多大的价值来,其剩余价值为多少? 这是我们所要探讨的第二个问题。

作为一个奴主,用一万零九百五十钱买一个奴隶回来,是要用最低的衣食费用以维持奴隶的生存,以榨取最高的剩余价值。食的标准上文已求得为日二钱,月六十钱,年七百二十钱,衣的标准如何?根据《秦律·金布律》的规定:隶臣冬衣费为百十一钱,夏衣费为五十五钱,全年衣服费为一百六十五钱,加上年伙食费七百二十钱,则一个奴隶全年衣食费为八百八十五钱。

这里需要特别提出的是,我们根据秦律所推算的数据,与《汉书·食货志》所引李悝所述小农经济状况的数据十分接近。

首先是粟价均为石三十钱,其次是人月食标准一为隶臣二石,隶妾一石半,李悝说的月食标准人一石半是五口之家的平均数,故尔也是十分相同的。只是李悝所说的衣的标准为三百钱,而我们根据秦律所推算的标准只有一百六十五钱,似乎存在较大的差异。但我们若考虑到一为平民,一为奴隶,则这种衣服费的差异便是必然的,是可以理解的了。再者,根据李悝所云,我们可知平民的年衣食费为八百四十钱,这与我们推算的奴隶的年衣食费八百八十五钱亦很接近。我们把八百八十五钱作为秦奴的年衣食费标准是信而有征的。

一个奴隶每日的官定劳动力价格为八钱,一年三百六十五日,为钱二千九百二十钱,除去年衣食费八百八十五钱,余二千零四十五钱,此即是一个奴隶在公家服役的年剩余价值的货币表现形式。

这里需要指出的一点是,《秦律》中的隶臣是在政府部门服劳役的,政府所规定的劳动力的日价格总是低于社会其他经济部门劳动力的日价格的。若据《战国策》:"濮阳人吕不韦贾邯郸,见秦质子异人,谓其父曰:耕田之利几倍?曰:十倍。珠玉之赢几倍?曰:百倍。"所云,从事于农业即可获十倍之利,若从事珠宝的贩卖,则可获百倍之利。则一个奴隶所创造的剩余价值必然要超过上文推算的数目。下面我们就来推算从事农业生产的奴隶的年剩余价值。

《礼制·王制》曰:"制农田百亩,百亩之分,上农夫食九人,其次食八人,其次食七人,其次食六人,下农夫食五人。"

按李悝所说,人月食一石半的标准,九人年食一百六十二石,八人年食一百四十四石,七人年食一百二十六石,六人年食一百零八石,五人年食九十石,这即是不同劳动力的年农业产量。我们设一奴隶为中等劳力,可食七人,则其年产粟一百二十六石,值钱二千七百八十,除去年衣食费八百八十五钱,尚余二千八百九十五钱,这就是一奴从事农业的年剩余价值的货币表现形式。

在政府服役的人日得八钱,年可得二千九百二十钱,合粟九十七石,仅相当于一个下农夫,更何况必须日日劳作,无日休息才能得此结果,而从事农业之下农夫必有农闲时,尚可获得果瓜素菜、桑麻六畜之利。因而从事于农业生产的收入比在政府服役高,这其实乃是毋庸证明的社会常识,否则,这个社会便无法维持。

一奴之身价为钱一万零九百五十,若将其用于政府服役,年剩余价值为二千零四十五钱,则奴主在买回一奴后,使用五年即可收回全部成本,净赚一奴,他若在此时能按原价将其出售,则此奴就白白地为他干了五年。若将其从事于农业生产,年剩余价值为二千八百九十五钱,四年之内即可收回全部成本,净赚一奴。则其资金周转更快,利润更高。

2. 两汉奴价考辨

(1)汉奴之官定价格

《汉书·毋将隆传》载:"傅太后使谒者买诸官婢,贱取之,复取执金吾官婢八人,隆奏官贾(价)贱,请更平直。"这里所谓的"平直",同于秦律中的"市正价"。这就说明了汉代奴婢也是有官定价格的。证之居延汉简,即可知道居延地区奴婢的官定价格的确切数字。根据礼忠家赀简文可知"小奴二人直三万,大婢一人二万。"

据《秦律·仓律》:"隶臣城旦高不盈六尺五寸,隶妾高不盈六尺二寸,皆为小,高五尺二寸,皆作之。"之规定,此二奴为不满六尺五寸之男孩。秦汉两代一尺长23.2厘米左右,六尺五寸合今1.5米,约为十五岁少年的身高数,五尺二寸合今1.2米,约为十岁孩子的身高数。看来此二小奴仅是两个十岁左右的男孩。

因为这是居延汉简中记录的登记礼忠家赀的文件,所以小奴值一万五,大婢值二万,同样是官定奴婢的价格。

两汉史料中有关奴价的记载,尚有下列诸条。

《史记·扁鹊仓公列传》:"臣意言王曰:'才人女子竖何能?',王曰:'是好为方,多伎能,为所是案法新。往年市之民所,四百七十万,曹偶四人。'"则每婢身价为一百一十七万五千钱。她们是高级伎女,其身价当然不能作为我们推算两汉奴价的依据。

王褒《僮约》:"神爵三年正月十五日,资中男子王子渊,从成都安志里女子杨惠买亡夫时户下髯奴便了,决价万五千。"

《太平御览》卷四七二引《风俗通义》:"庞俭凿井得钱千余万……行求老苍头谨信属任者,年六十余,直二万钱,使主牛马耕种。"

《后汉书·朱晖传》注引《东观汉纪》:"晖为督邮,况当归女,欲买晖婢,晖不敢与。后况卒,晖送其家金三斤。"金一斤为钱万,三斤则为钱三万。朱晖送给阮况家金三斤,即是用以满足阮况生前的欲望,送一婢之身价也。

《文物》1974年第4期所载四川郫县犀浦出土的东汉残碑文,内有奴婢五人值二十万的记载多处,则平均每一奴婢值四万钱。因为这也是登记家产的文件材料,则奴隶一个值四万,乃是东汉的官定价格。

居延汉简和东汉残碑都是官方文件,其所规定的奴价,具有权威性,我们应以它们为依据,既然汉简中大婢值二万,大奴之价应高于大婢,东汉残碑中则奴婢价皆同,我们取汉简的二万与残碑的四万的平均数三万,作为两汉奴隶价格的平均数,应是比较适宜的。

(2)汉奴价第一比较系数

牛马价

两汉的马价变动幅度较大,现将有关史料胪列如下:

《史记·平准书》:"汉兴、接秦之弊……马一匹则百金。"

《汉书·武帝纪》:"元狩五年,天下马少,平牡马匹二十万。"

《汉书·景武昭宣元成功臣表》:"(梁期)侯当千,太始四年坐卖马一匹,价钱十五万,过平赃五百以上,免。"

《太平御览》卷八九四引《东观汉纪》:"杜林马死,马援令子持马一匹遗林,居数月,林送钱五万。"

《华阳国志·先贤士女赞》:"张寿……少给县丞杨放为佐,放为梁贼所得,寿……乃卖家盐井,得三十万,市马五匹,往赎放。"

《后汉书·灵帝纪》:"光和四年,春正月,初置騄骥厩丞,受郡国调马,豪右辜榷,马一匹至二百万。"

这最后一条史料明言"豪右辜榷",与第一条汉初的"马一匹则百金"一样,都是不正常的价格,均不能作为我们推算两汉马价的依据。

从以上所引的史料看,两汉的马价在五万至二十万之间,取其平均值为十二万五千,这与一个奴隶的价格三万比,是 4∶1,与"匹马束丝"换五个奴隶的西周比,不也是相差不远吗?

但两汉的其他史料,亦有表示牛马价低于奴价的记载,如居延汉简中礼忠家产简文中即有"用马五匹,值二万"、"服牛二,六千。"一匹马仅值四千钱,一头牛仅值三千钱了。

此外,尚有张宗与赵宣因赔偿马价而打官司的法律文书:

"□书曰:大昌里男子张宗责居延甲渠收虏隧长赵宣马钱凡四千九百二十。将告宣诣官。□以□财物故不实、臧(赃)二百五十以上口至□□□□□□辟。

□赵氏故为收虏隧长,属士吏张禹,宣与禹同治。乃永始二年正月中,禹病,禹弟宗自将释扎胡马一匹来视禹,禹死。其月不害日,宗见塞外有野橐佗□□□□。

□宗马出塞逐橐佗,行可卅余里,得橐佗一匹还,未到隧,宗马萃僵死。宣以死马更所得橐佗归宗,宗不肯受。宣谓宗曰:强使宣行马幸萃死,不以偿宗马也。

□□共平宗马直七千,令宣偿宗,宣立以口钱千六百付宗,其三年四月中,宗使肩水府功曹受子渊责宣,子渊从故甲渠侯杨君取直,三年二月尽六"①

---

① 《居延汉简甲乙编》二二九·一,二二九·二简。

由此法律文书可知,西汉成帝永始二年居延地区的马的平价一匹值七千钱。

《九章算术》亦有"马价五千四百五十钱"、"牛价三千七百五十"的记载。

四川出土的东汉残碑所载的牛价,一律为"牛一头值一万五千"。

究竟是什么原因使得居延汉简所记奴价与两汉其他史料所记奴价并没有多大差别,而马价的差别竟如此巨大?现试作解释如下,

1)战争　　武帝时对匈奴的战争使马的供求关系严重失调,造成马价的高涨。即使是在东汉,由于对羌人、匈奴人的战争,仍旧是造成马价高的主要原因。

2)地域　　内地不产马,对马的需求不减,边地产马,再加上军事需要,使得马匹相对集中,这也是边地与内郡马价严重不等的原因。

与马相反,边地地广人稀,劳动力缺乏,内郡却不乏破产的小农,故边地的奴隶价格与马价比甚高,而内郡的奴价与马价比甚低,形成了内地与边郡奴价的等同。

为谨慎和计算标准的前后一致,我们仍以汉简所列牛马价格作为比较系数,即一奴之价三万,一马之价四千,其比值为 1∶7.5。一牛之价为三千,其与奴价之比为 1∶10。

粟价

两汉官定粮食价格的考证见第四章第四节,这里不再赘述。根据考证所得结果,西汉官定粟价为每石 133 钱左右,东汉官定粟

价为每石百钱。

下面我们来看居延汉简中所列粟价。

"朱千秋入谷六十石六斗六升大,直二千一百廿三。"①

"董次入谷六十六石,直钱二千三百一十。"②

此二简文记载粟价皆为每石三十五钱。

"粟一石,直百一十。"③

"出钱二百廿籴粱粟二石,石百一十,出钱二百一十籴粟二石,石百五,出钱一百一十籴大麦一石,石百一十。"④

"粟二石直三百九十,糜三石,直三百六十。"⑤则粟一石值一百九十五钱。

"曹史王卿钱四百,籴粱若白粟十石。"⑥每石粟值四十钱。

从上列各简文可知,两汉居延地区粟的最高价为每石一百九十五钱,最低价为三十五钱,其平均数为一百一十五钱,与东西汉官定价格的平均数百一十六钱几乎完全一致,故我们将它作为两汉粟价的标准数据。一奴之价为三万,相当于粟二百六十一石。

布价

居延汉简有关布价的记载有如下数条,

"出广汉八稷布十九匹八寸大半寸,直四千三百廿,给吏秩百一人,元凤三年正月尽六月积六月。"⑦则匹值二百二十七钱。

---

① 《居延汉简甲乙编》一九·二六简。
② 同上书,三〇三·三简。
③ 同上书,一六七·二简。
④ 同上书,二一四·四简。
⑤ 同上书,二六·九A简。
⑥ 同上书,四九五·七,四九五·五简。
⑦ 同上书,九〇·五六简。

第八章 战国秦汉小农与奴隶制经济

"贳卖八稯布八匹,匹直二百卅。"①

"贳卖九稯曲布三匹,匹三百卅三。"②

"布一匹直四百,絮二斤八两直四百,凡直八百,给始元四年三月四日奉。"③

《史记·孝景本纪》,"令徒隶衣七稯布。"《正义》曰:"稯,八十缕也,与布相似,七升布用五百六十缕也。"

《仪礼·既夕礼》贾公彦疏"功布"曰:"功布,灰治之布也者,亦谓七升以下之布也。"

由此我们可知,七稯布乃是正常人所穿衣服中最粗疏者,低于七稯即为丧服之"功布",孝景帝"令徒隶衣七稯布"则常人所用之布即为八稯以上布也。

奴价为三万,合八稯布一百三十匹之值。

(3)汉奴价第二比较系数

汉一奴之价为三万钱,那么一奴之年剩余价值是多少?我们必须先求得一奴的年衣食费。

汉代居延地区的戍卒月禀食标准为粟二石,这有简文可证,"出粟卅石,三月以食卒十五人。"④我们即按此标准算一奴之年伙食费为,

$115 \times 2 \times 12 = 2760$(钱)

秦奴年衣费为一百六十五钱,为布三匹之值,我们亦以此标准

---

① 《居延汉简甲乙编》三一一·二〇简。
② 同上书,二八二·五简。
③ 同上书,二〇八·七简。
④ 同上书,一六〇·八简。

算汉一奴之年衣费。

230×3＝690(钱)

则汉奴全年衣食费为三千四百五十钱。这个数据只会偏高,绝不偏低,因为徒隶衣七稯布,我们却是以八稯布价来算其衣费的,禀食标准亦是按成卒来算的,奴隶的禀食标准只能低于成卒。

两汉官定劳动力月价有两个数据,一为《汉书·沟洫志》:"治河卒非受平贾(价)者,为著外繇六月。"如淳注引律云:"平价,一月得钱二千也。"一为《群书治要》中之崔实《政论》所云:"假令无奴,当复取客,客庸月一千。"

居延汉简中亦有一简涉及庸价:

张掖居延库卒弘农郡陆浑河阳里大夫成更年廿四,庸同县阳里大夫赵勋年廿九,贾二万九千。①

戍卒的役期为一年,此二万九千,当是一年的庸价,则月为二千四百一十六钱。

若以月二千钱计,则年为二万四千钱,一奴年衣食费为三千四百五十钱,则年剩余价值为二万零五百五十钱。奴价三万,奴主将他用于服役,一年半时间内即可收回成本,净赚一奴! 若以月一千钱计,年为一万二千钱,减去衣食费三千四百五十钱,则年剩余价值为八千五百五十钱,奴主可在三年半时间内收回成本,净赚一奴。

下面我们来考察汉代用奴从事于农业的年剩余价值。

---

① 《居延汉简甲乙编》一七〇·二简。

《汉书·食货志》引晁错语:"今农夫五口之家,其服役者不下二人,其能耕者,不过百亩,百亩之收,不过百石。"史学界普遍认为晁错对亩产估计偏低,因为战国年间亩产已达一石半,东汉的亩产,《后汉书·仲长统传》有:"今通数饶之率、计稼墙之入,令亩收三斛,斛取一斗,未为甚多。"的记载,西汉亩产不该如此之低。我们认为晁错所说的亩,乃是小亩,这在论述秦汉亩产量时已做了考证。但晁错所说的亩产量,大体适用于居延地区。

居延汉简中有如下二简:

>右第二长官处田六十五亩,租二十六石。①
>
>右家田六十五亩,租大石廿一石八斗。②

同样是田六十五亩,收租的量却不一,这就说明居延地区实行的不是实额租制,而是分成租制。那么租率究竟为多少呢?这需要稍稍推算一下。

因为二十六石、廿一石八斗,均不是六十五石的半数,故 1/2 的租率是被排除的。

文献载汉代行三十税一、十五税一制,但这是地税率,若是地税率,以十五税一率算,可列算式如下:

26 石 × 15 ÷ 65 = 6 石

亩产六石,显然远远超过汉代的平均亩产量,若以三十税一制算亩产竟高达 12 石,这显然是不可能的。

以晁错所云亩产一石计,六十五亩产量为六十五石,其三分之

---

① 《居延汉简甲乙编》三〇三·七简。
② 同上书,三〇三·二五简。

一为廿一石七斗三升。

若亩产为1.2石,六十五亩产量为七十八石,其三分之一正为二十六石。

这可以说明两个问题:一是汉代居延地区的分成租额是三分取一;二是汉代居延地区的粮食亩产量在1—1.2石左右。

按晁错的说法一夫只能耕种五十亩,那么一奴全年的粮食产值即为:

115×50＝5750钱

但晁错没有考虑到农夫耕种五十亩地外尚有大量的空余时间去从事副业生产,其年总收入绝不会比当庸客的一万二千钱低。我们仍按一个奴隶年产粟一百二十六石计,则全年总收入为:

126×115＝14490钱

减去年衣食费3450钱,余11040钱,这就是汉代一个奴隶的年剩余价值。一奴之价为三万,则一个奴隶主在三年内可以收回全部成本,净赚一奴。

我们退一万步讲,汉代的奴隶除耕种五十亩土地外,无所事事,且亩产量只有一石,则年剩余价值尚有二千三百五十钱。奴主以三万钱买一奴隶用于耕作,一年后,这个奴隶并非不存在了,完全可以按原价将其售出,那么对于这个奴主来说,就获得了一个劳动力为他干了一年,还给他带来了二千三百五十钱的利润,这个奴隶社会的经济禅,我们应该把它参透!

通过以上有关秦汉奴价的考辨,我们可以将秦汉奴价的第一、第二比较系数列表如下,

秦汉奴价第一比较系数表

	粟/石	布/匹	马/匹	牛/头
秦奴/人	1∶365	1∶199		
汉奴/人	1∶261	1∶130	1∶7.5	1∶10

通过这一表我们可以看到,汉奴的价格实际上低于秦奴的价格。

秦汉奴价第二比较系数表

比较项目 朝代	年衣食费	在政府服役 年剩余价值	在政府服役 年剩余价率	从事农业年 剩余价值	从事农业年 剩余价值率
秦奴	885 钱	2045 钱	230%	2259 钱	320%
汉奴	3450 钱	20550 钱 8550 钱	520% 200%	14490 钱 2350 钱	420% 62%

从这张表上我们可以看到秦汉奴隶从事政府服役的年剩余价值率均在200％以上,汉奴比秦奴的剩余价值率高,这是与第一比较系数相一致的,前一数值高达520％,与秦差别过大故尔真实性不大。秦汉奴隶从事农业的年剩余价值率亦在320％以上,但汉代第二个数据却仅有68％,这说明我们据以推算的数据偏低,但这并不重要,我们只要知道秦奴价实际上高于汉奴价,汉奴的年剩余价值率高于秦奴,并且都在230％左右这一总的历史趋势就足以说明问题了。

此外,我们尚可将奴隶主剥削一个奴隶与一个自耕农的实际经济收入作一番比较,以判断这两种生产方式在秦汉社会中的优劣。

以汉代为例,一奴的年剩余价值为14490钱,其中政府要分割一部分,主要是一奴的算赋为240钱,奴隶的身价及他所耕种的五十亩土地的资产税420钱,田租为一百二十石粮食的三十分之一,

共 4.2 石,为钱 483 钱。奴隶主将奴隶生产的粮食拿到市场上出卖的营业税以汉武帝时的百分之六计为:

(126-4.2)×115×6%=840 钱

以上合计为 1960 钱,则奴隶主的纯利润为 12530 钱。

小农一人的全年收入以可以食九人的上农夫计,为粟一百六十二石,计钱 18620。除去衣食费 4000 钱(奴隶为 3450 钱)田租 540 钱、算赋 120 钱、更赋 300 钱、户赋以家赀三万计为 360 钱、哺育子女费以一人 3000 钱计,合计 8320 钱。这里还未包括社交、兵役等其他负担在内,可结余 10300 钱。比奴隶主使用奴隶的年纯收入少 2230 钱。当然是奴隶主使用奴隶的收入高于小农的收入。

第三节 小农是战国秦汉奴隶的主要来源

战国秦汉奴隶的来源有四个:一为战俘,二为罪犯及其家属,三为破产小农,四为奴产子。

云梦睡虎地秦墓所出的《秦律》中有"寇降,以为隶臣。"的规定。秦在统一六国的战争中,获得的战俘,除了屠杀外,当然是将他们变成政府的官奴婢。汉代的情况亦复如是,像金日䃅就是由俘虏而沦为官奴的。在秦汉社会中,由于战争不如战国年间那么频繁,战俘而沦为奴婢的数量并不占很大的比例。即使如此,秦在兼并六国的过程中所俘获的人而变为奴隶者,其中的绝大部分,仍然是各国的小农。

将罪犯及其家属沦为奴婢的制度,由来已久,《说文解字》云:"奴、奴婢,皆古之罪人也。《周礼》曰:'其奴男子入于罪隶,女子入于春藁。'"

《吕氏春秋·精通》载:"钟子期夜闻击磬者而悲,使人召而问之,曰:'子何击磬之悲也?'答曰:'臣之父不幸而杀人,不得生。臣之母身得生而为公家为酒,臣之身得生而为公家击磬,臣不睹臣之母三年矣。昔为舍氏睹臣之母,量所以睹之则无有,而身固公家之财也,是故悲也。'"

商鞅变法时曾规定:"事末利及怠而贫者,举以为收孥。"《索隐》注收孥法曰:"收录其妻、子、没为官奴婢。"[①]

《秦律·法律答问》云:"隶臣将城旦,亡之,完为城旦,收其外妻、子。子小未可别,令从母为收。可(何)谓从母为收?人固买(卖),子小未可别,弗买(卖)子母谓也。"

汉承秦制,收孥法仍在施行,文帝二年,"诏丞相、太尉、御史:'……今犯法者已论,而使无罪之父母妻子同产坐之及收,朕甚弗取,其议。'左右丞相周勃、陈平奏言:'父母妻子同产相坐及收,所以累其心,使重犯法也。收之之道,所由来久矣,臣之愚计,以为如其故便。'文帝复曰:'朕闻之,法正则民悫,罪当则民从。且夫牧民而道之以善者,吏也,既不能道,又以不正之法罪之,是法反害于民,为暴者也。未见其便,宜孰计之。'平、勃乃曰:'陛下幸加大惠于天下,使有罪不收,无罪不相坐,甚盛德,臣等所不及也。臣等谨奉诏,尽除收律、相坐法。'"[②]因而收孥法曾被废除,但"其后,新垣平谋为逆,复行三族之诛"。

[①] 《史记·商君列传》。
[②] 《汉书·刑法志》。

王莽时"民犯铸钱伍人相坐,没入为官奴婢,其男子槛车,儿女子步,以铁锁琅当其颈,传诣锺官以十万数,到者易其夫妇,愁苦死者什六七。"①

秦始皇时用"隐宫刑徒七十万人"修筑骊山陵墓,这些罪犯及其家属没为官奴婢者,其中的绝大部分,仍然是小农。

至于说破产的小农沦为奴婢的在秦汉社会中所占比例为最多,这就不用赘述了。

奴产子仍为奴,这在奴隶社会中是通过法律将其强制规定的。《秦律·法律答问》中有如下的案例:"女子为隶臣妻,有子焉,今隶臣死,女子北(别)其子,以为非臣子也。问女子论何也? 或黥颜頯为隶妾,或曰完,完之当也。"

汉代的名将卫青乃是其父与平阳侯家妾私生子,《史记》记其"为侯家人,少时归其父,其父使牧羊,先母之子,皆奴畜之,不以为兄弟数。"他自己也说:"人奴之生,得毋笞骂即足矣!""青壮,为侯家骑奴",仍是侯家奴隶。

王莽将官奴婢"易其夫妇",完全是将他们作为牲畜来对待的,就是要他们为政府繁殖更多的官奴婢。

秦律中为保护奴隶主的利益,规定:"人奴擅杀子,城旦黥之,畀主。"②"人奴妾笞子,子以[月古]死,黥颜頯,畀主。"③奴婢杀死自己的子女,政府要依法惩处,但不伤害其身体,只是给其打上罪犯的标志,仍将他们归还给奴隶主。

---

① 《汉书·王莽传》。
② 《睡虎地秦墓竹简·法律答问》。
③ 《睡虎地秦墓竹简·法律答问》。

因此，秦汉社会中奴隶的四大来源，其中三大来源均以小农为主，奴产子为奴者所占全部奴隶的数量当然不会很多。在秦汉社会中小农是奴隶最主要的来源，这是肯定无疑的。

第四节 小结

正因为秦汉社会中奴隶制经济优越于小农经济，秦汉的奴隶剩余价值很高，小农又是奴隶的主要来源，因而奴隶——这种可带来剩余价值的活的商品，才成为财富的象征并成为全社会追逐的对象。正如董仲舒所指出的那样："是故众其奴婢，多其牛羊，广其田宅，博其产业，畜其积委，务此而亡已。"①这乃是秦汉官僚、商人、奴主们的一般心理，而奴婢乃是他们第一位的追逐目标，不仅董仲舒是把"众其奴婢"放在第一位，"多其牛羊"放在第二位，"广其田宅"放在第三位，东汉的王充同样是如此："富贵之家，役使僮奴，养育牛马，必有与众不同者矣。僮奴，则有不死亡之相，牛马，则有数字乳之性；田，则有种孳连熟之谷，商，则有善居疾售之货。"②这绝不是偶然的巧合，这说明了两汉四百年间人们价值观念的雷同。

在秦汉社会中，从政府开始就为追逐奴婢而不遗余力，这是因为政府掌捏着大量的公田池囿和官营工商业，政府的各个部门都需要大量的奴婢供其驱使，政府甚至还以赐复、授官相号召，募民

---

① 《汉书·董仲舒传》。
② 《论衡·骨相篇》。

入奴婢,可见政府对奴婢的需要已达到孜孜以求的地步。

秦汉社会中除了中央到地方的政府中拥有大量的官奴婢外,私人所拥有的奴婢亦是惊人的。像吕不韦竟有家僮万人,卓王孙有僮八百,王商私奴以千数,马防兄弟各有奴婢以千数,这都是彰彰尤著者。拥有"僮手指千",即与千户侯等,奴隶拥有数量的多少,是秦汉社会中富裕程度的标志。除了这些拥有数目上千甚至登万奴隶的大奴主外,秦汉社会中还存在着大量的拥有少量奴隶的奴隶主。像居延汉简中所记载的礼忠,即是拥有三个奴隶的小奴隶主,他的家赀共十五万,奴隶占其家赀总量的三分之一,这实在是个很具典型意义的材料。无独有偶,在云梦睡虎地出土的秦简中,也可以见到一条类似的简文:

> 封守　乡某爰书:以某县丞某书,封有鞫者士伍甲家室、妻、子、臣妾、衣器、畜产。甲室、人:一宇二内,各有户,内室皆瓦盖,木大具,门桑十木。妻曰某,亡,不会封。子大女子某,未有夫。子小男子某,高六尺五寸。臣某、妾小女子某。牡犬一。几讯典某某,甲伍公士某某:"甲倘有〔它〕当封守而某等脱弗占书,且有罪。"某等皆言曰:"甲封具此,毋它当封者。"印以甲封付某等,与里人更守之,待令。①

这个被封守的士伍有妻子儿女,男奴女婢,牡犬一只,瓦屋三间,桑树十株,是典型的务本农夫。家赀中没有礼忠所拥有的牛马,车辆,因而可以肯定,奴婢在其家赀中所占比例,肯定要大于三分之一,而这个士伍甲,充其量也仅能算是一个中产之家的家长而已。

---

① 《睡虎地秦墓竹简·封诊式·封守》。

第八章 战国秦汉小农与奴隶制经济

在四川郫县犀浦所出的东汉残碑中,拥有五个奴婢的家庭有五户、拥有七个奴婢的家庭有一户,奴婢在家赀中所占的比例达到二分之一以上。

恩格斯在《反杜林论》中指出:"要强迫人们去从事任何形式的奴隶的劳役,那就必须设想这一强迫者掌握了劳动资料,他只有借助这些劳动资料才能使用被奴役者,而在实行奴隶制的情况下,除此以外,还要掌握用来维持奴隶生活所必须的生活资料。这样,在任何情况下,都要拥有一定的超过中等水平的财产。"①奴隶在秦汉中产以上家庭的家赀中占有三分之一以上的比例。则秦汉社会的奴隶制性质不是十分明显吗?

马克思曾说过:"积累土地和奴隶,使主奴关系成为必要。"②秦汉的社会状况正是如此。因为秦汉奴隶的主要来源不是战俘,而是小农。要使小农破产,必须使他们与土地相分离,而五口之家的小农经济始终处于风雨飘摇之中,因为小农必须负担老小与政府的赋役,而奴主追逐的却是具有劳动力的奴隶,只要奴隶不死,他总是有巨利可图,这就是秦汉奴隶制发展的经济根源。由于破产的小农与奴主之间完全是一种经济的契约关系(这从秦律中买卖奴隶时有中人可知),而奴主为保证自己的利益也必须保证奴隶的最基本的生活需要,这就使中国的主奴关系蒙上了一层温清脉脉的面纱。那种以能否杀戮奴隶作为依据来判明是否是奴隶社会的标准,在中国古代社会中是不适用的。奴隶的身价是破产小农

---

① 《马克思恩格斯全集》第20卷,第176页。
② 《马克思恩格斯全集》第13卷,第123页。

一次性出卖劳动力的货币表现形式,不可能超脱当时社会对劳动力的需求的约束。因为秦汉小农的身份是较为自由的,无论是在破产前或破产后,都可以自由地出卖劳动力,因而秦汉史乘中所记庸赁现象颇多。诚如恩格斯所云:"雇佣劳动是很古老的;它个别地和分散地同奴隶制度并存了几百年。"① 正由于奴隶与佣工并存,而奴隶与佣工的前身都是自由的小农,他们的区别仅是不自由与自由,一次性、永久性地出卖自己劳动力与短期地、分阶段地出卖自己的劳动力。故尔秦汉的奴价与庸价必然有一定的比值,这是秦汉特别是两汉奴价在表面上看来似乎颇高的重要原因之一,重要原因之二是两汉的通货膨胀,这可从秦汉奴价的第一比较系数中看出。

因此,两汉的奴隶制的危机并非由于奴价高,在经济上无利可图,也不是由于奴隶来源的枯竭,而是由于奴隶制经济的高度发展。所以商人盘剥,土地兼并,流民、奴婢才成为两汉社会中最为普遍的社会现象,才成为两汉政府不可解决的社会问题。广大的小农只能沿着破产、流亡、奴婢的道路走下去,因而奴隶制经济就成为秦汉社会经济发展的一般趋势,并起着主导和决定性的作用。随着奴隶制经济的发展,破产的小农越来越多,当他们尚不愿也可能不为奴婢时,就成为流民,成为社会的负担,给社会经济形成极大的破坏,给政府秩序造成极大的混乱。另外,中国的奴隶制经济从本质上说是一种破坏人——这种活的生产力的生产和再生产为最终结果的竭泽而渔、割肉自啖的经济关系。因而当政府无法控

---

① 《反杜林论》注,《马克思恩格斯全集》第20卷,第296页。

制这种局面时,农民起义便会爆发。大乱结束后,社会危机暂趋缓和,由于不改变生产方式,潜在的危机又会随着经济的发展而加深、激化,两汉走完了这种过程。当东汉末年的黄巾大起义给当时的社会造成了必须而又可能改变生产方式的条件后,新的生产方式便取得了支配地位,随之而来的便是魏晋以降的带有人身依附关系的主客制即封建剥削制度,而秦汉的主奴制便作为孑遗而残留在社会上了。

自由小农的不愿意破产,破产后宁愿当客而不愿为奴,而剥削者们是宁愿取奴不愿雇客,这对矛盾,在经过了两汉四百年间的运动过程后,得到了解决,解决的办法是折衷,这就是"奴的客化、客的奴化"。

第九章　战国秦汉小农与封建生产关系

在战国秦汉社会中,除了占主导地位的奴隶制经济外,还存在封建制经济,破产的小农们除了成为流民、奴婢外,还可以成为国家和私人的依附民、佃客。这种封建制经济,在战国秦汉社会中曾经历过不同的发展阶段,有着不同的表现形式,并逐渐在社会经济生活中占有越来越大的比重,直至最终取代奴隶制经济而居于主导地位。因此我们探讨一下战国秦汉小农与封建制经济的关系,对于我们正确认识战国秦汉社会的性质,是颇有裨益的。

第一节　小农与各种封建制经济形式的关系

在战国秦汉社会中封建制经济具有不同的表现形式,我们有必要将这些形式及小农与它们的关系探讨清楚。

1. 法定的占有庶子的形式

商鞅变法时曾规定:"其有爵者乞无爵者以为庶子,级乞一人。其无役事也,其庶子役其大夫月六日,其役事也,随而养之。""就为五大夫,则税邑三百家,故爵五大夫,皆有赐邑三百家,有赐税三百家。爵五大夫,有税邑六百家者,受客。"①《荀子·议兵》也说秦国实行得"五甲首而隶五家"的奖励制度。这是商鞅变法时为奖励军功而给予有爵者的特权,庶子与有爵者之间遂形成人身依附关系。在有爵者不服军役时,庶子每月要为他服役六日,也即是有爵者可以无偿占有庶子五分之一的劳动。在有爵者服军役时,庶子要跟随他服役,他则应供应庶子衣食。这纯粹是一种超经济的强制,是典型的封建剥削关系。庶子本身的身份是无爵者,当然是秦国授田制下的小农。一旦被政府指定为某个有爵者的庶子,他实际上就依附于这个有爵者。这种规定在现存的汉代史料中未曾见到,出土的秦律中亦未有这方面的内容。

2. 附托有威之门

《韩非子·诡使篇》云:"悉租税、专民力,所以备难充仓府也,而士卒之逃事状(藏)匿,附托有威之门以避谣役,而上不得者以万数。"

《盐铁论·未通篇》载:"往者军阵数起,用度不足,以赀征赋,常取给见民。田家又被其劳,故不齐出于南亩也。大抵通流,皆在大家,吏正畏惮,不敢笃责,刻急细民,细民不堪,流亡远去,中家为之色出,后亡者为先亡者服事。"

这是小农不堪承受政府的赋役剥削,主动投靠到有威之门,而与所投靠的对象形成人身依附关系。当然,所投靠的对象,必须有与政府相抗衡的政治势力。因为这种形式的依附关系是非法的,并不为政府所容许。

---

① 《商君书·境内》。

《秦律·法律答问》曰:"何谓'匿户'及'敖童弗傅'?匿户弗徭使,弗令出户赋之谓也。"有威者若接受小农的投靠,在秦律中就算是犯了"匿户"之罪,政府是要绳之以法的。但因为是有威者,他的威足以与政府的法相抗衡,他就能将其"匿户"之罪遮掩过去,使得"吏正畏惮,不敢督责"。或者是利用其享有的特权,巧妙地接受这些投靠者而不至于触犯法律。因为在战国秦汉社会中,高爵者与六百石以上官吏是享有免役特权的。小农为逃避政府赋役,附托这些有威之门、大家,以取得他们的保护,当然要付出代价。这种代价第一是失去了自由民的资格,成为有威之门和大家的依附民,其生命和财产不再受法律保护,第二是经济上要受保护者的剥削,他们的境遇未必比自由民好,崔实在其《政论》中曾有描述:"上家累钜亿之赀,斥地侔封君之土,行苞苴以乱执政,养剑客以威黔首,专杀不辜,号无市死之子。生死之奉,多拟人君,故下户踦跔,无所踦足,乃父子低首,奴事富人,躬帅妻孥;为之服役。故富者席余而日织,贫者蹑短而岁踧,历代为虏,犹不赡于衣食,生有终身之勤,死有暴骨之忧。岁小不登,流离沟壑,嫁妻卖子。"这种依附民在汉代称为"徒附"。其成因大别有两种,一种是尚未破产,即将自己的人身及财产附托;一种是破产流亡,依托豪门。前一种小农主要是为了逃避政府的赋役和暴力的侵犯,这种现象在政治状况不良或兵荒马乱之际较为普遍,后一种小农主要是为了解燃眉之急以求生存,这种现象在整个战国秦汉数百年间均会产生。

3. 耕种国有土地的小农

文帝时因加强边防的需要,晁错提议募民实边,他说:"陛下幸忧边境,遣将史,发卒以会塞,其大惠也。然令远方之守卒,守塞一岁而更,不知胡人之能,不如选常居者,家室田作,且以备之。……先为室屋,具田器,乃募罪人及免徒复作,令居之;不足,募以丁奴婢、赎罪及输奴婢欲以拜爵者,不足,乃募民之欲往者。皆赐高爵复其家,予冬夏衣,廪食,能自给而止。郡县之民,得买其爵以自增至卿。其亡夫若妻者,县官买予之。人情非有匹敌,不能久安其外。塞下之民,禄利不厚,不可使久居危难之地。胡人入驱,而能止其入驱者,以其半予之,县官为赎其民。如是,则邑里相救助,赴胡不避死,非以德上也,欲全亲戚而利其财也。"[1]他的建议为文帝所采纳并付诸实施。这样,实边的奴隶获得解放,罪犯被免除刑罚,平民获得高爵,政府供给他们土地、房屋、农具甚至为他们解决婚姻问题,在其未能自给时供给其衣食,能自力后,他们虽然耕种的是国家的土地,住的是国家的房屋,使用的是国家的农具,但并不是国家的佃农,其身份仍然是编户民。但由于他们的生产和生活资料来源于政府,户籍在边地亦不允许迁入内地,他们与内地的小农已有所不同,他们与国家之间形成了更为强烈的人身依附关系。他们就转化为政府的编户民,并担任戍边的任务。武帝时随着对匈奴的大规模战争的进展,以及内部土地兼并的激烈,天灾频仍流民的大量涌现,募民实边更有其迫切性,可行性,因而募民实边的活动,遂在更大规模上展开。根据《汉书·武帝纪》的记载有:

元朔二年夏,募民徙朔方十万口。

---

[1] 《汉书·晁错传》。

元狩四年冬,有司言关东贫民徙陇西、北地、西河、上郡、会稽,凡七十二万五千口,县官衣食振业,用度不足。

元狩五年,徙天下奸猾吏民于边。

元鼎六年,乃分武威、酒泉地,置张掖、敦煌郡,徙民以实之。

这个时期所徙的对象,绝大部分皆是破产的小农,这部分人到达边疆地区后,在政府的土地上耕种,政府贷给他们犁牛种食,他们要向政府缴纳地租、顾税,他们是国有土地上的屯田民。

《汉书·昭帝纪》载:元凤三年,诏曰:"乃者民被水灾,颇匮于食,朕虚仓廪,使使者振困乏。其止四年毋漕,三年以前所振贷,非丞相御史所请,边郡受牛者,勿收责。"注引应劭曰:"武帝始开三边,徙民屯田皆与犁牛。后丞相、御史间有所请。今敕自上所赐与勿收责,丞相所请乃令其顾税耳。"

这就说明西汉时租借政府耕牛者,亦需向政府缴纳租金。政府提供给这些边民的耕牛、种食、衣服,非特殊情况,是要偿还的。

有关徙边的屯田民所受政府的剥削量,史无明文记载。按曹魏屯田时的剥削量根据《晋书·慕容皝载记》云:"(皝)以牧牛给贫家,田于苑中,公收其八,二分入私。有牛而无地者,亦田苑中,公收其七,三分入私,记室参军封裕谏曰:'……魏晋虽道消之世,犹削百姓不至于七八,持官牛田者,官得六分,百姓得四分,私牛而官田者,与官中分。百姓安之,人皆悦乐。臣犹曰非明王之道,而况增乎!'"《晋书·傅玄传》载傅玄陈便宜五事疏亦谓:"旧兵持官牛者,官得六分,士得四分,自持私牛者,与官中分。"则知曹魏的屯田租率为50%,牛租再加一成。曹魏去汉不远,其租率当承汉来。

王莽曾批评西汉："汉氏减轻田租,三十而税一,常有更赋,罢癃咸出,而豪民侵陵,分田劫假,厥名三十,实什税五也。"荀悦的《汉纪》云："今汉民咸百一而税,可谓鲜矣。然豪强富人,占田逾侈,输其赋太半。官收百一之税,民收太半之赋,官家之惠优于三代,豪强之暴,酷于亡秦,是上惠不通,威福分于豪强也。"《盐铁论·未通》文学曰："田虽三十而以顷亩出税,乐岁粒米粱粝而寡取之,凶年饥馑而必求足,加以口赋更繇之役,率一人之作,中分其功。"多数学者均据以上史料断定汉代的公田地租率为百分之五十,其实大可商榷。

有关汉代公田上的地租率,我们可以从居延汉简中求得。居延汉简中有如下两简：

右第二长官处田六十五亩,租二十六石。

右家田六十五亩,租大石廿一石八斗。

我们在上一章中已经推算出这是实行的分成租制而不是定额租制,其地租率为三分取一,即 33.3%。

《汉书·食货志》引贾谊曰："法使天下公得顾租,铸铜锡为钱。"顾租是国家将山林川泽租赁给私人而收的假税,又称占租。《盐铁论·水旱》贤良曾说："故民得占租鼓铸、煮盐之时,盐与五谷同贾,器利而中用。"只是未明言顾租律为多少。《管子·轻重乙》载："桓公曰：'衡谓寡人曰："一农之事,必有一耜、一铫、一镰、一鎒、一椎、一铚。然后成为农。一车必有一斤、一锯、一釭、一钻、一凿、一铢、一轲,然后成为车。一女必有一刀、一锥、一箴、一鈬,然后成为女。请以令断山木鼓山铁,是可以毋籍而用足。"'管子对曰：'不可。今发徒隶而作之,则逃亡而不守；发民,则下疾怨上,边境有兵则怀宿怨而不战。未见山铁之利而内败矣。故善者不如与民量其重,计其赢,民得其十(当为七),君得其三,有杂之以轻重,守之以高下。若此,则民疾作而为上虏矣!"则管子主张顾租率为30%。有关《管子》一书的成书年代,尽管学术界尚有争论,然多数学者认为它是汉代的作品,《管子》所说的情况就是汉代的情况。既然山林川泽的顾租率为30%,国家的公田亦同于山林川泽,其地租率也应大体相当,我们从汉简中已求出其地租率为33.3%,这可与《管子》所载30%的顾租率相互发明。因此,我们不能以曹魏时期的屯田租率来推断汉代的公田假税率,曹魏时的屯田客除了为国家种田外,并无其他任何赋役负担,这是由于当时的客观历史环境所决定的,一旦战争局面结束,这种屯田制度必然瓦解。因此汉代的公田假税率必然不可能是百分之五十。边郡屯田客与内郡假公田者一样,都是向政府缴纳假税,顾租和承担赋役的人。

《盐铁论·园池》文学曰:"今县官之多张苑囿、公田、池泽,公家有鄣假之名,而利归权家。三辅迫近于山河,地狭人众,四方并臻,粟米薪菜不能相赡。公田转假,桑榆菜果不殖,地方不尽。愚以为非先帝之开苑囿池籞,可赋归之于民,县官租税而已。假税殊名,其实一也。"如果国家规定的公田上的假税率高达百分之五十,转假之二地主尚有何利益可得?且政府若只向佃农收取百分之五十的假税,其余什么赋役一概不征,这是对政府极为不利,而对佃农极为有利的了。为什么桑弘羊却偏要坚持实行假制,而不愿意将公田赋给贫民实行税制呢?只有一种解释,那就是国家实行公田的租赁制比将公田赋给贫民实行征收赋税的剥削量更高,也只有这样,自耕农经济才可能存在下去。否则就无人愿意当自耕农了。政府假民公田的目的,一是图利,二是安辑流民,让他们再重新回到土地上来,更赋租徭还要从他们身上出,这就决定了假税率必须高于三十税一的田租率,但也不可能高达百分之五十。因为耕豪民之田,不过见税什五,国家假民公田若也见税什五,则其德政从何体现?一般说来,非遇天灾人祸,政府绝无假民公田之举,凡有此举,史家必把它作为皇帝的德政而大书特书。从这里我们也可以看出,政府假民公田,那是对自己的利益作出了牺牲之举动,若系"见税什五",政府何乐而不为?史学界的一些同仁们之所以肯定汉代的假税为百分之五十,一是将汉代的假田制与曹魏的屯田制等同对待,二是将汉代的政府经营的假田制与私人经营的租佃制等同对待,而没有注意两者的区别。

汉代的假民公田除收假税外,对所假之农夫正常的赋役负担并不免除。这有宣帝地节三年的诏书为证:"又诏池籞未御幸者,假与贫民……流民还归者,假民公田,贷种食,且勿算事。"①此"且勿算事"四字,说明假国家公田之民非诏书所准,是要"算事"的。元帝诏书曰:"其赦天下令厉精自新,各务农亩,无田者,皆假之,贷种食如贫民。"②政府假民公田是要将脱离了政府控制的流民再控制起来,它是绝不可能与豪民一样实行"见税什五"的假税率的。政府在征收小农的口赋、算赋、户赋、征发徭役,兵役的标准上,自耕农与假公田的佃农并无区别,所以文学们才说:"假税殊名,其实一也。"正因为假田的税率为百分之三十左右,而豪民转假,却是实

---

① 《汉书·宣帝纪》。
② 《汉书·元帝纪》。

行"见税什五",文学们才说:"公家有鄣假之名而利归权家。"也正因为政府向自耕农征收的田租率为三十税一,而对假公田的佃农征收的假税率为三分取一,政府才不愿意将假民公田改为赋民公田。我们只有这样理解汉代赋假田制和假税制,方能合乎逻辑与汉代的实际。对于广大的被剥夺了生产资料的小农来说,他们能重新得到一块土地耕种,尽管剥削量比以前增高,但可免除流亡、当奴婢的厄运,已感皇恩浩荡了。只是政府的公田毕竟有限,且这种恩典也并不可能经常颁布,也往往被权家所利用。权家包揽假田,将税率提高至百分之五十,流民们承佃所受剥削过重,造成"公田转假、桑榆菜果不殖,地力不尽"的状况,这说明农民承佃的积极性并不高。故假民公田这种封建制的经济形式,在两汉社会中所占的比例是不会很大的。

4. 私田上的佃农

西汉的酷吏宁成,在获罪失官后,"贳贷买陂田千余顷,假贫民,役使数千家。数年,会赦,致产数千金。"[1]这是秦汉社会中大地主实行租赁剥削方式的典型。根据以上《史记》的记载,他利用手中掌握的千余顷土地,租赁给贫民耕种,自己坐享地租收入数年致产数千金,则每年可获千金,为钱一千万,平均每亩可得地租收入百钱左右,相当于一石粮食的价格,秦汉的平均亩产量为三石左右,则其地租率亦在三分取一上下。宁成自己尚是个获罪之人,当然无威庇荫佃客们逃避政府的赋役,佃农们实际上要受到政府与

---

[1] 《史记·酷吏列传》。

地主的双重剥削,这种租佃经济形式,在地狭人众的地区占有一定比例。《汉书·陈汤传》载:"关东富人益众,多规良田,役使贫民。"东汉的杨震"少孤贫,独与母居,假地种植,以给供养。"①郑玄"年过四十,乃归供养,假田播殖,以娱朝夕。"②他们都是秦汉社会中佃农的代表。

5. 寄客、宾客、贾门、逆旅、赘婿、后父

战国年间,养客之风大炽,一时之政治上的风云人物,均有食客数千乃至上万人。秦汉时此风不衰,上至王侯公卿,下至游侠百姓,皆可养客。班固在《汉书·游侠列传》中说:"陵夷至于战国,合纵连横,力政争强,繇是列国公子,魏有信陵,赵有平原,齐有孟尝,楚有春申,皆籍王公之势,竞为游侠。鸡鸣狗盗,无不宾礼。而赵相虞卿,弃国捐君,以周穷交魏齐之厄,信陵无忌,窃符矫命,戮将专师,以赴平原之急。皆以取重诸侯,显名天下。搤腕而游谈者,以四豪为称首。于是背公死党之议成,守职奉上之义废矣。乃至汉兴,禁网疏阔,未之匡改也。是故代相陈豨,从军千乘,而吴濞淮南,皆招宾客以千数。外戚大臣魏其武安之属,竞逐于京师。布衣游侠剧孟郭解之徒,驰骛于闾阎。权行州域,力折公侯。众庶荣其名迹,觊而慕之。"

主客之间的关系有平等的,亦有不平等的,有松散的,亦有较紧密的。

---

① 《后汉书·杨震传》。
② 《后汉书·郑玄传》。

《汉书·郑当时传》载:"先是下邽翟公为廷尉,宾客亦填门,及废,门外可设雀罗,后复为廷尉,客欲往,翟公大署其门曰:一死一生,乃知交态,一贵一贱,交情乃见。"这些宾客与翟公的关系就比较松散,双方并无什么义务和约束,宾客与主人并无人身依附关系。这样的主客关系,不是我们这里要讨论的对象。我们要讨论的是有着依附关系的主客关系,特别是主为剥削者,客为被剥削者的主客关系。

《汉书·孙宝传》载:"帝舅红阳侯立,使客因南郡太守李尚,占垦草田数百顷。"

东汉的马援曾"亡命北地,遇赦,因留牧畜,宾客多归附者,遂役属数百家。转游陇汉间,……因处田牧,至有牛马数千头,谷数万斛。"①

王立、马援的宾客成为他们役使的对象,这样的宾客,其地位就相当于农奴了。

《水经注·河水》条载:"苑川水地为龙马之沃土,故马援请与田户中分以自给也。"这条史料与上引《后汉书·马援传》中所载"宾客多归附者,遂役属数百家。"相对照,我们就可以看出,宾客与马援不仅有人身依附关系,还有经济上的剥削与被剥削的关系,其剥削的形式是中分制即见税什五的租佃形式。因此,这样的生产关系,才是严格意义上的封建生产关系。这样的主客关系在两汉末年的兵荒马乱之际得到了大发展。客不仅要为主人服役,还要为主人卖命打仗,成为主人的部曲、家兵。东汉的政权建立后,地

---

① 《后汉书·马援传》。

第九章　战国秦汉小农与封建生产关系

方豪强不仅拥有"奴婢千群",同时亦有"徒附万计",而徒附就是指这些与主人有着人身依附关系的客。

《说文解字》:"客者,寄也。"我们在云梦睡虎地出土的秦简《日书》中,就发现了有关寄人入客的避讳简文:

　　毋以辛酉入寄者,入寄者必代居者其室①

　　己巳入寄者,不出岁亦寄焉②

　　入客:戊辰、己巳、辛酉、辛卯、己未、庚午虚四彻,不可入客,寓人及臣妾,必代居室。③

　　利坏垣、彻屋、出寄者。④

　　毋以戊辰、己巳入寄者,入之所寄之。⑤

　　寄人室:毋以戊辰、己巳入寄之人,寄人反寄。辛酉、卯、癸卯入寄之,必代当家。⑥

云梦睡虎地秦墓所出的竹简《为吏之道》篇,抄录了一条《魏户律》,一条《魏奔命律》其文为:

　　廿五年闰十二月丙午朔辛亥,告相邦:民或弃邑居野,入人孤寡,徼人妇女,非邦之故也。自今以来,假门逆旅,赘婿后父,勿令为户,勿予田宇。三世之后,欲仕仕之,仍署其籍曰:故某虑赘婿某叟之仍孙。魏户律。

　　廿五年闰再十二月丙午朔辛亥,告将军:假门逆旅,赘婿

---

① 《云梦睡虎地秦墓·日书》,第786页。
② 同上书,第787页。
③ 同上书,第788—789页。
④ 同上书,第741页。
⑤ 同上书,第1016页。
⑥ 同上书,第1026页。

后父,或率民不作,不治室屋,寡人弗欲。且杀之,不忍其宗族昆弟。令遣从军,将军勿恤视,烹牛食士,赐之参饭而勿予肴艾,攻城用其不足,将军以埋壕。魏奔命律。

这两条律文中有所涉及假门逆旅,赘婿后父,假门的假,原文作"叚",睡虎地秦墓竹简整理小组,认为其是"假"的假借字,甚是。可在注释中云:"假门,读为贾门,商贾之家。"则大可商榷。首先,从训诂学方面说,"叚"已经假借为"假",怎么能再次借为"贾"? 训诂中岂有这种双重假借的法则?将假门注释为商贾之家,此其不可成立者一也。其二,逆旅,注释为客店,亦与律文之意不符。商贾和开客店的人,不授与他们田宇尚可成立,"勿令为户",却有违历史真实。政府欲控制他们,非得给他们登记户籍不可,岂能"勿令为户"? 律文说他们"率民不作,不治室屋",商贾和开旅店的人岂会"不治室屋"?

其实,他们都是依附民,假门,就是借别人门户而生存的人,相当于《日书》中所说的寄人;逆旅,就是秦律中所说的旅人,赘婿是家贫子壮不能娶妇而出赘女家的依附民,后父当是出赘有子寡妇的穷人。他们因贫困破产不能自立门户,才"弃邑居野,人人孤寡,徼人妇女",依附于别人生活,他们自己贫困无力治室屋,律文才说他们"率民不作,不治室屋"起了坏影响。故法律才有不允许这些人立户、不授予田宅给他们,强迫其从军,并给予较差待遇的规定。这与商鞅变法的"怠而贫者举以为收孥"的精神是一致的,故秦律中才将其附录。

这样,我们就可知,秦在统一六国前,贫困或破产的小农依附于别人而生活者,就有寄人、客、假门、逆旅、旅人、赘婿、后父等形式和名称，他们的身份介于自由民与奴隶之间，赘婿、后父是通过婚姻关系与主人形成较为稳定的人身依附关系，客、寄人、假门、逆旅、旅人，由于自己丧失了财产，必然要在经济上依附于主人。这些身份地位高于奴隶，而又与主人有着依附关系的人，正相当于农奴。从先秦的客、寄人、假门、逆旅、赘婿、后父，到西汉时的自由佃农，最终发展到东汉时身附于主，与主人中分劳动所得的客，标志着战国秦汉间封建生产关系的逐步建立。

第二节 秦汉间封建生产关系发展的障碍

马克思在论述封建社会的特征时说："物质生产的社会关系以及建立在这种生产的基础上的生活领域，都是以人身依附为特征的。但是正因为人身依附的关系构成该社会的基础，劳动和产品也就用不着采取与它们的实际存在不同的虚幻形式。它们作为劳役和实物贡赋而进入社会机构之中。在这里，劳动的自然形式，劳动的特殊性是劳动的直接社会形式，而不是像在商品生产基础上那样劳动的共性是劳动的直接社会形式。徭役劳动同生产商品的劳动一样，是用时间来计量的。但是每个农奴都知道，他为主人服役而耗费的，是他本人的一定量的劳动力。"[①]这就明确告诉我们：封建生产关系的特征是人身依附关系和劳役地租。我们以此来分析秦汉封建经济的诸种形式就会发现，庶子制、托附有威之门、徒附制，是较为典型的封建生产关系，而公田、私田的租赁制均无超

---

① 《马克思恩格斯全集》第23卷，第94页。

经济强制的成分。且这五种形式始终受到国家权力的强力制约，都不能独立自由地得到发展。特别是托附有威之门和徒附制更为法律所不容。宾客与主人的人身依附关系尚未得到法律的认可，宾客仍不能逃脱政府的赋役负担。这就大大限制了封建经济的发展。封建经济欲求其发展，必须摆脱政府的束缚，必须使宾客与主人的人身依附关系合法化；而这一必要条件在秦汉社会中始终没有具备。直到魏晋时期"魏氏给公卿已下租牛客户各有差。自后小人惮役，多乐为之，贵势之门，动有百数"。[1] 东吴实行赐田、复客制，西晋时实行品官占田荫客制，及后来政府承认"客皆注家籍"、"奴婢、部曲身系于主"，才使得封建经济取得了合法地位。

从小农的经济状况而言，他们破产后若成为租种地主土地的佃客，要向地主缴纳收获物的一半，却又不能逃脱政府的赋役负担，他们是不堪承受如此沉重的经济剥削的。封建经济若不能使地主和佃农双方均为有利，它是不能取代奴隶制经济的。只有到曹魏时实行民屯制，免除了佃农们的一切赋役负担，采取对半分和四六分成租率，才使得"官私两便"，封建经济显示了它的优越性。

从奴隶制经济与封建制经济的比较而言，秦汉时期的封建制经济并不能表现出其优越性来。我们以东汉的情况为例。对奴隶主和地主的利润率进行比较即可明白。

东汉时土地的平均价格为每亩1870钱，地主若买五十亩土地为钱93500，租给佃农，即使是以"什税五"的田租率计，亩产三石，他可坐享75石的租利为钱7500，其利润率为 $7500 \div 93500 \times$

---

[1] 《晋书·外戚传·王恂传》。

$100\%=8\%$，如以三分取一租率计，他可得 50 石，为钱 5000，其利润率为 $5000\div93500\times100\%=5.3\%$。奴主买一奴隶为钱四万，一奴可耕种五十亩土地，奴隶主用于购买五十亩土地的投资为 93500 钱，总投资为 133500 钱，五十亩土地可收粟 150 石，为钱 15000，除去奴隶的年衣食费 3450 钱，奴隶的算赋 240 钱，纯利润为 11310 钱，其年利润亦为 $11310\div133500\times100\%=8\%$。更何况奴隶于农闲之时从事其他经济活动的收入尚未计算在内。若按东汉时的劳动力价值算，一个劳动力的月价格为千钱，年为 12000 钱，减去一奴之衣食费 3450 钱和算赋 240 钱，赀产税 480 钱，奴主从一奴身上可获得年纯利润 7830 钱，其年利润率为 $7830\div40000\times100\%=19.5\%$。封建租赁经济是无法与奴隶制经济竞争的。

恩格斯说："在中世纪的社会里，特别是在最初几世纪，生产基本上是为了供自己消费。它主要只是满足生产者及其家属的需要。在那些有人身依附的关系的地方，例如在农村中，生产还满足封建主的需要。因此，在这里没有交换，产品也不具有商品的性质。农民家庭差不多生产了自己所需要的一切：食物、用具和衣服。只有当他们在满足自己的需要并向封建主缴纳实物租税以后还能生产更多的东西，他们才开始生产商品，这种投入社会交换即拿去出卖的多余产品就成了商品。诚然，城市手工业者一开始就必然为交换而生产。但是他们也自己生产自己所需要的大部分东西，他们有园圃和小块土地，他们在公共森林中放牧牲畜，并且从这些森林中取得木材和燃料，妇女纺麻、纺羊毛等等。以交换为目的的生产，即商品生产，还只是在形成中。因此，交换是有限的，市场是狭小的,生产方式是稳定的,地方和外界是隔绝的,地方内部是团结的;农村中有马尔克,城市中有行会。"[1] 这说明封建生产关系的确立,需要有一个自给自足的自然经济环境。两汉时奴隶制经济的发展,是基于社会商品经济的繁荣,两汉封建制经济的发展也必须依赖于商品经济的衰退。从政府的赋税征收的情况看,两汉均是以货币为主,实物和力役为辅,还是有利于奴隶制经济发展而不利于封建制经济发展的重要因素之一。尽管我们看到东汉二百余年间商品经济呈现衰退的趋势,但自然经济始终未能起到主宰地位。直到东汉末年农民大起义后,社会经济遭到极大的破坏。整个社会都在为获得直接的生活资料而努力,钱货不行,商品经济一蹶不振,政府的赋税征收不得不采取实物形式。曹魏政权对小农每户征收绢二匹、绵二斤,收田租亩四升,一直到隋唐,尽管其间有量的变化,但从未改变征收实物的本质特征。封建经济从曹魏时期起才在社会中取得了主导地位。

封建经济在战国秦汉年间发展的阻碍,就是战国秦汉小农转化为地主的依附民、佃农的阻碍。对于秦汉间为小农来说,他们破产后的出路为奴与为徒附是大不相同的,这是人人皆明白的基本常识。在秦汉社会中小农破产后往往首先成为流民,变成国家与社会的负担,给社会经济和政治秩序都带来严重的威胁,封建经济的发展和取得支配地位后,他们往往就地成为地主的依附民和佃客,尽管土地兼并仍在进行,但造成的后果与奴隶制经济占主导地位的秦汉社会却大不相同,不再出现大规模的生产者与生产资料

---

[1] 《马克思恩格斯全集》第19卷,第233—234页。

相分离的社会现象,社会的经济和政治秩序相对稳定,这无论是对破产的小农还是对国家均是值得欢迎的经济形式,但是这种经济形式的发展,却受到了上述几个方面的阻碍,正是秦汉小农的不断抗争,付出了极大的代价后,才为扫清这些阻碍创造了必要的条件。

第三节 小农在秦汉封建生产关系发展过程中的作用

秦王朝社会的基本矛盾表现为国家无休止、无限制地奴役小农、小农反抗奴役的矛盾,是国家企图将小农奴隶化,小农反抗奴隶化的矛盾。秦末农民大起义的领袖刘邦出身于小农,起义时的基本群众及其本人都是逃亡在外的流民,是不甘当政府官奴的人。秦末的大起义中断了小农沦为国家奴隶的过程,是小农反抗奴隶制的第一次大规模武装斗争。

西汉末年,奴隶制经济高度发展,大批的小农被剥夺了生产资料,成为流民和奴婢,社会的基本矛盾仍然是小农奴隶化与小农的反奴隶化的矛盾。政府为解决这种矛盾,曾提出过限田、限奴婢的法令,但这只能是扬汤止沸,毫无效果,王莽实行王田私属制,这倒是个釜底抽薪的好办法,但是由于种种原因,亦未能长久实施。因此,统治阶级挽救社会危机,解决社会基本矛盾的企图归于失败,历史的任务就落到了小农肩上。西汉末年的农民大起义的胜利果实尽管被刘秀窃取,但它却为限制奴隶制、发展封建制经济开辟了道路,创造了有利条件。刘秀所颁布的部分解放奴婢和保护奴隶的生命安全的法律就是农民起义的直接成果,豪强地主势力的增长,使得国家限制封建经济发展的能力大为减弱,刘秀度田的失败就是最有力的证明。众多的坞堡内,形成了自给自足的庄园经济,使得豪强地主和佃客们有能力与政府的限制和奴隶制的商品经济相抗衡,结果是商品经济的萎缩与之俱来,谷帛逐渐取代金钱而取得一般等价物的地位,自然经济逐渐在社会经济生活中占有越来越大的比重。但是东汉政府并未承认豪强地主占有徒附的合法性,赋税征收的形式一仍西汉,五铢钱还在铸造,奴隶制经济还有很大的市场。封建经济尚未发展到可以大量吸收破产小农成为依附民和佃客的程度,因此破产后的小农仍不得不成为流民和奴婢。到东汉末年,小农们再次举行起义,使得东汉政权名存实亡,形成军阀割据的政治局面。在战争中大量的小农依附于豪强地主,封建经济得到了发展,国家已不能控制封建经济的发展,遂改弦易辙,承认地主占有依附民的合法性,并尽可能地加以限制,废除货币,赋税全征实物。这样,封建经济发展的阻碍全部扫除,奴隶制经济的根本已经失去,历史就发生了根本性的大转折,秦汉小农四百余年的斗争才取得了彻底胜利。

因此秦汉四百余年间的历史,就是奴隶制经济不断发展,从而不断地让小农转化为奴隶的历史,也是小农们反抗奴化的历史,同时也是封建经济逐步发展,小农们反抗奴化的斗争为封建经济的发展不断扫清障碍,开辟道路的历史。暴力是一个孕育着新社会的旧社会的助产婆,秦汉小农们正是通过暴力,付出了血的代价后,才为封建经济的确立奠定了基础。

第十章　战国秦汉小农与国家的关系

　　战国时期,小农是国家力量的基石,他们不仅是国家经济实力的基石,而且也是国家军事力量的基石。秦汉大一统的帝国,拥有强大的军事力量。它击匈奴、征朝鲜、战南粤、通西域,几乎无坚不摧,无往不胜,是当时世界上东方最强大的帝国。它又有着先进的文化和技术,具有高度的物质文明和精神文明。无论在世界史还是在中国古代史上,都占有特殊重要的地位。那么,支撑这座金碧辉煌、雄伟壮丽的帝国大厦的基础是小农经济还是其他? 我们只有具体地分析秦汉小农与国家的相互关系后,方能回答这个问题。

第一节　小农与国家的财政收入

　　"国家存在的经济体现就是捐税。"[①]"赋税是政府机器的经济基础,而不是其他任何东西。"[②]秦汉国家的经济基础当然是依靠向广大的编户齐民征收赋税而得以构成的。《汉书·王嘉传》记载:"孝元皇帝奉承大业,温恭少欲,都内钱四十万万,水衡钱二十

---

① 《马克思恩格斯全集》第 4 卷,第 342 页。
② 同上书第 3 卷,第 22 页。

五万万,少府钱十八万万。"《太平御览》卷 627 引桓谭《新论》云:"汉定以来,百姓赋敛,一岁为四十余万万,吏俸用其半,余二十万万,藏于都内为禁钱。少府所领园池作务之八十三万万,以给官室供养诸赏赐。"则两汉政府的赋敛收入为每年四十余亿,政府所直接经营的水衡财政收入与皇帝的少府系统的财政收入之和为四十三亿。水衡本属少府,其财政收入主要来自铸钱、公田、园苑;少府的收入来自山海池泽之税、官营手工业与市租等。因而这四十三亿的财政收入与小农的租赋税关系不大。这就是说,政府与皇帝直接经营的财政收入大于向编户齐民征收的赋税收入。而赋敛收入的四十亿并非全部由小农所承担,因为小农仅是编户齐民中的一部分,尽管是比例较大的一部分。我们在第五章第二节中曾推断汉代社会中中产以上家庭占 19.5%,中产之家占 50%中产以下家庭占 30.5%,现在我们将中产及中产以下家庭全部看作是小农,小农占全国总户数的 80%,而他们每户的占田数平均只能达到 50 亩,西汉有垦田 8270535 顷,有户 12233062,则小农户有 10393100 户,占有 5199050 顷土地,占全国土地总数的 62.3%。下面,我们将依秦汉的赋税项目分而述之。

1. 田租、刍稿收入

秦代因为没有垦田与农户口数的统计数据、则其田租、刍稿的收入状况只好暂付阙如。

西汉有垦田 8270536 顷,按亩出 4 升的租率计,可收田租 33032144 石。按顷出刍三石,稿二石的刍稿税率计,可收刍 24811603 石,稿 16541072 石。

东汉有垦田 6942892 顷,可收田租 27671568 石。刍 20828676 石,稿 13885784 石。

以谷价每石百钱、刍每石四钱,稿每石二钱计,则西汉政府的土地税入每年为 3440542976 钱。东汉政府的土地税入为每年 2878243072 钱。

则小农承担其中的 62.8%。

2. 算赋、口赋收入

西汉平帝元始二年有 59594978 人,我们按应纳算赋的人占 1/2,纳口赋的占 1/4,不纳人头税的老小占 1/4 算,纳算赋者为 29797489 人,纳口赋者为 14898745 人,一算为 120 钱,口赋为 20 钱则政府可得算赋 3575698680 钱,口赋 227974890 钱,合计为 3873673570 钱。

东汉安帝延光元年有 48690789 人,则纳算赋者为 24345395 人,政府可得 2821447400 钱,纳口赋者为 12172697 人,政府可得 243453940 钱,合计为 3064901340 钱。

小农则要承担其中的 80.5%。

3. 更赋收入

更赋是代役钱,也称过更,一般说来小农贫困,根本无钱雇人代役,但因政府的赋税政策如此,则必也缴纳。形成政府在有役之时,小农服役,在无役之时,小农缴纳更赋的状况,并逐渐成为常规赋税项目之一。总之,小农每年为政府无偿服一个月徭役的义务是逃脱不了的。而爵为五大夫,官为六百石以上者可以享受免役特权,则服徭役和纳更赋者必然几乎全部是小农。按秦钱的过更钱为三百,汉代服徭役者应是纳算赋者的 1/2,则西汉为 14898744 人,若有 10% 的人享受免役特权,政府可得 5022961000 钱。东汉政府可得 3286528100 钱。这几乎全部为小农承担。

汉代的政府常规的赋税项目即为上述三项,户赋是军赋,因此未列入政府的正常的财政收入的赋税项目。

根据上文论述,我们列表如下,以反映西汉政府的财政收入与小农的关系。

赋税项目	政府财政收入	小农纳税量及百分比	
田租刍稿	34.4亿(五铢钱)	21.6亿	62.8%
算赋口赋	38.7亿	20.1亿	80.5%
更赋	50.2亿	50.2亿	100%
合计	123.3亿	102.9亿	83.5%

从这张表我们可以看出,西汉小农负担着国家税收来源的 83.5%,西汉政府全年的财政收入为 123.3亿,这与《汉书·王嘉传》和桓谭《新论》的记载的 40 余亿相去甚远。这是因为:一、我们的统计是根据全国的垦田与人口总数而得出的理论数据,与实际的征收必有差距。汉初封诸侯王,中央直属的郡只有十五个,诸侯王的郡达三十九个。根据柳春藩先生的考证,汉初王国地区与中央直属地区的人口之比约为 10∶5.29,①诸侯王统治地区的赋税收入全部不入中央。而中央直属的区域内,"公主、列侯,颇邑其中",功巨侯者见于记载的有 114 人,共食邑二十四万四千一百五十一户。② 他们在封邑内"皆令置吏,得赋敛"亦可征发徭役,祝阿

---

① 柳春藩《秦汉封国食邑赐爵制》,第 42 页。
② 同上书,第 82 页。

侯高成，就是因"事国人过律"而被免侯的①，他们绝非单纯地分割田租、刍稿这一项国家收入。根据柳春藩先生的推算，他们所食户数约占全国总数的十分之一。此外尚有外戚恩泽侯的分封，王后、公主的汤沐邑等等，亦要分割国家的租赋收入。因此，汉初国家的赋税收入中，必须减去诸侯王的十分之六强，功臣侯的十分之一，只剩十分之三弱。但景帝时发生吴楚七国之乱后，情况发生了变化，诸侯王逐渐被削夺，到平帝元始二年，共有王国23，领户143万，人口683万，只占全国总人口的1/9。侯国的经济权益亦大为减少"但纳租于侯，以户数为限。"然而，侯国的数量比汉初却大为增加，王子封侯者至平帝时共379人，各类封侯者从汉初到平帝时共811人。平帝时实际存在的侯约百人，平均每侯食封1500户，全国约有十五万户，加上关内侯，汤沐邑在内亦不会超过三十万户。这143万户的租赋收入要归王国，三十万户的田租归诸侯。其二，人口税中的口赋一项，并不归入政府的财政收入，而是归于皇家的少府。《汉仪注》云："民七岁至十四岁出口赋钱，人二十三，二十以食天子，其三钱者，武帝加口钱，以补车骑马。"因此，口赋一项的收入，必须从政府赋税收入中扣除。根据上文的推算，西汉为2.9万万，东汉为2.4万万。

第二，更赋一项，乃是免役税，西汉时尚未成为一项常规赋目，已服徭役者即可不纳此赋。因此，我们所推算的50.2亿更赋钱，政府是不可能全部得到的，更何况这笔更赋钱还要被王侯分割去一部分。

---

① 《汉书·高惠高后文功臣表》。

基于以上三个方面的因素,西汉政府的全年赋税收入只能来自于部分田租、刍稿和部分算赋、更赋。而田租、刍稿乃是实物,进入都内的货币收入只是算赋和更赋。这两项的理论数据为八十五万万,经与王侯分割,实际能收到的也只能是个半数,故王嘉和桓谭所说的都内钱四十余万万是可信的。应该指出的是,水衡的二十五万万钱的财政收入,主要来自铸钱和皇帝所属的园苑,它与政府的财政收入之比为 5∶8,少府的收入十八万万来自山海池泽之税,其中包括市租和官营手工业。水衡本属少府,则少府的财政收入达四十三万,已超过了政府的财政收入。元帝时"罢角抵上林宫馆希御幸者,齐三服官,北假田官、盐铁官,常平仓"。[①] 因此都内的四十万万和少府的四十三万万都不再包括官营盐铁业的收入。而少府的这四十三万万钱就不是来自小农的赋税,这样,小农的赋税在整个西汉国家的财政收入中的比例就不占 83.5%,而是降为 62%了。

第二节　小农与国家的军事力量

战国秦汉的兵员主要来源于小农。两汉小农中的成年男子,一生中要当兵两年,一年在本郡,一年在边疆或京师。州郡每年八月举行都试,操练和检阅部队。因此,秦汉的军队是训练有素的。西汉有适龄的兵源一千四百八十万人,一人一生中当两年兵,足够政府维持一支一百万人的常备军队。

---

① 《汉书·元帝纪》。

第十章 战国秦汉小农与国家的关系

秦代之所以在战国的兼并战争中能取胜,关键在于它实行了一套奖励军功的制度,使得小农能全力以赴投入战斗,为获得更多的土地而卖命。因此秦军能所向披靡,完成统一大业。

汉承秦制,刘邦在统一全国后,也论功行赏,"其七大夫以上,皆令食邑,非七大夫以下,皆复其身及户勿事。"① 但田宅的赐予,一开始就不能贯彻,刘邦诏曰:"且法以有功劳行田宅,今小吏未尝从军者多满,而有功顾不得"② 就是最好的说明。刘邦以后,两汉的二十等军功爵制名存实亡,已不是鼓励小农奋勇战斗的诱饵,而是力图防止小农破产的无力措施。清人钱大昕说:"谨按赐爵始于商鞅,以旌首功。汉时,战以军功,或以入粟、入钱得之。而赐民爵一级或二级,史不绝书。大约公乘以下,与齐民无异,五大夫以上,始得复其身。民赐爵者,至公乘而止。爵过公乘,得移与子若同产、同产子。有罪得赎,贫者得卖与人。宣帝求汉初功臣之后,复其家,史称皆出佣保之中。及考之表,则或云公乘、簪褭,或云公士、上造,大率皆有爵者。虽拥高爵,尚杂佣保,爵之冗滥如此。至五大夫以上,则以赐中二千石至六百石之勤事者及列侯嗣子。然考之史、汉,自卜式、桑弘羊而外,书赐者寥寥。非无爵也,赐爵不是为荣,史家略而不书也。民爵不过公乘,而入粟之法流行,则有至大庶长者,大庶长去关内侯一级耳。然鬻爵而不鬻官,官有员,爵无员,此晁错所谓出于口而无穷者也。"③ 正由于二十等军功爵制名存实亡,所以武帝时又搞了一套武功爵以显军功,但因为这套

---

① 《汉书·高帝纪》。
② 同上。
③ 《潜研堂文集》卷34《再答袁简斋书》。

武功爵也商品化了,结果是徒乱制度而已。两汉军功爵制衰亡的最主要原一因是"以功劳行田宅"的"法"没有了,可这正是秦二十等军功爵制的精髓,它包含了两个方面的内容:一是论功赏赐生产资料,二是政府对生产资料的占有状况加以强有力的干预。而两汉政府对生产资料的占有状况主观上根本未作有力的控制,而商品经济的发展也使它客观上失去了控制能力。小农们当兵除衣食、兵器由国家供应外,立功只能得到升迁和赏赐,但这种机会在普通士兵身上毕竟很少。他们当兵纯粹是尽义务,家中少了一个主要劳动力,在战场上他们前有强敌之患,后有家室之忧。因此,两汉军队的战斗力的强弱遂与小农经济的盛衰有着直接关系。这种情况在秦统一全国后即已表现出来了。《商君书·赏刑篇》所云:"民之欲富贵也,共阖棺而后止,而富贵之门,必出于兵,是故民闻战而相贺也,起居饮食所歌谣者,战也。"这种高涨的战斗热情已丧失殆尽。晁错说:"秦之卒也,有万死之害,而亡铢两之报,死事之后不得一算之复。"①因此,"民闻征发,如往弃市"②。陈胜、吴广大起义的起因就是谪戍渔阳。陈胜在鼓动起义时所说的"戍死者固什六七"这正是"如往弃市"的注脚。这主要是因为小农经济在秦政府的横征暴敛下已濒于崩溃,战争已不能使他们得利,还有谁再为政府去卖命呢?秦末农民大起义的军队装备是十分差的,却以摧枯拉朽之势推翻了秦王朝。这正如贾谊在《过秦论》中所说:"然陈涉以戍卒散乱之众数百,奋臂大呼,不用弓戟之兵,锄櫌白

---

① 《汉书·晁错传》。
② 同上。

挺,望屋而食,横行天下。秦人阻险不守,关梁不阖,长戟不刺,强弩不射。楚师深入,战于鸿门,曾无藩篱之艰",昔日之战无不胜,攻无不克,守无不固的秦军,成为一帮毫无战斗力的乌合之众。这并不是攻守之势的变化,而是秦王朝失去了民心,失去了小农对战争的热情支持。所以刘邦攻入关中,与民约法三章后,秦民如解倒悬,纷纷劳军,唯恐刘邦不王关中。因此在秦王朝镇压农民起义的军队中,由秦小农组成的军队是毫无战斗能力的,真正具有战斗能力的是章邯所率领的由刚刚解放的刑徒即官奴隶组成的军队,秦王朝凭借着这样一支军队才在战场上扭转了局势,还让它得以多苟延残喘了几个月。

为了说明秦汉小农的盛衰与国家军事力量强弱的关系,我们将秦汉四百余年间与主要少数族的重要战役情况,列表如下:

时间	少数族名称	出动兵力	胜负	资料出处
秦始皇三十二年	匈奴	三十万	胜	《史记·秦始皇本纪》
秦始皇三十三年	南越	五十万	胜	同上
汉高祖七年	匈奴	三十二万	败	《汉书·高帝纪》
武帝元朔五年	匈奴	十余万	胜	《汉书·武帝纪》
武帝元狩二年	匈奴	万骑、数万骑	胜	同上
元狩四年	匈奴	骑兵十万 步兵数十万	胜	同上
元鼎六年	匈奴	十余万	胜	同上
	西羌	十万人	胜	同上
太初二年	宛 匈奴	二万骑	大败 全军覆没	同上
太初三年	宛	骑兵六万 步兵十八万	胜	同上
天汉二年	匈奴	三万骑	败	同上
天汉四年	匈奴	步骑二十万	不利	同上

续表

征和三年	匈奴	步骑十三万	主将败降	同上
宣帝本始二年	匈奴	十五万骑	胜	《汉书·宣帝纪》
元帝永光二年	羌	六万	胜	《汉书·元帝纪》
光武帝中元二年	羌	四万	胜	《后汉书·光武帝纪》
和帝永元元年	北匈奴		大胜	《后汉书·和帝纪》
安帝永初元年	羌	五万	大败	《后汉书·安帝纪》
灵帝熹平六年	鲜卑	三万骑	大败	《后汉书·灵帝纪》

从此表中我们可以看到，凡是小农经济比较发展的时期，亦是国家的军事力量较为强盛的时期，打胜仗居多，凡是小农经济衰退的时期，亦是国家的军事力量较为衰弱的时期，打败仗居多。

以与匈奴人的战争为例，秦始皇时蒙恬三十万众即可使胡人不敢南下牧马，当时正是秦刚刚统一六国不久，小农经济正处于上升时期，故秦的军队的战斗力正强。汉高祖刘邦以三十二万众被匈奴军围困于白登，几乎不得脱，主要原因还是社会经济凋敝，士卒疲于战争，故战斗力不强。及至经文景两代的休养生息，小农经济得到很快的发展，国家的经济实力强盛，军事上也就必然强大。武帝时卫青率十余万骑，即可横行匈奴中，与刘邦时被困白登，其军队的战斗力何可同日而语！但到武帝晚年，由于连年征伐，横征暴敛，造成小农破产流亡以至举行武装反抗，社会矛盾已开始激化，以前对匈奴战争几乎是全打胜仗的汉武帝，太初二年后就连遭失败了。是主将无能，还是匈奴突然强大了？汉武帝自己已经做了正确回答：

> 当今务在禁苛暴，止擅赋，力本农，修马复令，以补缺，毋乏武备而已。①

---

① 《汉书·武帝纪》。

第十章 战国秦汉小农与国家的关系

因为当时已是"海内虚耗,户口减半"。小农经济衰落了,他的仗是无法打下去的。经昭宣两代的努力,小农经济又有所恢复和发展,军队的实力也得到了加强,匈奴对汉的威胁就是在宣帝时解除的。东汉亦是在光武、明帝、章帝时社会经济发展,小农经济发展,小农经济复苏时,国力较为强盛,北匈奴的彻底失败后西迁,彻底挖掉了长期以来北方边境不安的祸根,羌人的反抗亦能迅速扑灭。但和帝以后,羌人接连不断地反抗,东汉政府是费了九牛二虎之力才将它残酷镇压下去的,战争中屡吃败仗。顺帝永和六年,羌人进逼三辅,东汉政府只派了五千兵屯三辅以防不测,其军事实力的捉襟见肘之窘态毕露。仅安帝一朝,与羌人的战争花费了十余年时间,二百四十余亿军费,军民死伤不计其数,国家府库为之虚竭。东汉政府在与鲜卑人的战争中亦是屡吃败仗。总之,东汉的军事力量远不及西汉强大,首先军队的数量就少于西汉,西汉军队出征匈奴或其他少数民族动辄十余万、二十余万众,东汉的出征数绝少达到十万。二是兵员不足,东汉政府经常不断地放免囚徒以充战士,西汉虽然亦有此种情况,但绝不如东汉频繁地发生。三是财政困难,东汉政府能做出减百官奉,向王侯国借租的举动,甚至还开西邸卖官,上至公卿,下至郡县官长皆有定价,亦是属于欲解财政上的燃眉之急。汉武帝时财政开支之巨,是东汉任何一个皇帝都无法比的,他虽然也卖官鬻爵,却有限度,绝没有克扣百官薪俸,向诸侯王借贷的现象发生,除了汉武帝的盐铁官营和没收商人财产的生财之道外,西汉的小农经济比东汉强为亦是重要原因。东汉的庄园制经济发展起来,小农成为依附民就容易摆脱国家的控制,这必然影响国家的兵源和财政收入。东汉政府逐步采取募兵以代替征兵制的原因正是小农经济的逐步衰落。总之,小农经济的盛衰,决定了战国秦汉国家军事力量的强弱。

第三节 国家对小农的政策

秦汉国家对小农的政策可以用八个字来概括,这就是肆意盘剥,尽力扶持。

从肆意盘剥的角度看,秦王朝采取的"收天下泰半之赋""竭天下之资财以奉其政"的政策,无休止地征发徭役,兵役。在短短的十五年统治时期内横征暴敛,三十万人击匈奴,五十万人戍五岭七十万人建骊山陵,筑长城、治驰道,建阿房宫,又不知耗费了多少民力! 遂使"男子疾耕,不足粮饷,女子纺织,不足衣服",再加以严刑峻罚,使得"褚衣半道,囹圄成市",结果是使"黎民大困",小农已经不能进行其正常的生产活动,导致全国规模的大起义将秦王朝推翻。

两汉的统治者虽说接受了秦王朝迅速灭亡的教训,注意轻徭薄赋,使小农得以休养生息,但对小农的盘剥仍不遗余力,这正如《盐铁论・未通篇》中文学所批评的那样:"田虽三十而以顷亩出税,乐岁粒米粱粝而寡取之,凶年饥馑而必求足,加之以口赋更徭之役,率一人之作,中分其功。农夫悉其所得,或假贷而益之。是以百姓疾耕力作,而饥寒遂及己也。"东汉的朱穆亦说:"顷者官人俱匮,加以水虫为害,京师诸官,费用增多,诏书发调,或至十倍。各言官无见财,皆当出民,榜掠割剥,强令充足。公赋既重,私敛又深，牧守长吏，多非德选，贪聚无厌，遇人如虏，或绝命于捶楚之下，或自贼于迫切之求。"①尽管两汉的更徭租赋皆有定程，然而统治阶级能否恪守这些定程却是一码事。擅徭、擅赋以及乡部私求，是小农们不可胜供的。《盐铁论》中所记载的贤良文学们的发言就揭露了不少这方面的真情，秦汉小农的破产，政府的肆意盘剥无疑是最重要的原因。

秦汉的小农不仅要受政府的盘剥，还要受商人、高利贷者、奴隶主、地主、官僚们的盘剥，小农大量地破产，将使政府的财源兵源枯竭，这将直接威胁统治阶级的根本利益。因此，为维护自己的根本利益，秦汉的政府不得不对小农采取一系列的保护措施，这些措施包括：

1. 推行"上农除末"的政策

商鞅变法时就实行"耕织致粟帛多者复其身，事末利及怠而贫者举以为收孥"的政策，秦的琅玡台刻石亦标榜秦始皇"上农除末，黔首是富"。刘邦更是压制商贾不遗余力，规定商人不得"衣锦绣绮縠絺纻罽，操兵、乘骑马"并"重租税以困辱之"。商人不得为官的禁令，终两汉之世未解，汉武帝实行了更为严厉的摧抑商贾的政策，致使"商贾中家以上大率破"。

对于高利贷者，汉代亦有律文对其加以限制。《汉书·食货志》载："民或乏绝，欲贷以治产业者，均受之，除其费，计所得受息，毋过岁十一。"旁光侯刘殷就是因"贷子钱不占租，取息过律"②而

---

① 《后汉书·朱晖传》。
② 《汉书·王子侯表》。

被免。云梦睡虎地所出《法律答问》规定:"百姓有债,勿敢擅强质,擅强质及和受质者,皆赀二甲。廷行事强质人者论,予者不论,和受质者,予者口论。"这是以法律保护债务人免当债权人的债务奴隶。

尽管以上的这些抑商政策和法律的执行情况很成问题,正如晁错所说:"今法律贱商人,商人已富贵矣。"但毕竟有这些政策和法律存在,或多或少地都起到了保护小农的作用。

关于尚农的措施,以文帝贯彻最力,他多次下诏指出"农,天下之大本",开籍田亲耕以劝小农,减免田租、算赋,减少小农的徭役负担,数敕有司,以农为务。从惠帝始就设力田科以尊显和奖励务农者。因此,汉代统治集团始终把维护小农经济作为立国的基本方针。不少的地方官在其治理的范围内能注意贯彻农本思想,扶植小农。西汉的召信臣与东汉的杜诗因注意兴修水利,发展农业生产即被人称为召父杜母,西汉的龚遂在其任渤海太守期间"见齐俗奢侈,好末枝,不田作,乃躬率以俭约,劝民务农桑,令口种一树榆,百本薤,五十本葱,一畦韭,家二母彘,五鸡。民有带持刀剑者,使卖剑买牛,卖刀买犊。"[1]黄霸任颍川太守时,亦"选择良吏,分部宣布沼令,令民咸知上意。使邮亭乡官,皆畜鸡豚,以赡鳏寡贫穷者。然后为条教,置父老师帅伍长,班行之于民间,劝以为善防奸之意,及务耕桑,节用殖财,种树畜养,去食谷马,米盐靡密"[2]东汉的仇览任亭长,"劝人生业,为制科令,至于果菜

---

① 《汉书·循吏传》。
② 同上。

为限,鸡豕有数。"①任延在任九真守时"乃令铸作田器,教之垦辟田畴,岁岁开广。"②王景任庐江太守时"驱率吏民,修起芜废,教用犁耕……令民知常禁,又训令蚕织,为作法制,皆著于乡亭。"③两汉像这样的循吏尚有杨仁、张禹、崔瑗、秦彭、任延、茨充、童恢等多人,即使称为为酷吏的樊晔在其任扬州牧时亦能"教民耕田、种树、理家之术。"④统治集团从中央到基层均能如此重视农业生产,无疑会对稳定小农经济起重大作用。

此外,统治阶级中的不少有识之士,尚能关心小农的经济状况,体恤小农的疾苦,不时地向政府呼吁和提出建议,防止小农的破产和流亡。像李斯、冯去疾,冯劫亦曾向秦二世指出"盗多皆以戍、遭、转,作事苦,赋税大也。"建议二世"止阿房宫作者,减省四边戍转。"⑤西汉的贾谊、晁错都从国家长治久安的立场出发,论述保护小农经济的重要性。西汉的贡禹、鲍宣都曾向皇帝上书诉说小农的疾苦,特别是鲍宣,列数了小农的七亡、七死之状,若非洞察下情,何能言之凿凿?东汉的崔实、仲长统有关小农受兼并之害的论述,更为史学界所重视。他们的这些呼吁和建议,有些能为皇帝所接受,变为政策以施行,有些则被束之高阁。但是,由于他们的呼吁和建议,总能或多或少地影响统治阶级在制定和推行政策的过程中,不得不考虑到小农的经济利益,自然会对保护小农经济起积极的作用。

---

① 《后汉书·循吏传》。
② 同上。
③ 同上。
④ 《后汉书·酷吏传》。
⑤ 《史记·秦始皇本纪》。

2. 实行普赐民爵制度

秦设二十等军功爵制是为战争服务的,爵位只授予立有军功的战士,两汉从惠帝起,实行了普授民爵的制度,这种制度的推行,主要是为了提高小农的政治地位,同时也给小农一些经济上的实惠,起到保护小农经济的重要作用。

汉代的爵,据湖北江陵张家山二四七号汉墓所出《二年律令·爵律》"诸当赐受爵,而不当拜爵者,级万钱。"可知,吕后二年前爵一级值万钱,而根据《汉书·惠帝纪》颜注引应劭曰:"一级直钱二千。"成帝鸿嘉三年曾"令吏民得买爵,贾级千钱"。① 由此我们可以看到随着汉代政府赐爵的轻滥,爵位价值不断下降的过程。汉政府赐一级爵给小农家庭,就等于赐一二千钱。武帝时"受爵而欲移卖者,无所流贳"②,小农可卖爵而得惠。

《汉官旧仪》载:"男子赐爵一级以上,有罪以减"。因触犯刑律而破产的小农,在秦汉为数甚多,得到政府赐爵,多少可以减免罪罚,这当然会在小农免遭破产厄运方面起一定作用。

此外汉代规定爵至第九级五大夫,可以免除本人徭役。政府在赐民爵时规定,受赐者的爵位只能达到第八级公乘,超过的爵级,可以转赐给自己的子弟。这主要是限制享受免役者的数量,可是对于买爵至五大夫或五大夫以上,并无限制。小农因赐爵有了低于五大夫的爵位,再买一级或数级达到五大夫即可免役,这是政

---

① 《汉书·成帝纪》。
② 《汉书·武帝纪》。

府所无法限制的。因此,两汉政府赐民爵给广大小农,就给小农们创造了买复的有利条件,史料证明两汉的小农正是这样做的。武帝时"民多买复及五大夫、千夫,征发之士益鲜"①,元帝时"民多复除,无以给中外徭役"②。若无普赐民爵制度的存在,能买复者只是那些占人口数量较少的富人,是绝不会影响政府的征发的,两汉的徭役剥削,占了小农全年劳动的 1/12,特别是那些法外之徭,更是造成小农破产的重要原因。小农因赐爵而能买复,两汉的普赐民爵就绝非是无关民之痛痒的国家庆典的点缀品,而是扶持小农的重要措施。

我们在讨论秦汉小农的身份和社会地位时,曾统计了两汉各帝赐民爵的具体数据,西汉共赐民爵 54 次,其中高祖 1 次,惠帝 3 次,高后 1 次,文帝 2 次,景帝 3 次,武帝 5 次,昭帝 2 次,宣帝 14 次,元帝 7 次,成帝 7 次,哀帝 2 次,平帝 2 次。东汉共 34 次,光武 4 次,明帝 9 次,章帝 4 次,和帝 4 次,安帝 6 次,顺帝 5 次,质帝 2 次,桓帝 1 次,灵帝 1 次,献帝 1 次。从这些数字中,我们可以看到,西汉赐民爵的次数比东汉多,但东汉每次一般都是赐两级,故总的赐爵级比西汉为多。西汉文景两代共赐四次,昭宣两代 16 次,元成两代 14 次,特别是宣帝一代竟达 14 次,景帝为其次 8 次,而宣帝号称中兴之主,景帝更是汉世贤君,他们赐民爵的数量多于其他各帝,必然在稳定小农经济方而起了作用。东汉光武,明、章三帝共 15 次,几乎占东汉全部赐爵数量的一半,而正是这三代为

---

① 《汉书·食货志》。
② 《汉书·元帝纪》。

东汉的小农经济恢复和发展的时期。西汉的哀平两代仅 4 次,东汉桓灵两代仅 2 次,难怪他们要成为末世之主。我们从赐爵次数的多寡与社会经济盛衰具有近乎正比例关系的现象中,即可了解到两汉赐民爵制度在保护小农经济方面的重要作用。东汉普赐民爵还有一个特点,就是特别强调给"无名数及流人欲占者人一级",这无疑对安辑流民起到积极作用。

3. 减免租赋与赐复

两汉除了具有较为固定的租赋更徭制度外,还经常根据不同的原因和需要或给部分地区、部分小民,或给全国的小民减免租赋与赐复,以减轻小农的负担。根据两汉书各纪所载,可知两汉四百年间诏书所载的减免田租共 59 次,租赋同时减免者 30 次,免更赋 11 次,刍稿 12 次。减免的原因以遭受自然灾害和人祸为主,次则为皇帝巡幸,再次为祥瑞出现。这对于濒临破产的小农虽然如杯水车薪,但有这些减免,总比没有更好吧。(详见附三)

4. 赈济、安辑贫民和流民

秦汉的小农受政府、奴主、地主、商人、高利贷者的盘剥,再加上天灾人祸,破产而流亡是极为严重的社会现象。《汉书·武帝纪》载"(元狩)四年冬,有司言关东贫民徙陇西、北地,上郡、会稽凡七十二万五千口。"《史记·万石张叔列传》云:"元封四年中,关东流民二百万口,无名数者四十万。"《汉书·谷永传》载:"灾异屡降,饥馑仍臻,流散冗食,馁死于道,以百万数。"《后汉书·桓帝纪》云:"永兴元年秋七月,郡国三十二蝗,河水溢,百姓饥穷,流冗道路,至有数十万户,冀州尤甚。"对于如此众多的贫民和流民,秦政府的对策于史无征,两汉政府的对策是尽量赈济和安辑,而不是像后世那样强制他们返回乡里,尽量限制他们的流动范围,以致激化矛盾,酿成大乱。

高祖刘邦起对流民的措施是:"民前或相聚保山泽,不书名数,今天下已定,令各归其县、复故爵田宅,吏以文法教训辨告,勿笞辱。"①尽量以礼相待,安辑之,计他们重新成为政府的编户民,此项方针一直为两汉各帝所恪守。其具体的措施一是赈济:《汉书·昭帝纪》载:"始元二年三月,遣使者赈贷贫民无种食者。"《成帝纪》云:"流民欲入关,辄籍内,所之郡国,谨遇以理,务有以全活之。"《后汉书·和帝纪》载"流民所过郡国,皆实禀之。"《安帝纪》云:"调零陵、桂阳、丹阳、豫章、会稽租米,赦给南阳、广陵、下邳、彭城、山阳、庐江、九江饥民。""诏兖豫徐冀四州,比年雨多伤稼,禁酤酒,遣三府,分行四州,贫民无以耕者为雇犁牛直。"

两汉政府还常常赐给贫民钱、粮、帛。武帝于元封五年就曾"赐天下贫民布帛,人一匹。"②安帝元初元年曾赐"鳏寡孤独笃贫不能自存者,谷人三斛。"③顺帝曾赐受灾地区"年七岁以上钱人二千。"④

此外贷钱、谷给贫民者亦史不绝书,且此种借贷,常常勿收债,这些都属于赈济措施。

---

① 《汉书·高帝纪》。
② 《汉书·武帝纪》。
③ 《后汉书·安帝纪》。
④ 《后汉书·顺帝纪》。

二是迁贫民、流民于宽乡。武帝时"徙贫民于关以西及充朔方以南新秦中,七十余万口,衣食皆仰给县官。数岁,假予产业,使者分部护之,冠盖相望,其费以亿计,不可胜数。"①东汉章帝时"令郡国募人无田欲徙他界就肥饶者恣听之,到在所赐给公田,为雇耕佣赁种饷,贳与田器,勿收租五岁,除算三年,其后欲还本乡者,勿禁。"②

三是假民公田。汉高祖刘邦在尚未统一全国前就曾令"诸故秦苑囿园池,皆令人得田之。"③萧何亦曾向刘邦提议:"上林中多空地弃,愿令民得入田,毋收稿为禽兽食。"④这种赈济性质的假民公田,几乎两汉各帝均曾实行过。"元帝初,关东大水,郡国十一饥疫尤甚,上乃下诏,江海陂湖园池属少府者,以假贫民,勿租税。"⑤东汉和帝亦曾令"其官有陂池,令得采取,勿收假税二岁。"⑥

除此临时性、赈济性的假民公田外,两汉政府还实行一种长久性的假民公田措施,以安置破产的小农。宣帝曾令"流民还归者,假民公田,贷种食,且勿算事。"⑦元帝亦曾"赦天下令厉精自新,各务农亩,无田者,皆假之,贷种食如贫民。"⑧东汉安帝亦曾诏"以鸿池假与贫民。"⑨政府以这种假民公田的方式,让一些破产的小农

---

① 《史记·平准书》。
② 《后汉书·章帝纪》。
③ 《史记·高祖本纪》。
④ 《史记·萧相国世家》。
⑤ 《汉书·冀奉传》。
⑥ 《后汉书·和帝纪》。
⑦ 《汉书·宣帝纪》。
⑧ 《汉书·元帝纪》。
⑨ 《后汉书·安帝纪》。

耕种政府的公田,重新建立起小农经济,这部分人就成了政府的佃农,政府就能更有效地控制他们,于国于民都是有利的。只是政府的公田是有限的,并不足以将全部破产小农通过这种方式安置起来,尚有大部分破产的小农要沦为奴婢和徒附。

四是赐公田给破产的小农。《盐铁论》中文学就曾建议政府将假民之公田改为"赋归之于民,县官租税而已。"这种赋民公田,其实就是将公田赐于贫穷破产的小农。宣帝时广陵相"胜之奏夺王射陂草田,以赋贫民。"[1]贡禹就曾说过:"贫民虽赐之以田,犹贱卖以贾。"昭帝曾"罢中牟苑,赋贫民。"[2]《汉书·霍光传》载霍山语:"今丞相用事,县官信之,尽变易大将军法令,以公田赋与贫民。"《汉书·哀帝纪》载建平元年"太皇太后,外家王氏,田非冢茔,皆以赋贫民。"《汉书·平帝纪》载元始二年"罢安定呼池苑为安民县,起官寺市里,募徙贫民,县次给食至徙所,赐田宅什器,假与犁牛种食。"王莽曾带头"献其田宅者二百三十人,以口赋平民。"[3]东汉的明帝于永平十三年诏将"滨渠下田,赋与贫人,无令豪右得固其利。"[4]章帝建初元年"以上林池籞赋与贫人"。[5] 元和三年诏:"今肥田尚多,未有垦辟,其悉以赋贫民,给与种粮,务尽地力,勿令游手。"[6]安帝永初三年诏将"上林广成苑可垦辟者,赋与贫民。"[7]《后

---

[1] 《汉书·广陵王胥传》。
[2] 《汉书·昭帝纪》。
[3] 《汉书·平帝纪》。
[4] 《后汉书·明帝纪》。
[5] 《后汉书·章帝纪》。
[6] 同上。
[7] 《后汉书·安帝纪》。

汉书·樊准传》亦载"永初之初……悉以公田赋与贫人。"和帝时任魏郡太守的黄香,亦曾将郡内原有租给贫民耕种的公田"悉以赋人,课令耕种。"①

以上的这些史料,都说明两汉政府确实是将赐民公田作为稳定和保护小农经济的重要措施付诸实行的。赐或假民公田的田,大部分属于未开垦的荒地,这既可以安置破产的小农,又可增加全国的垦田数量,归根结底可以增加政府的赋税收入。安辑流民与垦田数量,租赋收入数量一直是两汉考核地方官的依据。地方官要想获得好的政绩,必须调动地方的民众多多开垦土地,有了土地,自然会有流民来占住,租赋收入必然增加。像东汉的张禹,在其任下邳相期间看到"徐县北界,有蒲阳坡,傍多良田、而湮废莫修,禹为开水门,通引灌溉,遂成熟田数百顷,劝率吏民,假与种粮,亲自勉劳,遂大收谷实,邻郡贫者,归之千余户,室庐相属,其下成市,后岁至垦千余顷,民用温给。"②张堪在任渔阳太守期间"乃于狐奴开稻田八千余顷,劝民耕种,以致殷富。"③这些新垦辟的土地,当然属于公田,但地方官有权处置,故黄香的前任可将其租于贫民,黄香亦可将其赋于贫民,张禹与张堪所开垦之田,不管是假还是赋于贫民,都达到了垦田、安置破产小农、增加赋税收入的目的。

总之,秦汉政府对小农的政策,秦是横征暴敛,竭泽而渔。两汉既有肆意盘剥,又有尽力保护,从总体上看两汉政府是采取的养鸡生蛋,而不是杀鸡取卵的政策。它所施行的种种保护小农的措

---

① 《后汉书·文苑传》。
② 《后汉书·张禹传》。
③ 《后汉书·张堪传》。

施,在延缓小农的破产方面是起了作用的。可是两汉的商品经济与奴隶制经济的发展,终究要将广大的小农卷入其洪流,破产、流亡成为奴婢乃是经济运动的客观规律,政府的行政干涉,只能起扬汤止沸的作用,故政府虽赐田给破产的小农,小农仍不得不"贱卖以贾",表面上是小农惑于钱、末利深,实质上是他们根本无力与奴隶制经济抗衡。政府的限田、限奴议、王田、私属制,均是对奴隶制经济的干预,可是都归于失败,这就充分证明"社会不是以法律为基础。那是法学家们的幻想。相反地,法律应该以社会为基础。法律应该是社会共同的,由一定物质生产方式所产生的利益和需要的表现,而不是单个的个人恣意横行。"①因此,尽管两汉对小农采取了种种保护性措施,但出发点还是维护国家的利益,并非是维护小农的利益,国家实际上是在与奴隶主、地主争夺小农,在这场争夺战中,奴隶主、地主采用的是经济手段,而国家采用的是行政和法律手段,尽管可以起作用,但终不能抗拒经济的规律,不能不以失败而告终。

第四节 徭役的兴利与为害

战国秦汉的小农对国家有承担徭役的义务,这种义务,战国和秦服役者的年龄一般规定为15—60岁的成年人,两汉时规定为15—56岁的成年男子;服役的期限战国时并没有规定,秦汉为每年服役一个月。凡国家的一切需要劳动力的公共工程、手工业生

---

① 《马克思恩格斯全集》第6卷,第291—292页。

产、交通运输，以及为皇室和政府机构服务的各种土木建筑工程，服役者都得参加，政府一般只提供服役期间服役者的食粮，其余的一切都得服役者自理。这是战国秦汉小农最为沉重的一项负担。这种负担有其为小农们兴利的部分，更有为害小农的部分，还有虽是兴利项目，但短期内却是为害小农的部分。因此，我们可以从国家征发徭役这一方面，来探讨战国秦汉小农与国家的关系。

征发徭役可以为小农兴利的项目，是兴修水利工程。水利是农业的命脉，在古代更是如此，灌溉区与非灌溉区的亩产量差别十分巨大，而小农受经济条件和生产资料的限制，是无力兴修水利工程的，他们不能不将兴修水利工程的希望寄托于政府。战国秦汉时的政府也确实兴修了不少大中型的水利工程。魏国有著名的西门豹治邺水利工程，秦有著名的郑国渠、都江堰、灵渠，在西汉有漕渠、六辅渠、龙首渠、白渠、成国渠、灵轵渠、湋渠、并凿渠通褒、斜水，在泰山下引汶水灌田，朔方、西河、河西、酒泉，皆引河及川谷以溉田，汝南、九江引淮，东海引钜定，皆穿渠为溉田，各万余顷。它小渠及破山通道者，不可胜言。东汉修建的鸿郤破、蒲阳破、芍破、镜湖，都是著名的水利工程。两汉对于黄河的治理，更是工程浩大，汉武帝时的塞瓠子口，成帝时的王延世治河，明帝时的王景治河，都动用数万以至数十万兵士和民工。对用于兴修水利和治理水害的徭役征发，小农们是不会有怨言的，在看到自己的劳动成果时，他们是颇为兴奋的，正如他们所歌唱的："田于何所？池阳谷口，郑国在前，白渠起后，举臿为云，决渠为雨，泾水一石，其泥数斗，且溉且粪，长我禾黍，衣食京师，亿万之口。"[①]对于率领他们兴

---

① 《汉书·沟洫志》。

修水利的地方官,是从内心感激的,召信臣和杜诗被誉为父母官,便是明证。

像筑长城这样的工程项目,尽管从总体上看与小农的经济利益并无二致,但由于工程浩大,所征发的民力过多,必然侵犯到小农们的眼前利益,影响他们的生活。

可是徭役征发的绝大部分却并非用来进行上述的与社会利益、小农利益相一致的工程,相反倒是用于为帝王造陵墓、宫殿、城墙、为军队、官员们运送物资等若干纯粹是浪费小农劳动的活动上。秦始皇的陵墓前后建造了几十年,不知耗费了多少小农的劳动和生命,而壮丽的阿房宫,只是满足秦始皇私欲的建筑群,最后被付之一炬。成帝初建昌陵,作治五年已使"天下虚耗,百姓罢劳",因"客土疏恶,终不可成",遂废弃。皇帝诏书责备工程负责人"妄为巧诈,积土增高,多赋敛徭役。兴卒暴之作,卒徒蒙辜,死者连属,百姓罢极,天下匮竭。"[①]将其罢官远徙,另营延陵。可见营建任何一个帝王的陵墓类皆如此。

惠帝时城长安城,见于本纪记载的就有两次征发长安六百里内男女十四万五千人服役,一次征发诸侯王列侯徒隶二万人服役,共二十一万人,这仅仅是一部分,偌大一个长安城,前后共持续建造了三年,服役总数当不下百万人。战国秦汉时代的城,乃以版筑而成,不耐风雨侵蚀,因此筑城乃是徭役中最为经常的项目。因此,小农们的徭役劳动,大部分均浪费在这种筑城、筑垣的工程上去了。

---

① 《汉书·成帝纪》。

小农的徭役劳动还常常用在官营的手工业生产部门。《盐铁论·禁耕篇》载文学曰:"故盐冶之处,大傲皆依山川,近铁炭,其势咸远而作剧。郡中卒践更者多不勘,责取庸代。县邑或以户口赋铁,而贱平其准。良家以道次儌运盐铁,烦费,邑或以户,百姓病苦之。"武帝以后的官营盐铁业,是政府财政收入的重要部分。政府除了使用官奴婢、罪犯外,还大量地使用服役的小农。政府使用这些无偿的劳动力进行盐铁生产,再将产品卖给他们,这实际上是对小农的双重剥削,政府即可获得直接的财政收入。

战国秦汉国家的交通运输,亦是靠征发徭役来维持的。秦始皇所开辟的驰道、直道,五尺道,新道,均是征发徭役而成,汉武帝欲通西南夷,曾"发巴蜀广汉卒作者数万人治道二岁,道不成,士卒多物故,费以巨万计。"军队打仗,其军需品的运输,供应京师的粮食及其他物资的运输,也都要依靠征发徭役进行。

因此,在战国秦汉社会中,国家对徭役的征发实是维持其正常活动的基础,这决定了战国秦汉政府对小农免役权的严格控制,决定了战国秦汉政府必须以直接的人身控制为其统治的基本特征。而大役频兴,征发无时,对小农的危害最大,秦之速亡,徭役征发无度是其主要原因。汉之徭役,虽有定程,然征发失时、过量,亦时有发生。特别是外徭的征发,迫使服役者远离家乡,往返时月并不计算在役期之内,这就等于增加了役期,增加了小农的负担。汉初的贾谊早就指出:"今淮南地远者或数千里,越两诸侯而县属于汉,其吏民徭役往来长安者,自悉而补,中道衣敝,钱用诸费称此。其苦属汉而欲得王至甚。逋逃而归诸侯者已不少矣。"①《盐铁论·徭

---

① 《新书·益壤》。

役篇》文学所云:"今近者数千里,远者过万里,历二期。长子不还,父母愁忧,妻子咏叹,愤懑之恨发动于心,慕思之积痛于骨髓。"这是小农们不堪忍受的,他们便以逃亡的方式来对抗政府的徭役政策,故鲍宣将"苛吏徭役,失农桑时"作为造成汉代小农七亡的原因之一。

总之,徭役的征发,是战国秦汉国家维持其正常活动的基础,亦是其控制小农的重要手段。小农依赖于国家通过征发徭役的手段来兴修水利,治理水患,进行他们所必须的公共工程项目,国家也只有在举行这些工程的过程中才能充分体现其职能。而与社会生产和福利无关的工程所征发的徭役,乃是对社会劳动力的极大浪费。征发失时与过量,是造成战国秦汉小农破产流亡的重要因素,亦是国家失去对小农有效控制的肇端。因此政治的好坏,经济的盛衰,在战国秦汉社会中与徭役的征发有着直接的关系。由于服役者几乎全部是小农,故国家要比征收赋税更加依赖于小农,这必然使政府在制定政策的过程中,不得不将控制小农放在优先地位。我们从征发徭役这一方面可以更加清楚地看到战国秦汉,特别是两汉国家肆意盘剥而又尽力维护小农的这种矛盾的政策。

第五节　国家法律与小农

秦汉国家的法律都是建立在维护大一统的专制王朝的基础上的。首先是确立皇帝的立法、司法、行政和军事的最高决策权,保证皇帝的独断专行。其次是对皇室财政与国家财政做了较为明确的划分,即所谓"量吏禄、度官用,以赋于民,而山川、园池、市井租税之入,自天子以至于封君汤沐邑,皆各为私奉养焉,不领于天下之经费。"①"大司农钱自乘舆不以给共养,共养劳赐,一出少府。盖不以本藏给末用,不以民力共浮费,别公私,示正路也。"②

根据《汉书·王嘉传》的记载,西汉国家的年财政收入为四十余亿,水衡钱二十五亿,少府钱十八亿,水衡的收入本属少府,政府财政收入与皇室相当,若据桓谭《新论》所载,汉政府财政收入四十亿,少府为八十三亿,政府的财政收入仅及皇帝财政收入的一半。这就以法律的形式保证了皇帝的经济收入,使他具有了主宰国家的绝对的经济力量,从而加强了他的政治上的绝对权威。这在中国古代的立法史上是颇具特点的,这是私有制深化的结果。秦汉的法律充满了保护私有财产的精神。云梦睡虎地所出秦律,有关于惩治移动土地疆界标志的法律条文。居延汉简中亦有"捕律禁吏毋夜入人庐舍捕人,犯者其室殴伤之,以毋故入人室律从事。"③的律文。在秦代盗采别人的桑叶,虽价值不满一钱,亦要受到罚服一个月劳役的惩处。私有财产的不可侵犯性,得到法律的承认与保障。在秦汉社会中,奴婢是畜产,其生命并无保障,东汉后方有保护他们的法律,而商人是次等公民,政府对他们的财产安全的保护是留有余地的,而小农却是公民,他们的生命财产的安全受到法律的保护。一般情况下,无论是政府还是个人都不可任意侵犯他们的合法权益,我们在秦汉现存的法律中,可以找到不少的保护小农的条文,在秦汉的史料中也可找到一些惩治侵犯小农利益人的

---

① 《史记·平准书》。
② 《汉书·毋将隆传》。
③ 《居延汉简甲乙编》三九五·一一简。

史实。例如：

《秦律·法律答问》:"百姓有债,勿敢擅强质,擅强质和受质者,皆赀二甲。廷行事强质人者论,予者不论,和受质者,予者口论。"这是保护债务人不受债权人奴役的法律。

《汉书·孝惠高后文功臣表》记载,祝阿侯高成和信武侯勒亭均因"事国人过律免"。

《汉书·王子侯表》记载,旁光侯刘殷"坐贷了钱不占租,取息过律,会赦,免。"江阳侯刘仁,"元康元年坐役使附落,免。"陵乡侯刘诉"上使人伤家丞,又贷谷息过律,免。"祚阳侯刘仁"坐擅兴徭赋,削爵一级为关内侯。"籍阴侯刘显"坐恐猲国民取财物,免。"

这说明国家法律在保护小农免遭额外赋役剥削、高利贷的盘剥和各种形式的法外剥削方面,是起作用的。

汉代的不少的酷吏,均以打击豪强为己任,像严延年"其治务在摧折豪强,扶助贫弱。"[1] 王尊在其行京兆尹事期间"拊循贫弱,锄耘豪强,长安宿豪大猾,东市贾万、城西万章、翦张禁、酒赵放、杜陵杨章等,皆通邪结党,挟养奸轨,上干王法、下乱吏治。并兼役使,侵渔小民,为百姓豺狼。……尊以正法案诛,皆伏其辜。"[2] 他们的这种政治活动,无疑是对小农利益的保护。

但是我们也应该看到,政府对小农利益保护的法律的实施亦是相对的,并非绝对的。作为制定法律的政府和皇帝,则可凌驾于法律之上。

---

[1] 《汉书·酷吏传》。
[2] 《汉书·王尊传》。

秦代虽然有债权人不得以债务人作人质的法律，但是，亦同样有政府强迫债务人居赀债的法律："有罪以赀赎及有债于公，以其令日问之，其弗能入及偿，以令日居之，日居八钱，公食者，日居六钱。"①！

汉政府一方面惩治擅徭赋、事国人过律的诸侯王，一方面又在自己需要的情况下擅徭赋，事国人过律。武帝对诸侯王的惩治最为严厉，但他自己却是个最为横征暴敛皇帝，直到晚年，才意识到要"禁苛暴，止擅赋"。

王莽改制时一方面禁止吏民买卖奴婢，改奴婢为私属，一方而又使大量的小农成为官奴婢。凡此等等，不一而足。这真正是"只许州官放火，不许百姓点灯"！

秦汉间这些"只许州官放火，不许百姓点灯"的法律条文和政策实施，同样反映了政府对小农恣意盘剥与尽力维护的矛盾。归根结底，秦汉国家是要享有对小农的最大限度的支配权，而不允许其他阶级、阶层和个人侵犯这种支配权。但这里唯一的例外是皇室这一最大的剥削集团，法律既然赋予皇帝具有立法、司法、行政、军事等最高权力，又给予皇帝大量的地产和劳动力，使其拥有超过国家的经济实力，皇帝既是国家政权的代表，但同时也是全国最大的剥削集团的代表，这也是秦汉国家对小农在立法与司法方面形成矛盾的重要因素。

汉代的萧何为打消刘邦的猜疑，曾强行贱买百姓土地，这当然是侵犯小农利益的犯罪行为，但这却可使刘邦感到放心，萧何不会

---

① 《睡虎地秦墓竹简》，第84页。

威胁到他的最高统治权力,因而当百姓们纷纷投诉刘邦时,刘邦仅一笑了之,将投诉状送给萧何,让他去自谢百姓。可是当萧何"为民请曰:'长安地狭,上林中多空地弃,愿令民得入田、毋收稿,为禽兽食。'上大怒,曰:'相国多受贾人财物,为请吾苑!'乃下何廷尉,械系之。"①萧何是为民请命,但侵犯到了皇帝的私产,虽贵为政府首脑,也得作阶下之囚。

哀帝时师丹等人拟了个限吏民占有田宅和奴婢的法令,规定吏民占有田产的总数不得过三十顷,奴婢不得过三十人,尚未施行,"时田宅,奴婢价为减贱。"哀帝却一次赏赐给宠臣董贤二千顷土地,结果使立法得不到贯彻施行。就哀帝来说,并没有违背立法精神,他赏赐给董贤的二千顷土地,乃是法律赋予他可以自由支配的土地中的一部分,他赏赐给谁,以及数量的多寡,法律上并没有任何约束。这是立法本身的矛盾,政府的官员们对此是无可奈何的。

政府的财政收入,大部分来自小农上缴的租赋,而皇室的收入,大部分与小农的租赋无关,从财政立法的角度看,政府与皇室对小农的态度是不太一致的。因此,秦汉国家在制定法律,以及政策的实施中对小农的处置往往出现矛盾,也就是不可避免的了。

我们从以上五个方面论述了战国秦汉小农与国家的关系,现在我们可以简短的结论如下:

1. 战国秦汉小农是国家赋税和徭役的主要承担者,在西汉的国家财政收入中占有 62％的比例,政府与皇帝有其独立的经济和

---

① 《汉书·萧何传》。

财政收入。这从所有制关系来看,汉代呈现出国有制与私有制共存的双重形态。国家在财政收入中依赖小农的程度,不如在征发徭役与兵役方面那么高,这是汉代税人重于税产政策的根源。

2. 小农是战国秦汉国家军队的主要兵源,小农经济的盛衰,决定了国家军事力量的强弱。

3. 小农是孤立的,分散的,其经济实力是微弱的,他们无力保护自己的生命财产的安全,也不可能兴办公共工程,水利设施来保证生产的正常进行,他们需要政府这一凌驾于社会之上的力量来保护他们,为他们兴办公共工程和水利设施。因此,他们自然对政府存有幻想,也无力摆脱政府对他们的控制。战国秦汉政府就可以通过行政手段对他们实施有效的统治,并从经济上来盘剥他们。对于政府来说,小农是最容易统治的顺民。在两汉社会中以大地产经营为其特征的奴隶制经济,封建庄园制经济的发展,一方面会造成小农经济的破产,另一方面也会威胁到国家政权的政治利益与经济利益,作为全社会各阶级相互关系的调节器的政府不得不对奴隶经济与封建制经济的发展加以限制,不得不对小农经济实施一些保护措施。但是,政府对小农经济的保护是有限度的。在盘剥小农这一点上,政府、皇室、奴隶主、地主、商人并无本质的区别。因此,两汉政府尽管实施了不少维护小农的政策,或多或少地起到了延缓小农破产进程的历史作用,但终究不能挽狂澜于既倒,改变不了小农破产的命运。这是由政府代表着大地产经营的奴隶主阶级利益的政权性质所决定的。秦汉奴隶制经济的发展建立在兼并本国小农的基础上,可谓内向型的,与希腊罗马建立在对外掠夺基础上的外向型奴隶制经济截然不同。因此,它的发展是有限度的,一旦越过这个界限,社会危机就会爆发。因此保持一定量的小农经济的稳定存在,乃是秦汉奴隶制经济稳定存在的前提。可是奴隶制经济的发展,并不以人们的意志为转移,其趋势是最终全部吞噬小农。当政府无力控制其发展,失去了它本应起的调节作用后,破产的小农或濒临破产的小农便会丢掉其对政府的幻想,拿起武器来保护自己的利益,而其斗争的矛头只能指向代表着奴隶主阶级利益的秦汉国家政权,直至最终将其摧毁。

第十一章 战国秦汉小农的破产

小农经济是极不稳定的,战国秦汉的小农经济在商品经济的侵蚀下,在政府、奴主、官僚、地主、商人、高利贷者的多重盘剥下,再加上天灾频仍,疾疫流行,就更加不稳定。大批的小农破产流亡,成为奴婢、庸客和依附民的现象,充斥秦汉社会。尽管秦汉,特别是两汉政府亦曾着力安辑流民,但仍无济于事,最终都会引起大规模的农民起义。社会在经历了一番大动乱和大破坏后,又重新恢复平静,而生产关系亦在缓慢地起着变化。本章就是要探讨秦汉小农破产的诸因素,以及破产后的小农的出路,以揭示秦汉社会的特点。

第一节 秦汉小农破产的原因

西汉的鲍宣,曾讲述了小农有七亡和七死,他说:"凡民有七亡:阴阳不和,水旱为灾,一亡也;县官重责,更赋租税,二亡也;贪吏并公,受取不已,三亡也;豪强大姓,蚕食无厌,四亡也;苛吏徭役,失农桑时,五亡也;部落鼓鸣,男女遮迣,六亡也;盗贼劫略,取民财物,七亡也。七亡尚可,又有七死:酷吏殴杀,一死也;治狱深刻,二死也;冤陷无辜,三死也;盗贼横发,四死也;怨仇相残,五死

第十一章 战国秦汉小农的破产

也；岁恶饥饿，六死也；时气疾疫，七死也。"① 我们可将其内容归纳为：(1)自然灾害。(2)政府的急政暴敛。(3)刑罚深刻。(4)贪官污吏的诛求。(5)豪强的兼并。(6)民间的仇杀。(7)盗贼劫略。我们还要增加另外两点，这就是：(8)商品经济的侵蚀与高利贷的盘剥。(9)战争。这九点，就是秦汉小农破的主要原因。下面，我们将围绕这九个方面，展开论述。

1. 自然灾害

小农因为生产规模小，资金少，再加上秦汉间的生产力水平低下，几乎毫无抗御自然灾害的能力。他们的经营状况的好坏，很大程度上取决于自然灾害的有无。若风调雨顺，小农尚可自给而有余，若遇较大的自然灾害，就只能破产。秦汉的四百余年，秦的十五年未见自然灾害的记载，而两汉的四百二十五年，却是天灾频仍，危害惨烈。(详见附二)惠帝五年夏之大旱，竟至"江河水少，溪谷绝"。武帝元封四年之大旱"民多渴死"。则赤地千里之情景可以想见矣！水之为害，更甚于旱，武帝时河决瓠子，"泛滥为中国害，灾梁楚，破曹卫，城郭坏沮，蓄积漂流，百姓木栖，千里无庐。"② "是时山东被河灾，及岁不登数年，人或相食，方二三千里。"③ 安帝三年之水灾，遍及四十余郡，以致"韩琮随南单于入朝，既还，说南单于云：'关东水潦，人民饥饿死尽，可击也。'"④ 王莽地皇三年之

---

① 《汉书·鲍宣传》。
② 《盐铁论·申韩》。
③ 《汉书·食货志》。
④ 《后汉书·南匈奴传》。

蝗灾，是"蝗从东方飞蔽天，草木尽，天下大饥"。光武建武二十八年之蝗灾，竟及八十郡国，而当时全国仅有九十三郡国，受灾面积高达86%。水、旱、蝗三灾，实是秦汉间为害最多，最大的自然灾害。次则为地震，其强度之大，频率之高，波及范围之广，在中国历史上实为罕见。尤以东汉安帝时为最，在位十九年，几乎无年不震。当然，其中有未造成危害的有感地震。但可以肯定造成危害的大震即有元初六年、建光元年两次，其他多次记载的地震均波及十余郡，其震级不小。流行疾疫在秦汉间亦危害甚广。《汉书·薛宣传》载永始二年成帝册免诏曰："百姓饥饿，流离道路，疾疫死者以万数。"平帝元始二年诏："民疾杀者，舍空邸第，为置医药，赐死者一家六尸以上葬钱五千，四尸以上三千，二尸以上二千。"则疾疫流行，民多死亡，特别是在东汉更为肆虐。据《后汉书·锺离意传》载："建武十四年，会稽大疫，死者万数。"《后汉书·独行传·李善传》云："李善，南阳淯阳人，本同县李元苍头也。建武中，疫疾，元家相继武没，唯孤儿续始生数旬……"安帝延光年间的大疫，据张衡所云："民多病死，死有灭户，人人恐惧，朝廷焦心，以为重忧。"①尤以东汉末年疾疫为害最烈，致使"家家有强尸之痛，室有号泣之哀，或阖门而殪，或举族而丧。"真正是"万户萧疏鬼唱歌"了！除人疫外，牛疫亦见于东汉史书的记载，这主要是因为东汉时牛耕已推广，一旦发生牛疫，就将严重影响农业生产，造成饥荒，迫使小农流亡。章帝建初元年诏书说得明白："比年牛疾疫，垦田减少，谷价颇贵，人以流亡。"②再加上风、雹、霜、雪之灾，常常使两汉的小农破

---

① 《后汉书·五行志》注。
② 《后汉书·章帝纪》。

产流亡。其规模之大,人数之多,亦为历史上所罕见。武帝"元封四年中,关东流民二百万口,无名数者四十万"①成帝时谷永云:"灾异屡降,饥饿仍臻,流散冗食,馁死于道,以百万数。"②桓帝"永兴元年秋七月,郡国三十二蝗,河水溢,百姓饥穷,流冗道路,至有数十万户,冀州尤甚。"③两汉的人口不足六千万,而流亡人数竟高达数百万,以最低数二百万计,亦超过总人口的 3.3％,政府虽多方赈济,亦不能使他们免除饥饿、疾病、死亡之苦,两汉史乘中"人相食"的记载俯拾可得,灾疫确实是造成两汉小农破产的主要原因之一。

2. 政府的急征暴敛

小农经济是所谓"岁有余而月不足"的经济,无法应付政府的不时之需,秦汉的租赋虽有规定,然政府往往并不能遵守这些规定,超额的赋敛和过度的徭役征发,便成为秦汉小农破产的另一重要原因。

秦王朝的崩溃,主要原因就是急征暴敛,使小农无法进行正常的生产活动而破产。虽短短的十五年期间,却征发了三十万人筑长城、五十万人戍五岭,七十万人筑骊山陵、阿房宫,尚有治驰道、直道、新道、五尺道的若干民夫。范文澜先生估计其总数不下三百万人,占总人口的百分之十五。加之"竭天下之资财以奉其政"、"收泰半之赋",遂使"男子疾耕不足于粮饷。女子纺绩不足于帷

---

① 《史记·万石张叔列传》。
② 《汉书·谷永传》。
③ 《后汉书·桓帝纪》。

幕。百姓靡敝,孤寡老弱不能相养、道路死者相望。"连丞相李斯等人亦认识到引起农民起义的原因是:"戍、漕、转、作、事苦、赋税大也。"但秦二世并不接受他们的建议减省徭赋,仍一意孤行,终于被农民大起义所推翻。

西汉的景帝前诸帝,尚能注意轻徭薄赋,与民休息,但武帝后,横征暴敛现象日益严重。汉武帝在位五十四年,连年征伐,岁岁徭役。《史记·平准书》云:"严助、朱买臣等,招来东瓯,江淮之间,萧然烦费矣;唐蒙、司马相如,开路西南夷,凿山通道千余里以广巴蜀,巴蜀之民罢焉;彭吴贾灭朝鲜,置沧海之郡,则燕齐之间靡然发动;及王恢设谋马邑,匈奴绝和亲,侵扰北边,兵连而不解,天下苦其劳,而干戈日滋,行者赍,居者送,中外骚扰而相奉……其后汉将岁以数万骑出击胡。"其征用的民力比秦为多,赋敛亦重。首先是将口赋从二十钱增加到二十三钱,又算轺车、缗钱,甚至还有"擅赋法"①以致"民赋数百"②直至武帝末年方下诏"止擅赋",然已使"海内虚耗,户口减半"。小农已大量破产,农民起义已时有发生。昭、宣二帝注意纠正武帝的错误政策,昭帝减外徭,减算赋,宣帝时亦"天下少事,徭役省减,兵革不动"使小农经济得以恢复。但元成哀平四代,一代不如一代。元帝自己亦承认:"朕承至尊之重,不能烛理百姓,屡遭凶咎,加以边境不安,师旅在外,赋敛转费,元元骚动,穷困亡聊。犯法抵罪。"③特别是成帝征发徭役为其建造陵墓,五

---

① 《史记·平准书》:"大农以均输调盐铁助赋,故能赡之。然兵所过县,为以訾给,毋乏而已,不敢言擅赋法矣。"《汉书·食货志》作"不敢言轻赋法矣。"
② 《汉书·贾捐之传》。
③ 《汉书·元帝纪》。

年不成,"天下虚耗,百姓罢劳。"王莽时多次以改易货币大肆搜刮民财,"每一易钱,民用破业而大陷刑"。又无端挑起边衅。"一切税吏民訾三十而取一……民摇手触禁,不得耕桑,徭役烦剧。……及莽未诛,天下户口减半矣。"①东汉的光武帝曾一度行什一之税,以满足战争的需要,"桓帝之初,天下童谣曰:小麦青青大麦枯,谁当获者妇与姑,丈人何去西击胡,吏买马,君具车,请为诸君鼓咙胡。"②这是因为桓帝时发兵击羌,"命将出会,每战常负,中国益发甲卒。麦多委弃,但有妇女获刈也。吏买马,君具车者,言调发重及有秩者也。"③灵帝时因修宫室"税天下田亩千钱",此乃是增添赋税项目。东汉的朱穆曾劝谏梁冀说:"顷者官人具匮,加以水虫为害,京师诸官,费用增多,诏书发调,或至十倍,各言官无见财,皆当出民,榜掠割剥,强令充足。公赋既重,私敛又深,牧守长吏,多非德选,贪聚无厌,遇人如虏,或绝命于捶楚之下,或自贼于迫切之求。"④总之,秦乃因急征暴敛而亡,两汉之武帝及末世,亦多急征暴敛,遂使农桑失业,民多流亡,最终引起大起义的爆发。

3. 刑罚深刻

严刑峻罚乃商鞅变法后的秦国的基本国策之一,什伍相坐,一人犯罪,株连亲属,一家犯罪,殃及四邻。弃灰于地者亦受刑,盗人桑叶不满一钱者,亦得罚作徭役一月,在秦统一了六国后,这种严

---

① 《汉书·食货志》。
② 《后汉书·五行志》。
③ 同上。
④ 《后汉书·朱穆传》。

刑峻罚亦是造成小农破产的重要原因之一。史书记载秦时为"赫衣塞路，囹圄成市"，此并非夸大形容之辞，为秦始皇筑阿房宫、骊山陵的隐宫徒刑者即达七十余万人，即是明证。秦的严刑峻罚在其进取之时起到了积极作用，但在守成时却是自杀的利刃。秦始皇三十六年的东郡陨石案件，不分青红皂白，将陨石旁的居人一律处死，滥杀无辜到了随心所欲的程度，法律的威慑和惩治作用也就完全不存在了。法律所规定的连坐、参夷更增加了惩治的范围，往往是一人犯罪，不仅使一家破产，还要牵连数家，甚至数十百家破产。我们曾引用过睡虎地秦墓所出封守爰书记载，士伍甲不知犯有何罪，他的家室、妻、子、臣妾、衣器、畜产全部被封守。他所在的里典、里人等亦须"更守之，待令"。《法律答问》中有文曰："贼入甲室，贼伤甲，甲号寇，其四邻、典、老皆不存，不闻号寇，问当论不当？审不存，不当论，典、老虽不存，当论。"这种罪及无辜的法律，必然使罪犯人数增多，大量的人被迫成为政府的刑徒和官奴婢。汉代的法律自萧何制定九章律后趋于完善，基本精神仍沿袭秦代，文帝时曾一度废除肉刑和收孥律令，但不久又逐渐恢复。武帝时法律渐趋深刻，仅盗铸钱一项就不知使多少人陷入法网，根据《汉书·食货志》所载："自造白金五铢钱后五岁，而赦吏民之坐盗铸金钱死者数十万人，其不发觉相杀者不可胜计。赦自出者百余万人，然不能半自出，天下大氐无虑皆铸金钱矣。"武帝重用酷吏，虽旨在摧抑豪强，但也滥杀了许多小农。《汉书·刑法志》载"考自昭宣元成哀平六世之间，断狱殊死，率岁千余口而一人，耐罪上至右趾，三倍有余。""郡国被刑而死者，岁以万数，天下狱二千余所，其冤死者多少相覆，狱不减一人。"西汉时全国人口数为五千九百万，岁断死刑犯占千分之一,则最少达五万余人,耐罪以上三倍有余,则达十五万以上,每年有二十万以上人陷入法网。这个统计数字可以使我们较为具体地理解"赭衣塞路,囹圄成市"的含义,亦可以使我们解开秦汉政府赦免罪犯很快就能组成数万甚至数十万大军之谜。

秦汉的法律不仅使犯罪者陷入刑网,其诉讼的程序使更多的当事人卷入其中而破产。成帝鸿嘉四年诏:"数敕有司务行宽大而禁苛暴,讫今不改。一人有辜,举家拘系,农民失业,怨恨者众。"① 东汉的王符说:"自三辅州郡,至于乡县,典司之吏,群讼之民,官司相连,更相检讨者,日可有十万人。一人有事,二人经营,是为三十万人废其业也。以中农率之,则是岁三百万人受其饥也。然则盗贼何从而消,太平何由而作乎?"②

要之,秦汉间之刑苛法严,每年使二十万人陷刑,近百万人牵连进诉讼程序,这无疑是造成小农破产的重要原因。

4. 贪官污吏的诛求

秦汉的官俸禄特别是中下层官吏的俸禄微薄,东汉的郡太守级的中二千石月俸180斛谷,合钱一万八千,年俸亦仅二十一万六千钱,县令长为六百石者月俸仅70斛谷,合钱七千,年俸亦仅八万四千。乡亭长为百石者月俸仅16斛谷,合钱一千六百,年俸仅为一万九千二百钱。官吏的薪俸低,势必贪污公财,刻剥小民,此点连皇帝本人亦很清楚。宣帝神爵二年诏曰:"吏不廉平,则治道衰,

---

① 《汉书·成帝纪》。
② 《后汉书·王符传》。

今小吏皆勤事而奉禄薄,欲其毋侵渔百姓,难矣!其益吏百石以下奉十五。"①根据如淳所云,当时的百石吏月俸仅六百,增加百分之五十后,亦仅为九百钱。而王莽时"上自公侯,下至小吏,皆不得奉禄而私赋敛。货赂上流,狱讼不决,吏用苛暴,立威旁缘。莽禁侵刻小民,富者不得自保,贫者无以自存。"②故荀悦在《前汉纪》中云:"今汉之赋禄薄而吏非员者众,在位者贫于财产,规夺官民之利,则殖货无厌,夺民之利,不以为耻。是以清节毁伤,公义损续,富者比公室,贫者匮朝夕,非为所济俗也。"崔实在《政论》中亦云:"故古记曰:仓廪实而知礼节,衣食足而知荣辱,今所使分威权,御民人,理狱讼,干府库者,皆群臣之所为,而其奉禄甚薄,仰不足以养父母,俯不足以活妻子。父母者,性所爱也,妻子者,性所亲也,所爱所亲,方将冻馁,虽冒刃求利,尚犹不避,况可令临财御众乎?是所谓渴马守水,饿犬护肉,欲其不侵,亦不几矣!"故官吏的贪污与侵刻小民,可谓秦汉俸禄制度使然。因此两汉卖官鬻爵乃是公开进行,桓帝时干脆开西邸卖官,上至公卿下至官府吏明码标价出售,所有除授官吏,一律按例纳钱,尚可赊欠。这些人到任,还不是如狼似虎,侵渔小农以捞回成本,再图赢利?因此史书中所载官吏贪贿现象不绝:"颍川锺元为尚书令,其弟为郡掾,赃千金。"③"丙显为太仆十余年,与官属大为奸利,赃千余万。"④"安定五官掾,贪污不轨,一郡之钱尽入辅家,系

---

① 《汉书·宣帝传》。
② 《汉书·食货志》。
③ 《汉书·何并传》。
④ 《汉书·丙吉传》。

辅于狱,案得赃百万"。① 曲阳侯王根,"赃累巨万"。② 东汉偶有清廉官吏到任,贪官污吏竟望风而逃。李膺"迁青州刺史,守令畏威明,多望风弃官。"③刘祐任司隶校尉"时权贵子弟,罢州郡还入京师者,每至界首,辄改易舆服,隐匿财宝。"④如此吏治,小农焉得不穷困? 焉得不破产?

5. 豪强兼并

豪强兼并,一直是秦汉特别是两汉社会中小农破产的重要原因。董仲舒指出秦代就出现了"富者田连阡陌,贫者无立锥之地"的严重并兼现象。进入汉代后,豪强兼并小农的现象日益严重。司马迁在《史记·平准书》中指出,文景之时,随着经济的恢复和发展,豪强兼并小农的现象即已发生:"当是之时,网疏而民富,役财骄溢,或至并兼豪党之徒,武断于乡曲。"汉武帝时的董仲舒说:"身宠而载高位,家温而食厚禄,因乘富贵之资力,以与民争利于下,民安能如之哉! 是故众其奴婢,多其牛羊,以迫蹴民,民日削月朘,寝以大穷。"⑤两汉的王侯官僚大行并兼者颇多。如淮南王安的王后荼,太子迁及女凌"擅国权,侵夺民田宅致杀人。"⑥衡山王"数侵夺人田,坏人冢以为田。"⑦汉武帝的丞相公孙贺"倚旧故,乘高势而

---

① 《汉书·王尊传》。
② 《汉书·元后传》。
③ 《后汉书·党锢传·李膺传》。
④ 《后汉书·党锢传·刘祐传》。
⑤ 《汉书·董仲舒传》。
⑥ 《史记·淮南衡山列传》。
⑦ 同上。

为邪,兴美田以利子弟宾客,不顾元元。"①东汉的外戚梁冀侵占大量土地,史书谓其"多拓林苑,禁同王家。西至弘农,东界荥阳,南极鲁阳,北达河淇,包含山薮,远带丘荒,周提封域,殆将千里。"②宦官侯览"前后请夺人宅三百八十一所,田百一十八顷"。③

仲长统在其所著《昌言·损益篇》中说:"豪人货殖,馆舍布于州郡,田亩连于方国。身无半通青纶之命,而窃三辰龙章之服,不为编户一伍之长,而有千室名邑之役。荣乐过于封君,势力侔于守令,财赂自营,犯法不坐。刺客死士,为之投命。至使弱力少智之事,被穿帷败,寄死不敛,冤枉穷困,不敢自理。"《理乱篇》则云:"豪人之室,连栋数百,膏田满野,奴婢千群,徒附万计。船车贾贩;周于四方,废居积贮,满于都城。琦赂宝货,巨室不能容;马牛羊豕,山谷不能受;妖童美妾,填乎绮室;倡讴妓乐,列乎深堂。宾客待见而不敢去,车骑交错而不敢进。三牲之肉,臭而不可食;清醇之酎,败而不可饮。睇盼则人从其所视,喜怒则人随其心之所虑。此皆公侯之广乐,君长之厚实也。"而广大的小农在他们的兼并之下,只能"父子低首,奴事富人,躬率妻孥,为之服役。……历代为虏,犹不赡于衣食,生有终身之勤,死有暴骨之忧,岁小不登,流离沟壑,嫁妻卖子。"

6. 民间仇杀

秦汉间民间的仇杀,亦是引起小农破产流亡的重要原因之一。

---

① 《汉书·刘屈氂传》。
② 《后汉书·梁冀传》。
③ 《后汉书·宦者传·侯览传》。

商鞅变法时曾严禁民间的私斗,相互仇杀之风稍轼,形成秦人"勇于公战,怯于私斗"的风气,然民间的仇杀并未能完全禁断。像项梁即是因为杀人而"避仇于吴中,"刘邦的岳父吕公亦因避仇而居沛。汉提倡孝道,杀父之仇,不共戴天,相互报杀,虽为法律所不容,然为社会舆论所支持。《后汉书·列女传》载:"酒泉庞涓母者,赵氏之女也,字娥,父为同县人所杀,而娥兄第三人,时俱病物故。仇乃喜而自贺,以为莫已报也。娥阴怀感愤,乃潜备刀兵,常帷车以候仇家,十余年不能得,后遇于都亭,刺杀之,因诣县自首,曰:'父仇已报,请就刑戮。'福禄长严嘉义之,解印绶欲与俱亡,娥不肯去。曰:'怨塞身死,妾之明分,结罪理狱,君之常理,何敢苟生,以枉公法?'后遇赦得免,州郡表其闾,太常张奂嘉叹,以束帛礼之。"东汉的刘赐少孤"兄显报怨杀人,吏捕显杀之,赐与显子信,卖田宅,同抛财产,结客报吏,皆亡命逃伏。"① 王常为"王莽末,为弟报仇,亡命江夏。"② 马武"少时避仇,客居江夏。"③ 刘玄"弟为人所杀,圣公(玄)结客欲报之。"④ 赵憙"从兄为人所杀,无子,憙年十五,常思报之,乃挟兵结客,后遂往复仇。而仇家皆疾病,无相距者,憙以因疾报杀,非仁者心,且拜之而去。顾谓仇曰:'尔曹若健,远相避也。'仇皆卧自缚,后病愈,悉自缚诣憙,憙不与相见。后竟杀之。"⑤ 这种相互报仇的社会风气,使得仇家累世不解,亦为小农破

---

① 《后汉书·安城孝侯赐传》。
② 《后汉书·王常传》。
③ 《后汉书·马武传》。
④ 《后汉书·刘玄传》。
⑤ 《后汉书·赵憙传》。

产、流亡一因。故桓谭云："今人相杀伤，虽已伏法，而私结冤仇，子孙相报，后忿深至于灭户殄叶。今宜申明旧令，若已伏官诛而私相杀伤者，虽一身逃亡，皆徙家属于边。其相伤者，常加二等，不得顾山赎罪，如是则仇怨自解，盗贼息矣。"①这仅是桓谭的良好愿望，社会风气、道德观念不变，虽有严刑，亦不能禁止民间的此种仇杀。

7. 盗贼劫略

秦汉间的所谓盗贼，多为破产的小农，其盗贼的对象，多为富人，然亦有殃及小农者《史记·季布栾布列传》云："栾布者，梁人也。始梁王彭越为家人时，尝与布游，穷困，赁庸于齐为酒人保。数岁，彭越去之巨野中为盗，而布为人所略卖，为奴于燕。"西汉文帝的窦皇后，其弟窦广国在四五岁时"家贫，为人所略卖"。东汉的应劭所著的《风俗通义》中，记载了庞俭凿井得钱，买奴得公的故事，充分说明了盗贼劫略对中下层人民的危害不浅。因为小农经济极其脆弱，一旦遭遇盗贼劫略，便会陷入破产的困境。

云梦睡虎地所出秦律中有不少关于惩处盗贼的法律规定，亦有盗牛、盗马、盗钱、贼死的案例，这说明让会中大量存在着盗贼的犯罪行为，这种犯罪行为只要加害于小农，必然成为小农破产的原因。

8. 商品经济侵蚀与高利贷盘剥

因为秦汉间的赋税主要是缴纳货币，这就给商人和高利贷者

---

① 《后汉书·桓谭传》。

第十一章 战国秦汉小农的破产

盘剥小农提供了必要条件，晁错说："商贾大者积贮倍息，小者坐列贩卖，操其奇赢，日游都市，乘上之急，所卖必倍。故其男不耕耘，女不蚕织，衣必文采，食必粱肉，亡农夫之苦，有阡陌之得，因其富厚，交通王侯，力过吏势，以利相倾，千里游敖，冠盖相望，乘坚策肥，履丝曳缟，此商人所以兼并农人，农人所以流亡者也。"①而小农为了应付政府的不时之需，"当具，有者半价而卖，亡者，取倍称之息，于是有卖田宅、鬻子孙以偿责者矣！"②因此，商品经济与高利贷的盘剥，是秦汉小农破产的主要原因。

汉初，"不轨逐利之民，蓄积余业，以稽市物，物踊腾粜，米至石万钱，马一匹则百金。"③宣曲任氏便是因为囤积粮食而大发其财。在"民失作业而大饥饿"的情况下，他却利用职务之便，侵吞国家仓库中的粮食，大发横财。这是秦汉的商贾盘剥小农的最具典型意义的一例。汉武帝后的商人，与官僚合流，其兼并小农更加肆无忌惮。西汉的张安世"尊为公侯，食邑万户，然身衣弋绨，夫人自行纺绩，家童七百人，皆有手技作事，内治产业，累积纤微，是以能殖其货，富于大将军光。"④谷永曾对皇帝说外戚"至为人起责，分利受谢，生入死出者，不可胜数。"⑤成哀间之大贾罗褒将其赢利之半"赂遗曲阳定陵侯，依其权力，赊贷郡国，人莫敢负。"⑥东汉的桓谭云："今富商大贾，多放钱贷，中家子弟，为人保役，趋走与臣仆等

---

① 《汉书·食货志》。
② 同上。
③ 《史记·平准书》。
④ 《汉书·张汤传附安世传》。
⑤ 《汉书·谷永传》。
⑥ 《汉书·货殖传》。

勤,收税与封君比入。"① 则官僚商贾利用高利贷盘剥小农之情景可见一斑。

官僚、商贾通过商业和高利贷盘剥小农,获至巨额资金,又将这些资金投放到兼并小农的过程中去,这就是司马迁所云:"以末致财,用本守之。"像西汉的阴子方"暴至巨富,田有七百余顷,舆马仆隶,比于封君。"② 张禹"内殖货财,家以田为业,及富贵,多买田至四百顷,皆泾、渭溉灌,极膏腴上贾,它财物称是。"③ 东汉的济王刘康,"多殖财货,大修宫室,奴婢至千四百人,厩马千二百匹,私田八百顷。"④ 故西汉的陈汤说:"关东富人益多,多规良田,役吏贫民。"⑤ 汉武帝行告缗令后,没收商贾所兼并的土地,"大县数百顷,小县百余顷"。以平均每县三百顷土地计,全国有县一千三百一十四,则没收的商贾土地达三十九万四千二百顷,占全国垦田数的5%左右。尽管当时的"商贾中家以上大率破。"但与政府合作的大盐铁商人不仅没有遭受打击,反而充当了政府的经济官员,他们还要占有相当一部分的土地。另外,算缗令是在元狩四年下达的,当时规定贾人不得名田,犯令者没入田僮,而告缗令是在四年后的元鼎三年下达的,这四年中,商贾肯定会将他们的田产变卖或转移,藏匿,因此政府所没收的这些土地,仅是商贾们隐匿的土地和兼营商业的被告的土地的一部分,并非是商贾原拥有土地的全部。商

---

① 《后汉书·桓谭传》。
② 《后汉书·阴识传》。
③ 《汉书·张禹传》。
④ 《后汉书·光武十王传》。
⑤ 《汉书·陈汤传》。

贾经此打击后，遂与官僚合流，以合法的身份并兼土地，政府是奈何他们不得的。从此，官僚、商人、高利贷者就真正变成三位一体。像杨恽报孙会宗书云："灌园治产，以给公上……幸有余禄，方籴贱贩贵，逐什一之利。"①樊重"世善农稼，好货殖……课役童隶，各得其宜，故能上下戮力，财利岁倍，至乃开广田土三百余顷……陂渠灌注，又池鱼牧畜，有求必给……货至巨万……其素所假贷人间数百万。"②官僚、商贾、高利贷者合流，充分利用商品经济的杠杆，就大大加快了兼并小农的速度，使得大批小农纷纷破产，成为流民、奴婢、依附民。因此土地兼并与奴婢充斥社会乃是两汉政府的通病，无论是哀帝时的限田、限奴，王莽时的王田、私属，光武帝时的放免奴婢与度田，均是治病的尝试，而其病因，乃是商品经济的侵蚀与高利贷的盘剥，只要这个病根不除，小农破产便不可避免。

9. 战争

战争无疑是造成小农破产的重要原因之一，经过秦末农民大起义和楚汉相争后的汉初，小农经济就遭受到严重破坏，连皇帝都不能搞到清一色的四匹马来拉他乘坐的车子，将相或乘牛车，一般小农生活的困苦就可想而知了。汉武帝在位五十四年，打了四十多年的仗，弄得天下虚耗，户口减半，造成了大量的小农破产。《汉书·货食志》载："武帝因文景之畜，忿胡粤之害，即位数年，严助、朱买臣等招徕东瓯事两粤，江淮之间萧然烦费矣。唐蒙、司马相如

---

① 《汉书·杨敞传附子恽传》。
② 《后汉书·樊宏传》。

始开西南夷,凿山通道千余里,以广巴蜀,巴蜀之民疲焉。彭吴穿秽石、朝鲜,置沧海郡,则燕、齐之间靡然发动。及王恢谋马邑,匈奴绝和亲,侵扰北边,兵连而不解,天下共其劳,干戈日滋,行者赍、居者送,中外骚扰相奉,百姓敝抗以巧法。"乃至武帝晚年,小农大量破产流亡,并纷纷起义反抗、社会矛盾已渐趋激化。东汉时与西羌以及匈奴的战争,也造成了大量小农的破产,《后汉书·陈龟传》中陈龟上书顺帝说:"今西州边鄙,土地脊埆,鞍马为居,射猎为业,男寡耕稼之利,女乏机杼之饶,守塞候望,悬命锋镝,闻急长驱,去不图反。自顷年以来,匈奴数攻营郡,残杀长吏,侮略良细。战夫身膏沙漠,居人首系马鞍。或举国掩户,尽种灰灭。孤儿寡妇,号哭空城,野无青草,室如悬罄。虽含生气,实同枯朽。"东汉末年的董卓之乱,李傕、郭汜相攻,使长安城空四十余日,二三年间,关东无复行人。以后军阀混战,更造成白骨露于野,千里无鸡鸣的惨景。因为战争不仅造成了大量人员的伤亡,还使得广大的小农失去了正常的生产和生活的环境,再加上伴随着战争的财产掠夺与破坏、徭役、赋税的超量征收,更使小农无法进行正常的生产和生活,将他们逼上死亡、破产和流亡的道路。因此,战争是造成小农破产的重要原因之一,是毋庸赘言的。

　　以上我们从九个方面论述了秦汉小农破产的原因。除灾疫为自然原因外,其他七项皆为社会原因。这七项社会原因中,政府的急政暴敛,贪官污吏的诛求,刑罚的深刻,属于超经济的政治掠夺,民间的仇杀与盗贼劫略和战争,属于暴力的惊夺与侵害,豪强兼并与商品经济侵蚀、高利贷盘剥,属于经济掠夺。它们共同作用于小农的结果,是造成小农的死与亡。死者长已矣,且不必谈它。亡者,即脱离了生产资料的破产小农,其出路如何? 这是我们要讨论的问题。

第二节 秦汉小农破产后的出路

秦汉小农破产后的出路主要有六条,一是成为流民,靠社会救济度日;二是当庸客,靠出卖劳动力生活;三是当奴婢,以一次性出卖人格和全部劳动力生活;四是当依附民,依靠主人的生产和生活资料生活;五是为盗贼,靠却略他人财物生活;六是组织武装起义,以求彻底改变自己的穷困处境。下面我们将分别加以论述。

1. 流民

两汉社会中存在着大量的流民,特别是在发生了灾疫后,受灾地区的破产小农,纷纷被迫离开家园,流亡四方,依靠社会的赈济以度灾难。政府不仅不加阻止,而且还组织饥民流亡,开仓或调粮食赈济。汉初,高祖刘邦就曾"令民就食蜀汉。"① 成帝诏:"流民欲之函谷,天井、壶口、五阮关者,勿苛留"② 东汉和帝诏:"流民所过郡国皆实廪。"③ 故大量流民的存在,对两汉政府都是一个沉重的负担。《汉书·武帝纪》载元狩四年冬"有司言关东贫民徙陇西、北地、上郡、会稽凡七十二万五千口。县官衣食振业,用度不足。"桓谭亦曾建议政府役使流民治河,他说:"亦可以事诸浮食无产业

---

① 《汉书·食货志》。
② 《汉书·成帝纪》。
③ 《后汉书·和帝纪》。

民,空居与行役,同当衣食,衣食县官而为之作。乃两便。"①当然,政府的赈济亦是有限的,流民靠政府的赈济生活只是短暂的。可是因为他们破了产,四处流亡,摆脱了政府的控制,亦取得了更为完全的人身自由,只要能苟且度日,很多人并不愿意重新与土地结合,政府反而要通过假民公田,赐民公田,赐爵的方式吸引他们重新与土地相结合。东汉的顺帝永建六年诏曰:"连年灾潦,冀部尤甚。比蠲除实伤,赡恤穷匮,而百姓犹有弃业流亡不绝。"②西汉的贡禹也说过"贫民虽赐之以田,贱犹卖以贾",这并不是破产的小农乐意流亡,而是客观的原因使其不得不流亡,整个小农经济的崩溃,岂是政府赈赡所能挽救?故破产后的小农当流民乃是第一条出路。

2. 庸客

秦汉社会中破产后的小农充当庸客者甚多,秦末农民大起义的领袖陈胜即是一雇佣劳动者,彭越、栾布亦曾为酒家保。西汉的匡衡家贫"庸作以给食饮。"③东汉的第五访"少孤贫,常庸耕以养兄嫂"④申屠蟠"家贫,庸为漆工"⑤江革亦"行庸以供母"⑥施延"家贫母老,周流佣赁,常避地于庐江临湖县仲瓜。后到吴郡海盐,取卒月直,赁作半路亭父,以养其母。"⑦《后汉书·郑均传》载:"兄为

---

① 《汉书·沟洫志》。
② 《后汉书·顺帝纪》。
③ 《史记·张丞相列传》。
④ 《后汉书·循吏传·第五访传》。
⑤ 《后汉书·申屠蟠传》。
⑥ 《后汉书·江革传》。
⑦ 《后汉书·陈忠传》。

县吏,颇受礼遗,均数谏止不听,则脱身为庸,岁余得钱帛归。"则卖庸除糊口外,尚可挣得部分钱帛。

秦汉的雇佣关系表现在许多方面。在农业领域,有为人庸耕者像陈胜之流,有为人舂粮食者,像公沙穆、梁鸿之流。在商业和手工业领域有酒保,漆工、冶家佣,如栾布、申屠蟠之流。在政府部门,亦有不少的雇佣劳动者,像《后汉书·班超传》就记载班超"常为官庸书为供养"《后汉书·独行传·范式传》记载他的朋友孔嵩"庸为新街阿里街卒"。崔实所写《政论》中说当官的"假令无奴,当复取客,客庸一月千。"此外,尚有为人服徭役和戍边役的,亦有为政府搞运输的,凡此等等,不一而足。

雇佣劳动的盛行,正是秦汉间商品经济发达的表现,劳动力的商品化,适为破产后的小农提供了一条生路,他们因种种原因而破产,成为自由的劳动力,又为雇佣劳动的发展准备了充分的条件。因此,破产而流亡的秦汉小农不愿再操旧业,这是很重要的原因。

因为在秦汉社会中,对于劳动力的需求是非常迫切的,雇佣劳动有广阔的市场,破产的小农只要具有劳动力,充当庸客还是足以糊口的。

3. 奴婢

破产的小农在走投无路的情况下,不得不卖妻鬻子乃至卖自身,沦为奴婢。汉初,刘邦就曾"令民得卖子"。晁错所说的:"卖田宅鬻子孙以偿责"乃是秦汉间的普遍现象。王莽指责秦为无道:"置奴婢之市,与牛马同栏,制于民臣,颛断其命,奸虐之人,因缘为利,至略卖人妻子。"①东汉的光武帝所颁七次诏书放免的奴婢,其中很多是因饥饿而卖为奴婢者。秦汉间买卖奴婢乃是经常、普遍、大量地进行的经济活动。云梦睡虎地所出的《日书》及《史记·龟策列传》中有关于买卖奴婢的禁忌和占卜吉凶的记载。例如《日书》中有文云:"收日可以入人民、马牛、禾粟、入室取妻及它物。"②"兵徼有细丧口口央利以穿井盖屋,不可取妻嫁女祠出入人民畜生。"③"卜有卖若买臣妾马牛,得之,首仰足开,内外相应;不得,首仰足胗。呈兆若横,吉安。"④《日书》中还有根据生子的日子,以推定子女今后命运的记载,其中有:"丁未生,不吉,贫为人臣。"⑤"凡己巳生,勿举,不利父母。男子为人臣,女子为人妾。"⑥像《日书》这样的著作,是以直截了当的语言,回答社会生活中人们最为关切的与他们的利害攸关的重大问题。而奴隶的买卖、所生子女沦为臣妾亦是其中的重要问题。这就充分说明,在秦汉社会中,奴隶的买卖,以及人们因贫而成为奴婢,乃是极为普遍的社会现象。《汉书·严助传》云:"间者数年,岁比不登,民待卖爵赘子,以接衣食。"如淳曰:"淮南俗,卖子与人作奴婢,名为赘子,三年不能赎,遂为奴婢。"这正是小农破产成为奴婢的直接说明。而《史记》、《汉书》、《后汉书》中记载的大量的官僚、商贾拥有奴婢的具体情况更是为人所熟知。像吕不韦、糜竺奴婢竟达万人,嫪毐、王商、刘康、马防

---

① 《汉书·王莽传》。
② 《云梦睡虎地秦墓·日书》,753简。
③ 同上书,952简。
④ 《史记·龟策列传》。
⑤ 《云梦睡虎地秦墓·日书》,1139简。
⑥ 同上书,1142简。

兄弟、窦融等人奴婢亦达千人以上,张良、陈平、卓王孙、程郑、张安世、史丹、郭况、折国等奴婢亦有数百人,此其彰彰尤著者也。其他拥有数人,数十人的中、小奴隶主,则不知其数矣!毋庸置疑,他们所拥有如此众多的奴婢,当然是由破产的小农而来。

小农们破产当奴婢,当然是属于万般无奈,但总比死填沟壑为强,王莽行王田私属制,欲禁断土地和奴婢的买卖,结果是"农商失业,食货俱废,民入至涕泣于市道,及坐买卖田宅奴婢铸钱,自诸侯卿大夫至于庶民抵罪者,不可胜数。"行之三年,不得不宣布废除,这就充分说明,破产小农当奴婢,乃是秦汉间正常的经济运动过程,王莽企图以法律强行中断这种过程,必然引起社会的极大混乱,不得不以失败而告终。刘秀只能以强制手段迫使部分奴隶主放免奴婢,亦可以通过立法,保证奴婢的生命安全,但他同样不能消除造成小农破产而沦为奴婢的经济根源,东汉社会中仍然盛行奴婢的买卖,奴婢仍然充斥社会。因此,秦汉社会中破产的小农成为奴婢,乃是最为主要的出路。

4. 依附民

秦汉社会中破产的小农尚可以成为依附民,依靠主人的生产和生活资料生活。依附民有各种不同的形式,可称为寄人、客、宾客、徒附、假门、逆旅、赘婿、后父、部曲等。其身份与社会地位介于自由民与奴隶之间。此点我们已在第九章第一节中做了考证和说明,此不再赘。

5. 盗贼

董仲舒说:"民愁亡聊,亡逃山林,转为盗贼",这就是秦汉破产小农的第五条出路。像秦代英布就曾带领骊山徒"亡之江中,为群盗"。① 彭越与栾布分别后,"去之巨野中为盗"②,袁盎之"父故为群盗。"③他们主要靠劫略别人财产为生。《史记·货殖列传》中所说的"掘冢,奸事也,而曲叔以起。"这说明操此业者尚可致富,故秦汉社会中不仅破产小农为盗贼,一些豪强大家,甚至王侯官僚,亦有利用宾客为"盗贼"者。像"颍川大姓原褚,宗族横恣,宾客犯为盗贼,前二千石莫能禽制。"④涿郡的高氏"宾客放纵为盗贼,发辄入高氏,吏不敢追。"⑤红阳侯立,"父子藏匿奸猾亡命宾客为群盗。"⑥九江太守戴圣之"宾客为群盗。"⑦因此,秦汉社会中的治安秩序是颇难维持的。云梦睡虎地所出的《日书》中即有出行为避免盗贼劫略的禁忌。"外害日,不可以行作之四方野外,必耦寇盗,见兵。"⑧"凡㐌日可以娶妻嫁女,不可以行,百事凶。"⑨

　　破产小农为盗贼,乃为秦汉政府所重点打击的对象,《晋书·刑法志》曰:"悝(李悝)以为王者之政,莫急于盗贼,故其律始于盗贼。"云梦睡虎地所出的《秦律》中,有若干有关惩治盗贼的法律规定。如:

　　　　夫、妻、子五人共盗,皆当刑城旦,今甲尽捕告之,问甲当

---

① 《史记·英布列传》。
② 《史记·季布栾布列传》。
③ 《史记·袁盎晁错列传》。
④ 《汉书·赵广汉传》。
⑤ 《汉书·严延年传》。
⑥ 《汉书·元后传》。
⑦ 《汉书·何武传》。
⑧ 《睡虎地秦墓·日书》,738简。
⑨ 同上书,865、866简。

购几何？人购二两。①

有贼杀伤人冲术，偕旁人不援，百步中比野，当赀二甲。②

士伍甲盗，以得时值赃值百一十，吏弗值，狱鞫乃值赃，赃值过六百六十，黥甲为城旦。问甲及吏何论？甲当耐为隶臣，吏为失刑罪。甲有罪，吏知而端重若轻之，论何也？为不直。③

五人盗，赃一钱以上，斩左趾，又黥以为城旦，不盈五人，盗过六百六十钱，黥劓以为城旦，不盈六百六十钱到二百廿钱，黥为城旦，不盈二百廿以下到一钱，迁之，求盗比此。④

对盗贼的惩治极为严厉，特别是对五人以上的群盗的惩治更加严厉，因此，破产的小农为盗贼，若不为政府所捕获，尚可苟活，若陷刑网，或遭屠戮，或残肢体，或为官奴，难有生理矣。

6. 起义者

秦汉政府将起义者亦目为盗贼，即使是真正的盗贼，欲得不陷入刑网，亦必须依靠武装以自卫，走上公开反抗政府的起义之路。在整个社会或局部地区的小农陷入破产境地时，破产的小农便会首先发难，举行起义，以求改善自己的处境。秦末农民大起义的领袖陈胜也好，刘邦也罢，均是破产的小农。西汉末年的绿林军、赤

---

① 皆见《睡虎地秦墓竹简·法律答问》。
② 同上。
③ 同上。
④ 同上。

眉军的领袖与基本群众也是破产的小农，东汉末年的黄巾起义的基本群众仍然是破产的小农。他们都是为社会所逼迫无以聊生的人。《后汉书·五行志》载："灵帝光和中，洛阳男子夜龙，以弓前射北阙，吏收考问，辞：'居贫负债，无所聊生，因买弓箭以射。'"这是很具代表性的材料，因贫穷与债务而将其逼到无以聊生的地步，必然引起他产生武装推翻维护现行秩序的政府的念头与情绪。夜龙的举动，《后汉书·五行志》的作者认为是"射妖"，是一种社会的怪现象。其实，只是他个人的这种情绪的宣泄、思想的表现。光和年间离中平元年黄巾起义的爆发仅隔数年，因此，夜龙之举，乃是社会危机爆发的征兆。

起义农民所要求的仅是改善自己的处境，并不知如何去改造社会。故赤眉军在取得了决定性的军事胜利后，"皆日夜愁泣，思欲东归"①，顺帝时广陵张婴起义"众数万人，杀刺史二千石，寇乱扬、徐间，积十余年，朝廷不能讨。冀（梁冀）乃讽尚书，以纲为广陵太守，因欲以事中之。前遣太守，率多求兵马，纲独请单车之职。既到，乃将吏率十余人，径造婴垒，以慰安之。求得与长老相见，申示国恩。"说："今主上仁圣，欲以文德服叛，故遣太守，思以爵禄相荣，不愿以刑罚相加。……婴闻泣下曰：'荒裔愚人，不能自通朝廷，不堪侵枉，遂复相聚偷生，若鱼游釜中，喘息须臾间尔。'"竟率全体投降。张纲乃"散遣部众，任从所之，亲为卜居室，相田畴，子弟欲为吏者，皆引召之。"结果使"人情悦服，南州晏然。"②一场

---

① 《后汉书·刘盆子传》。
② 《后汉书·张皓传附子张纲传》。

轰轰烈烈的农民起义，居然被平息下去。这并非张纲有什么特殊的能耐，而是他洞晓起义者的要求，并在自己的权力范围内暂时满足了他们的要求，因而取得了镇压所不能起到的作用。

陈胜在其当庸客时，就念念不忘富贵，在其发动起义时，亦以当王侯将相相号召，在其建立了农民政权后，即"为王沈沈"，刘邦在看到秦始皇的威仪时，十分神往，说："大丈夫当如是也！"及至自己做了皇帝，曾对他的父亲说："始大人常以臣亡赖，不能治产业，不如仲力，今某之业，所就孰与仲多？"叔孙通为其起朝仪，使其尝到了当皇帝的甜头，他很有感慨地说："吾乃今日知为皇帝之贵也！"

上述夜龙、张婴、陈胜、刘邦四人的心理与行为，可以代表秦汉全体破产小农起义者的心理与行为。夜龙是起义前夕一般群众的代表，他们因贫困、负债，无以聊生，就产生一种强烈的破坏欲望，这种欲望驱使他们拿起武器，去攻击政府。陈胜、刘邦则是起义前夕的领袖人物的代表，他们有鸿鹄之志，等待风云际会，大显身手，以取富贵。张婴是小股农民起义者的代表，由于敌我双方力量的对比处于不利地位，他们仅求"相聚偷生"，"若鱼游釜中，喘息须臾间"。因此，他们要么是被镇压，要么就是被招安。陈胜是暂时胜利者的上层人物的代表，大志已遂，为王沈沈，终归失败。刘邦则是起义取得彻底胜利者的上层人物的代表，炫耀功业，尽享荣华富贵。而广大的下层群众则是渴望重返家园，在得到改善的处境下，重操旧业。中国历史上从来都是官逼民反，破产的小农在走投无路的情况下，自然会起义以求生路，秦汉的破产小农当然也是如此。

第三节 小结

以上我们探讨了秦汉小农破产的原因和破产后的出路。

从破产的原因看,两汉的灾疫固然是很重要的因素,但灾疫在中国历史乃至世界历史上都是造成小农破产的重要原因,并不是秦汉社会中特有的现象,在秦汉社会中造成小农破产的最主要的原因是政府的横征暴敛,严刑峻罚和商品经济的侵蚀与高利贷的盘剥。在秦,又主要表现为横征暴敛与严刑峻罚。此点,秦代的人已有结论:"秦为乱政虐刑以残贼天下数十年矣,北有长城之役,南有五岭之戍,外内骚动,百姓罢敝。头会箕敛以供军费,财匮力尽,民不聊生,重之以苛法峻刑,使天下父子不相安,陈王奋臂为天下倡始。"①此点毋庸赘言。两汉造成小农破产的最主要原因乃是商品经济的侵蚀与高利贷的盘剥,而政府的横征暴敛与严刑峻罚等其他原因都居于次要地位。因为汉代的租赋徭役比秦已大为减轻,即使是与中国历史上的其他王朝比,亦不能算重。它的社会危机表现在因土地的兼并而起的流民与奴婢大量出现,从总体上看,两汉土地与人口的比例还是比较高的,并不存在人口的过剩问题,整个社会缺乏的并不是土地,而是劳动力。由于小农经济无法与大地产的奴隶制经济竞争,他们才被大地产的奴隶制经济所兼并,被迫与生产资料分离,形成虚假的人口过剩现象。破产的小农成为流民这仅仅是一种暂时的现象,雇佣劳功也不能全部容纳和吸

---

① 《史记·张耳陈余列传》。

收全部破产的小农,自由的租佃经济下的小农由于受田主与政府的双重剥削,仍然不可能避免破产的命运,也即是说自由的租佃经济由于不能摆脱政府的束缚,在秦汉社会中只能是一种不稳定的,不能独立发展的,并无广阔前途的经济形式。自由的佃农,仅是秦汉破产小农沦为奴隶的过渡形态。而带有人身依附关系的封建生产关系尚处在非法阶段,因此秦汉破产小农的最后归宿只能是奴隶。王莽改制所要解决的土地兼并和奴婢两大社会问题,尽管他未能解决,但是作为解决问题办法的王田制和私属制却是正确的,他给后世提供了失败的经验。王田制实是从根本上解决了土地的兼并,私属制实际上是变奴婢为依附民。五均、六管、赊贷法的实施,则是对自由商品经济和高利贷盘剥的直接干预和控制,就连混乱币制,客观上也起到了破坏商品经济和发展自然经济的作用。这是对社会奴隶制经济形态根本改变为封建经济形态的彻底改革措施。但是由于当时的社会条件尚未成熟,因此他失败了。而农民的起义虽然从主观上说并不包含社会变革的成分,但从客观上说,却为社会经济结构的变化准备了条件。西汉的农民大起义,使得东汉的统治者们能顺利地改善奴隶们的处境,同时也为豪强地主经济摆脱政府的控制创造了条件。东汉的农民起义后,由于战争的破坏使得社会经济凋敝,商品货币经济萎缩,自然经济取代商品货币经济,大量的无主荒地的存在,为统治者们实行屯田式的封建剥削关系奠定了基础。西晋的占田荫客制度则标志着封建生产关系在法律上的认可。从此,历史上再也没有出现过小农破产后大量成为奴婢的社会现象,奴隶制经济从此退出了历史舞台。

因此,纵观秦汉小农破产的原因及其破产后的出路,我们可以清楚地看到秦汉社会特别是两汉社会的一个基本特征,这就是在商品货币经济基础上发展起来的奴隶制经济,支配着小农经济的命运自由的雇佣经济和租佃经济不过是奴隶制经济的补充形式。奴隶制经济不仅决定了秦汉小农的破产,而且也决定了小农破产后的出路,同时还决定了小农武装起义的性质和作用,这就是为铲除奴隶制和发展封建制开辟道路。这倒并非说小农的武装起义代表了奴隶们的利益,而是小农为维护自己的切身利益必须反对奴隶制度,这是由中国的奴隶制的特点所决定的。中国的奴隶制度不是建立在对外族的掠夺的基础上,而是建立在对本民族的压迫、剥削的基础上发展起来的,因而小农与奴隶有着必然的联系。秦汉小农的任何维护自己利益而进行的斗争,客观上都是对奴隶制经济的打击。连统治阶级的改良方案,目的虽是挽救小农经济,但手段却表现为对奴隶制经济的限制。因此从秦汉小农的破产原因与破产后的出路这一角度,可更清楚地看出秦汉奴隶制社会的特点。

第十二章　总论

在以上的十一章中,我们分别探讨了战国秦汉小农的历史成因、家庭结构、身份与社会地位、生产力水平、承担国家租税赋役的状况、家庭的经济收入与支出状况,并探讨了小农经济与商品货币经济、奴隶制经济、封建制经济以及与国家的相互关系,探讨了秦汉小农的破产诸问题。下面我们将根据以上的探讨,进一步作些理论的分析和总体的概括与说明。

第一节　战国秦汉社会中的所有制形式与社会基本矛盾

马克思说:"小农民经济和独立的手工业生产,一部分构成封建生产方式的基础,一部分在封建生产方式瓦解以后,又和资本主义生产并存。同时,它们在原始的东方公有制解体以后,奴隶制真正支配生产以前,还构成古典社会全盛时期的经济基础。"[1]他还说过:"自耕农的这种自由小块土地所有制形式:作为占统治地位的正常形式,一方面,在古典古代的极盛时期,形成社会的经济基

---

[1] 《马克思恩格斯全集》(以下简称《全集》)第23卷,第371页。

础,另一方面,在现各代国,我们又发现它是封建土地所有制解体所产生的各种形式之一。"①

马克思的上述两段话,都出自其不朽的名著《资本论》,对比这两段话,我们可以肯定马克思所使用的小农民经济这个概念的内涵,与本文所论及的战国秦汉小农经济的内涵是完全吻合的,都是指自耕农的自由小块土地所有制经济。马克思说它是古典社会全盛时期的经济基础,而古典社会的全盛时期是指"东方共有制消灭之后,奴隶制真正支配生产之前。"的这一特定的历史时期。我们知道马克思所说的东方共有制,就是指的亚细亚生产方式,古典社会就是指奴隶社会。1857年,他在《〈政治经济学批判〉导言》中说:"资产阶级经济只有在资产阶级社会的自我批判已经开始时,才能理解封建社会、古代社会和东方社会。"②1858年他在《〈政治经济学批判〉序言》中又说:"大体说来,亚细亚的、古代的、封建的和现代资产阶级的生产方式可以看做是社会经济形态演进的几个时代。"③尽管关于亚细亚生产方式的争论至今仍无结果,那是由于各人理解的不同,马克思本人对于亚细亚生产方式的内涵还是揭示得比较清楚的。他在论述资本主义生产以前的各种形式时,依次列举了:劳动的个人对其劳动的自然条件的原始所有制,亚细亚所有制形式,古代的所有制形式,日耳曼所有制形式四种。

他在解释第一种所有制时说:"他们劳动的目的是为了保证各个

---

① 《全集》第25卷,第909页。
② 《全集》第12卷,第776—758页。
③ 《全集》第13卷,第9页。

所有者及其家庭以及整个共同体的生存。个人变为上述一无所有的工人,这本身乃是历史的产物。"①这其实就是指原始的共产制。

他在解释亚细亚所有制时说:"在大多数亚细亚的基本形式中,凌驾于所有这一切小的共同体之上的总合的统一体表现为更高的所有者或唯一的所有者,实际的公社却只不过表现为世袭的占有者。因为这种统一体是实际的所有者,并且是公共财产的真正前提,所以统 体本身能够表现为凌驾于这许多实际的单个共同体之上的特殊东西,而在这些单个的共同体中,每一个单个的人在事实上失去了财产,或者说,财产(即单个的人把劳动和再生产的自然条件看作属于他的条件,看着客观的条件,看作他在无机自然界发现的他的主体的躯体)对这单个的人来说是间接的财产,因为这种财产,是由作为这许多共同体之父的专制君主所体现的统一总体,通过这些单个的公社而赐予他的。因此,剩余产品(其实,这在立法上被规定为通过劳动而实际占有的成果)不言而喻地属于这个最高的统一体。

因此,在东方专制制度下以及那里从法律上看似乎不存在财产的情况下,这种部落的或公社的财产事实上是作为基础而存在的。这种财产大部分是在一个小公社范围内通过手工业和农业相结合而创造出来的。因此,这种公社完全能够独立存在,而且在自身中包含着再生产和扩大再生产的一切条件。公社的一部分剩余劳动属于最终作为个人而存在的更高的共同体,而这种剩余劳动既表现在贡赋等形式上,也表现在为了颂扬统一体——部分地是

---

① 《全集》第46卷上,第47页。

为了颂扬现实的专制君主,部分地为了颂扬想象的部落,即神——而共同完成工程上。"①

他指出在亚细亚的所有制形式中,已经有了专制的国家、专制的君主,地方总督,生产者是耕种名为公社实为专制国家的代表专制君主一人所有的份地的农民。不存在土地的私有制度与土地所有权归国家的化身君主一人所有是这种所有制形式的最本质的特征。

他在解释古代的所有制形式时说:"公社,一方面是这些自由的和平等的私有者间的相互关系,是他们对抗外界的联合,同时也是他们的保障。在这里,公社制度的基础,既在于它的成员是由劳动的土地所有者即拥有小块土地的农民所组成的,也在于拥有小块土地的农民的独立性是由他们作为公社成员的相互关系来维持的。公社成员的身份在这里依旧是占有土地的前提,但作为公社成员,每一个单个的人又是私有者。他把自己的私有财产看作就是土地,同时又看作就是他自己作为公社成员的身份,而保持他自己作为公社成员,也正等于保持公社的存在,反过来也一样,等等。"②

马克思所说的古代的所有制形式,就是与共同体成员身份在一起的小块土地的私有制形式。他的最本质的特征是:共同体成员与小土地私有制二者的紧密结合。因此,小农经济自然是社会的经济基础。

马克思在解释日耳曼的所有制形式时说:"劳动的个人,即自给自足的公社成员,对他们劳动自然条件〔另一种〕所有制形式,是

---

① 《全集》第46卷上,第473—474页。
② 同上书,第464—477页。

日耳曼的所有制……

因此,公社便表现为一种联合而不是联合体,表现为以土地所有制为独立主体的一种统一,而不是表现为统一体。"①

由此可知,日耳曼的所有制形式,是劳动者对其劳动对象的直接私有,财产形态与共同体的关系最为松弛。

马克思还对亚细亚、古代和日耳曼的所有制形式做了明确的比较和区别:"在古代世界,城市连同属于它的土地是一个经济整体,而在日耳曼世界,单独的住宅所在地就是一个经济整体,这种住宅所在地本身仅仅在于属于它的土地上占据一个点,这并不是许多所有者的集中,而只是作为独立单位的家庭。在亚细亚的(至少是占优势的)形式中,不存在个人所有,只有个人占有,公社是真正的实际所有者,所以,财产只是作为公共的土地财产而存在。"②

如果我没有理解错误,我认为马克思所列举的上述四种所有制形式,是依据私有制的不断深化及个人不断地摆脱共同体所加的束缚为历史顺序与逻辑顺序来排列的。马克思论述的是所有制形式,是经济形态的演进形式,这与社会的性质既有联系,又有区别。因为所有制仅是社会生产关系中的一部分,并不能包含全部生产关系的内涵,但它也是生产关系中最主要的因素,起决定作用的因素。古代的所有制形式与奴隶制经济并不是一个概念,因此马克思方说自由的小农经济是"在原始的东方共有制消灭之后,奴隶制真正支配生产之前"的"古典社会全盛时期的经济基础"。

---

① 《全集》第 46 卷上,第 477—480 页。
② 同上书,第 481 页。

关于这一点，马克思本人表述得十分清楚，他在揭示了以上诸种所有制形式后曾明确指出："在所有这些形式中，发展的基础都是单个人对公社的原有关系（或多或少是自然形成的或历史地产生但已变成传统的关系）的再生产，以及他对劳动条件和对劳动同伴、对同部落人等等的关系上的一定的、对他来说是前定的、客观的存在，——因此，这种基础从一开始就是有局限的，而随着这种局限的消除，基础就崩溃和灭亡了。在罗马人那里，奴隶制的发展，土地占有的集中、交换、货币关系、征服等等，正是起着这样的作用，虽然所有这些因素在达到某一定点以前似乎和基础还相符合，部分地似乎是无害地扩大着这个基础，部分地似乎只是从这个基础中发展出来的恶习。这里，在一定范围内可能有很大的发展。个人可能表现为伟大的人物。但是，在这里，无论个人还是社会，都不能想象会有自由而充分的发展，因为这样的发展是同〔个人和社会之间的〕原始关系相矛盾的。"[1]

他还说："以部落体（共同最初就归结为部落体）为基础的财产的基本条件就是：必须是部落的一个成员。这就使被这个部落所征服或制服的其他部落丧失财产，而且使它沦为这个部落的再生产的无机条件之一，共同体是把这些条件看作归自己所有的东西。所以奴隶制和农奴制只是这种以部落为基础的财产的继续发展。它们必然改变部落体的一切形式。在亚细亚形式下，它们所能改变的最少。这种财产形式是建立在自给自足的工农业统一之上的，在这种情况下，和在土地财产、农业独占统治的地方不同，征服

---

[1] 《全集》第 46 卷上，第 485 页。

(其他共同体)并不是一个必要条件。而从另一方面说,因为在这种财产形式下,单个的人从来不能成为所有者,而只不过是占有者,实质上他本身就是作为公社统一体的体现者的那个人的财产,即奴隶,所以奴隶制在这里并不破坏劳动的条件,也不改变本质的关系。"①

"在奴隶制、农奴制等等之下,劳动者本身表现为服务于某一第三者个人或共同体的自然生产条件之（这不适用于例如东方的普遍奴隶制;这仅仅是从欧洲的观点来看的),这样一来,财产就已经不是什么亲身劳动的个人对客观条件的关系了。奴隶制、农奴制等等总是派生的形式,而绝不是原始的形式,尽管它们是以共同体为基础的和以共同体下的劳动为基础的那种所有制的必然的和当然的结果。"②

因此,随着征服和其他种种原因的发生,古代的所有制的必然结果就是奴隶制,日耳曼的所有制的必然结果就是农奴制,只有亚细亚的所有制很少发生变化,这就是马克思的结论;因此马克思亦常常用古代社会来作为奴隶制社会的代名词,日耳曼社会来作为封建社会的代名词。

辨明了马克思关于亚细亚生产方式,古代的生产方式和日耳曼的生产方式的基本理论后,我们就可以用来分析战国秦汉社会的所有制形式与战国秦汉社会的基本矛盾的问题了。

我们说井田制、爰田制都是名义上属于共同体所有而实际上

---

① 《全集》第49卷上,第492—493页。
② 《全集》第46卷上,第496页。

属于共同体的君主所有的亚细亚所有制形式。只要"普天之下,莫非王土","封略之内,何非君土"和"田里不鬻"的原则不被破坏,也即是说土地的私有制尚未产生,则其亚细亚的所有制形式的本质特征就不会丧失。尽管这个时期已经有了奴隶,但不会改变基本的生产关系,即共同体的君主剥削压迫共同体的成员——份地上的农民的这种基本的生产关系。因此中国在战国以前私有制尚未出现时的占主导地位的生产方式就是亚细亚的生产方式。至于说这种社会的名称,无论是称为前期古代社会还是直谓之亚细亚社会,那不过是个称谓问题,我个人认为还是以名副其实地称为亚细亚社会为好。

战国时土地的私有制产生了,份地可以买卖了,自由的小农出现了。随着对外的战争,商品货币经济的发展,奴隶制也逐步地发展起来。因此,战国、秦汉时的小农实际上就是古代所有制形式下的小农。他们的身份是自由的,相互关系是平等的,他们是国家经济和军事力量的支柱,国家有义务给他们土地,赈济他们,当他们失去了土地成为流民时,国家只能予以安辑,以致养活他们。因此,我们所论述的战秦汉小农的身份以及他们与国家的关系诸种特点和现象,均可以从此点得到合理的解释和说明。

由于商品经济的侵蚀,高利贷的盘剥,秦汉的小农遭遇了罗马平民的相同命运,这就是破产,但是罗马的平民由于政府废除了债务奴隶法而幸运地免遭沦为奴隶的厄运,中国的秦汉小农却因为政府并无保护他们不沦为奴隶的法令而不得不沦为奴隶。这种差别是由罗马与中国的奴隶制的不同发展途径所决定的。罗马的奴隶制是在对外掠夺和征服的基础上发展起来的,而中国的奴隶制却主要是建立在对本民族平民的经济剥削和掠夺的基础上发展起来的。罗马奴隶制的衰亡,主要是奴隶来源的枯竭和大庄园经济的无利可图,中国奴隶制的衰亡却是因为奴隶制经济的高度发展,代表着先进的生产力和生产关系的大庄园主、大工场主、矿主以及众多的中小奴隶主都要从兼并小农的过程中增殖地产,获得奴隶。而秦汉国家政权的代表皇帝,实际上又是全国最大的奴隶主,他不仅是全国臣民财产名义上的所有者,还是全国相当一部分公有地的实际上的所有者,掌握着大量的奴隶,有独立的财政系统。因此,秦汉的所有制具有亚细亚所有制与古代所有制的双重性质,这就形成了秦汉社会中的国有、私有、皇帝所有三种所有制既有区别而又常相重叠的社会现象。这种多重所有制的财产形态,决定了秦汉的小农既要承担政府的租税赋役,又要忍受商人、官僚、高利贷者的盘剥与兼并,也决定了秦汉国家一方面是对小农的肆意盘剥,一方面又尽力保护的矛盾政策的立场。对待奴隶制度以及奴隶制经济的发展,也是采取了保护、利用和限制的基本方针。在对外的军事征服方面,同样地表现出这种多重所有制的特征,因为亚细亚所有制形式下的征服不是必要条件,但在古代所有制的形式下,征服其他部族就很必要,不用说战国七雄的相互兼并和秦在兼并六国的过程中奴隶制经济的发展,我们仅举武帝对周边部族的用兵即可说明问题。《汉书·西域传》班固的赞曰:"睹犀布玳瑁,则建珠崖七郡,感枸酱竹杖,则开牂牁越嶲,闻天马蒲陶,则通大宛安息。自是之后,明珠文甲通犀翠羽之珍,盈于后宫,蒲梢龙文鱼目汗血之马,充于黄门,巨象师子猛犬大雀之群,食于外囿,殊方异物,四面而重。于是广开上林,穿昆明池,营千门万户之宫,立冲明通天之台,兴造甲乙之帐,落以随珠和璧。天子负黼依,袭翠被,凭玉几而处其中,设酒池肉林,以飨四夷之客,作巴俞都卢,海中砀极,漫衍鱼龙、角抵之戏,以观视之。及赂遗赠送,万里相奉,师旅之费,不可胜计。至于用度不足,乃榷酒酤、管盐铁,铸白金,造皮币,算至车船、租及六畜。民力屈、财用竭。因之以凶年,寇盗并起,通路不通,直指之使始出,衣绣杖斧,断斩于郡国,然后胜之。是以末年,遂弃轮台之地,而下哀痛之诏,岂非仁圣之所悔哉!,且通西域,近有龙堆,远则葱岭,身热头痛,悬度之厄。淮南、杜钦、扬雄之论,皆以为此天地所以界别区域,绝外内也。《书》曰:'西戎即序,禹既就而序之。'非上威服致其贡物也。……"因此武帝的军事行动,并不能以他的个人私欲的膨胀来解释,而是有更重要的经济原因在起作用。武帝是在"遭值文景、玄默养民五世,天下殷富财力有余"也即是在古代所有制下的小农经济繁盛的情况下发动战争的他实际上是在为奴隶制的发展开辟外部市场,掠夺财物和奴隶,这是古代的所有制使然。但是,由于亚细亚所有制的存在,使这样的军事征服所获至的利益不是为广大小农所共同享有,而是归了皇室,战争所付出的代价却完全为小农承担,这种军事征服行动是不可能长久维持下去的。故中国的奴隶制的发展不得不走着与希腊、罗马不同的道路,其根本的原因,仍然是两种所有制的共存。秦汉政府一方面订有保护私有财产的法律,一方面又无视这些法律的存在,屡行任意侵犯、剥夺私人财产之举。最典型的事例就是所谓迁徙豪富,就是因为他们富有了,政府就可以用行政命令的手段,强制性地将他们迁徙到指定地区,肆意地侵夺他们的不动产。这种行为的法律依据,只能归结于亚细亚所有制的存在。对于小农的租税赋役负担,虽有定程,但政府常常是横征暴敛,过多地侵夺小农的经济利益。对于商贾,采取了蛮横的压抑政策,对他们的财产的征税和剥夺,几乎达到了随心所欲的程度。恩格斯曾指出:"的确,或者是私有制神圣不一可侵犯,这样就没有什么国家所有制,而国家也就无权征税,或者是国家有这种权利,这样私有制就不是神圣不可侵犯的,国家所有制就高于私有制,而国家也就成了真正的主人。"[①]亚细亚所有制表现为共同体的君主的一人所有制,当共同体是国家形式时,就表现为国家的君主所有,而古代的所有制是国有与私有的并存,这两种所有制在国有的形式上有共存性,在不存在私有与存在私有的本质上又有其相互排斥性。战国秦汉的所有制正是这种亚细亚所有制与古代所有制的混合形态,这两种所有制的相互排斥而又实际并存,是秦汉社会的财产所有制形态的基本特征。正是这种财产所有制方面的特征决定了战国秦汉社会中的基本矛盾必然是奴化小农与小农的反奴化的矛盾。因为亚细亚所有制是国家直接剥削小农,使小农普遍地成为国家的奴隶的一种所有制,而古代的所有制又使广大的小农产生了与自己的生产资料相分离,沦为真正的奴隶的危险,两种所有制作用于小农的结果是一致的。而现实的情况是,小农破产后成为私人的奴隶,就脱离了与国家的一切关系,他们就成了主人的会说话的工具,国家再也无权向他们征租税赋役,他们要是破产后成为佃农,仍然摆脱不了与国家的关系,必然要受地主与国家的双重剥削,还是摆脱不了破产沦为奴隶的命运。因此,在战国秦汉社会

---

① 《全集》第2卷,第615页。

中,只有奴隶制这种生产关系能在亚细亚所有制与古代所有制并存的财产形态下存在并得到较大的发展,封建的生产关系虽能存在,但不可能得到较大的发展。战国秦汉社会中占主导地位的生产关系必然是奴隶制而不是封建制,奴化小农与小农的反奴化就必然成为战国秦汉社会中最主要的、最基本的社会矛盾。战国秦汉社会中的阶级斗争必然表现为小农与国家、与奴隶主的斗争。奴隶与奴隶主的阶级矛盾与斗争反而处于从属地位,这就是秦汉四百余年间农民三度大起义,小起义连绵不断,奴隶的起义不多见,即使有,也常常与农民大起义汇合在一起的根本原因。

东汉以后,土地所有制发生了变化,少府经济逐渐纳入国家经济的范畴,在魏晋以降的社会中不复存在,皇帝也需购置土地作为私产,依附关系取得了合法地位,作为私有土地的对立面的山林川泽等原皇室或国家的地产,也逐渐为私人所占有,这正是亚细亚所有制与古代所有制逐步退化而让位于日耳曼土地所有制的表现。封建制的剥削关系,逐步取代奴隶制的剥削关系,随着商品经济的萎缩,奴隶制经济的没落,小农与小农经济的命运也发生了变化。小农破产后不再成为奴隶,而是成为租种国有土地或私人土地的佃农。封建的生产关系,从土地所有制、赋役制度、到上层建筑的法律制度都得到了确认,社会形态遂完成了从奴隶制向封建制的过渡。

第二节 生产力的发展与秦汉社会中的基本经济规律

马克思说:"土地所有权的正当性,和一定生产方式下的一切其他所有权形式的正当性一样,要由生产方式本身具有的历史的、暂时的必然性来说明,因而也要由那些由此产生的生产关系和交换关系具有的暂时的必然性来说明。"①

列宁说:"马克思和恩格斯是唯物主义者。他们用唯物主义观点观察世界和人类,看出自然界中一切现象都有物质原因作基础,同样,人类社会的发展也是由物质力量即生产力的发展所决定的。"②

我们在上一节中从战国秦汉土地所有制形式这一角度探讨了战国秦汉社会的基本矛盾问题,得出了奴化小农与小农的反奴化是战国秦汉社会的基本矛盾这一结论。下面我们将再深入一步,从生产力发展的角度来探讨秦汉社会中占支配地位的生产关系的性质,说明战国秦汉小农破产为奴的命运不可避免的原因。

我们知道,生产力的诸要素除了人外,最主要的是生产工具、科学技术、协作与分工。

从农业生产工具的发展史角度看,春秋前的中国以石、木、蚌、骨、兽角和青铜为质料,战国后以铁为质料。从耕作技术的角度看,经过了蹠耒而耕、牛耕两大阶段,而牛耕又可分为二牛抬杠和一牛一犁式两个阶段。从劳动的协作形式看,经历了大规模集体耕作,偶耕,一人独力耕到三人、二人、一人配合犁牛耕的历史过程。在使用木石等非铁农具的夏商周三代,以家庭为基本生产单位,通过家庭内劳动力的分工协作蹠耒而耕,夏代一个家庭耕种小亩五十亩土地,商代一个家庭耕种七十小亩土地,周代一个家庭耕

---

① 《全集》第25卷,第702页。
② 《列宁全集》第2卷,第5—6页。

种一百小亩土地,农民的小家庭的产品除了满足自己的果腹要求外,很难想象会给社会带来剩余产品。故夏行贡法,殷施助法,周制彻法,必然要侵吞农夫们的必要劳动。但也只能供养为数不多的贵族。随着战国时铁农具的普及,农业的生产水平有了较大幅度的提高,农夫家庭的耕种能力提高了,亩制遂与之相应而扩大,最后固定在二百四十平方步的标准上。农夫的生产能力扩大了2.4倍,其为社会提供剩余产品的能力当然也就会成倍地增长。社会的剩余产品增多,交换与商品货币经济必然发展起来,随着交换行为扩大与深入,劳动力与土地都取得了商品的地位,自由的小农与小农经济也就脱胎而出。从此,小农以独立的财产所有者的身份加入到经济竞争的社会洪流中去,他们既取得了发财致富上升为剥削者的自由,也面临着被人兼并,不得不破产的危险。在战国秦汉间社会所缺乏的并非是可耕地,而是劳动力,因此奴隶制便适应社会的需要而发展起来。土地兼并增加地产固然也是目的、更重要的还是获得奴隶的手段。两汉的土地价格除京师地区的高产土地的价格可达万钱一亩外,其他地区的土地价格还是很贱的。西汉居延地区亩价百钱,只相当于一石粮食的价格,东汉残碑所载的四川地区土地价格在五百钱至二千钱之间,最贵者值二十石粮食之价,贱者亦仅值五石粮食,仍然是很低的。而奴婢的价格,西汉居延地区大婢值二万,小奴值一万五,东汉残碑所载的奴婢价为四万。西汉居延地区一小婢之价相当于二百亩土地之价,东汉四川地区一婢之价相当于20—80亩土地之价。西汉居延地区的牛价一头三千,东汉残碑所载牛价一头一万五,则奴价与牛价之比为1∶6.6和1∶2.6。奴隶价格从总体上说要比土地的价格高得多。

这就说明秦汉社会中劳动力的重要性要远远大于生产资料土地的重要性,全社会对于劳动力的需要与追求,远远高于对生产资料土地的需要与追求。这是秦汉社会中奴隶之所以作为一种特殊的商品又作为一般的财富成为人们追逐的目标的原因。

我们说,两汉的牛耕,主要是二牛抬杠式,三人、二牛、一架犁与五顷土地相结合,是当时最先进的耕作技术,这种耕作技术,最适宜于使用奴隶的大土地所有制的发展而大大不利于拥有小块土地的小农。《盐铁论·水旱篇》贤良云:"县官鼓铸铁器,大抵多为大器,务应员程,不给民用。民用钝弊,割草不痛。是以农夫作剧,得获者少,百姓苦之。"大器,是适用于大土地所有制为生产工具,小器才是小农的生产工具。两汉的考古发掘中已经发现了不少特大铁犁,北京大学的张传玺先生作过专门研究①。这种特大犁是实用物,需用二牛或二牛以上的畜力牵引。无论其是用于翻地或窜垡、开沟,这种大器的实际存在,都是大土地所有制使用大器的证明。而使用大器的大地产经济就绝不能是小块的小农经济和租佃经济,只能是奴隶制的集体劳动经济。西汉武帝时的官营铸铁业以铸造大器为主,正说明了大地产的奴隶制经济在国民经济中占有很大的比重。这就是两汉的土地兼并与奴婢充斥总是影不离地结合在一起成为社会的通病的原因。秦汉考古所发现的有关小奴主个体家庭的财产资料中,云梦睡虎地所出的封守爰书所载的土伍甲的家庭有一夫一妻、一子一女、一奴一婢,没有耕牛与土地的记载,居延汉简中的礼忠家赀简载他拥有五顷土地,二牛、五马、

---

① 《两汉大铁犁研究》,载《秦汉史论丛》第3辑。

二小奴、一大婢,四川所出东汉残碑,可以确定的有牛户共四户,而这四户中却记载着家家拥有五名奴婢,在那个不知有无奴婢的家中有五十九亩土地,房产值四十四万三千,肯定不是小农,另三户中有确切记载的一户有田二顷六十亩。所有的有牛户均只有一头牛,均是奴隶主。我们只要将这些资料联系起来看,就可以发现,秦代的一般小奴主农户尚未采用牛耕,西汉居延地区的奴主已使用二牛抬杠式的耕作技术,东汉四川地区已行一牛一犁式的耕作技术。从其拥有的土地量来看,秦简未载,西汉的礼忠有五顷,东汉的扬汉有田二顷六十亩,从其拥有奴婢人数看,秦代的土伍甲有一臣一妾,礼忠有二小奴一大婢,扬汉有奴婢五人,这三份考古材料是弥足珍贵的,可谓秦、西汉、东汉小奴主的典型材料。秦代拥有两名奴隶的小奴主家庭,却没有耕牛,正说明秦代的牛耕尚未普及,西汉的拥有三名奴隶的小奴主具有两条耕牛与五顷土地,这正是赵国代田法耕作技术下的典型经济形态,东汉拥有五名奴婢的奴主具有一头牛与二顷左右土地,这也应是东汉农业生产领域的小奴主的典型,特别是碑文所载的有牛户四户中有三户均是如此,这就是更具典型性、代表性。这些小奴隶主还称不上是拥有大地产的大奴隶主,但拥有2—5名奴隶已成为其正常形态。这标志着奴隶在秦汉社会性经济中的不可或缺的重要性。至于说秦代(此时尚未统一全国)的士伍甲为何没有耕牛,为何不见土地数量的记载?只能说明他是个国家授田制下的农夫,当时的土地所有制还受着国家的强制干预,土地兼并的条件尚未成熟,他是个没有爵位的普通士伍,还不可能占有较多的土地,有两奴加上家庭内的劳动力足以耕种授给他的份地,因此他没有必要养畜耕牛。在云梦睡虎地出土的《秦律》中,有关于政府养畜和使用耕牛的律文,《秦律·厩苑律》云:"以四月、七月、十月、正月肤田牛。卒岁,以正月大课之。最,赐田啬夫壶酒束脯,为皂者除一更,赐牛长日三旬;殿者,谇田啬夫,罚冗皂者二月。其以牛田,牛减絜,笞主者寸十。又里课之,最者,赐田典日旬,殿,笞卅。"在政府的公田上耕种的劳动力也是官奴婢。《秦律·仓律》云:"隶臣田者,以二月月二石半石,到九月尽而止其半石。"这说明无论是秦是汉,使用耕牛的还是大地产者、奴隶主。对于小农来说,不排斥较富裕的小农家庭使用牛耕的可能性,但对于广大的仅拥有四五十亩、二三十亩地的小农家庭来说,当然还是蹠耒而耕为主,在一牛一犁的耕作技术尚未普及时更是如此。

赵过在推行代田法时亦曾推广人力挽犁法,但这必须在众多劳动力的协作下才能办到,这就更突出了劳动力的重要性。小农家庭囿于劳动人手一般只有二至三人,只能通过数家通力合作才能采用这种人力挽犁的耕作方法,据《汉书·食货志》所载,人多者可日耕三十亩,人少者可日耕十三亩,一犁最少也得四人来拉,四人可耕十三亩,而《九章算术》所载一人一日也可耕三亩,四人蹠耒而耕亦可耕十二亩,人力挽犁的效率不见得比蹠耒而耕提高许多,只是可以降低劳动强度。更何况小农习惯于独家经营,对于这种合作经营的方式不会有过高的热情。因此,这种人力挽犁的耕种方式还是适合拥有较多奴隶和较多的土地的奴隶主。

马克思在谈到十八世纪的法国小农时曾说:"小农人数众多,他们的生活条件相同,但是彼此间并没有发生多式多样的关系。他们的生产方式不是使他们互相交往,而是使他们互相隔离。这种隔离状态由于法国的交通不便和农民的贫困而更为加强了。他们进行生产的地盘,即小块土地,不容许在耕作时进行任何分工,应用任何科学,因而也就没有任何多种多样的发展,没有任何不同的才能,没有任何丰富的社会关系。"[①]这种小农的基本特征,战国秦汉的小农当然也是无不具备的。因此,在战国秦汉社会中,使用先进的生产工具,采用先进的生产技术,充分利用协作与分工、代表着先进生产力的是奴隶制的生产方式,而小农经济则是落后的和保守的。在社会的经济竞争中必然不是奴隶制经济的对手,必然要被奴隶制经济所吞噬。战国秦汉小农的破产和最终成为奴隶的命运是无法避免的。所以,在战国秦汉社会中奴隶制经济的发展必然与小农经济的破产紧密相连,小农经济的逐步萎缩与奴隶制经济的逐步发展,这就是战国秦汉社会中的基本经济规律。

第三节　商品货币经济的发展与战国秦汉小农的历史地位和作用

战国秦汉的奴隶制经济,是随着商品和货币经济的发展而发展起来的,也即是说,是随着交换关系的深入和扩大而发展起来的。若无交换关系的深入与扩大,土地和劳动力就不可能成为商品,就不可能产生兼并小农并使破产后的小农大批沦为奴隶的社会现象。而交换关系的深入和扩大的先决条件乃是社会分工的深入和扩大。在战国秦汉社会中,正由于农业、手工业、商业的社会

---

① 《全集》第 8 卷,第 217 页。

分工已经明确,且在农业生产领域中的社会分工亦有深化的趋势,例如专业户的涌现即是其表现。因此,战国秦汉的商品和货币经济达到了较高的水平,黄金作为法币在流通领域中广泛使用,铜钱作为通货被大量铸造,政府的赋税以征收货币为主,都说明交换经济在战国秦汉社会中占有特殊重要的地位。但是,战国秦汉交换关系的发展,是有限度的,它受到了来自几个方面的阻力,使其在达到一定的程度后便裹足不前,甚至倒退,其中最大的阻力便是小农的广泛存在。因为小农经济从本质上说就是交换经济发展的桎梏。马克思在《资本论》中曾明确指出小农经济"这种生产方式是以土地及其他生产资料的分散为前提的。它既排斥生产资料的积聚,也排斥协作,排斥同一生产过程内部的分工,排斥社会对自然的统治和支配,排斥社会生产力的自由发展。它只同生产和社会的狭隘的自然产生的界限相容。"[1]"小块土地所有制按其性质来说就排斥社会劳动生产力的发展。劳动的社会形式、资本的社会积累、大规模的畜牧和科学的不断扩大的应用。"[2]秦汉奴隶制经济是借助于商品和货币经济的发展.通过兼并小农集中地产,获得奴隶,也即是说是通过消灭小农经济来为自己的发展扫清障碍,开辟道路的。而小农经济本身的脆弱性,也为奴隶制经济消灭小农经济提供了可能性。马克思说:"高利贷和税收制度必然会到处促使这种所有制陷落。资本在土地价格上的支出,势必夺去用于耕种的资本。生产资料无止境地分散,生产者本身无止境地分离。

---

[1] 《全集》第23卷,第8页。
[2] 《全集》第25卷,第910页。

人力发生巨大的浪费。生产条件的日益恶化和生产资料日益昂贵是小块所有制的必然规律。对这种生产方式来说，好年成也是一种不幸。"[1]因此，小农经济是没有前途的一种生产方式，注定了它要被奴隶制经济所吞噬。但是，在秦汉社会中，客观的事实是，小农经济却有着顽强的生命力，并没有被奴隶制所消灭，其原因何在？

这是因为，一、奴隶制经济无论在农业生产领域，或是在手工业生产领域都有赖于小农的存在才能保有其国内的市场。中国的外部市场没有开发，产品只能在国内市场销售，国内市场上的买主除了剥削阶级外，小农无疑是最大的买主，这个买主若是不存在了，奴隶制经济就非萎缩不可。二、秦汉的奴隶制经济的发展是建立在不断兼并小农的基础上的。它需要一个处于风雨飘摇之中的小农经济供其兼并，若是其兼并的对象不复存在，则其发展必然夭折。三、秦汉的奴隶制虽然是代表着先进的生产力发展方向的生产关系，可是，因为它的发展是建立对小农兼并的基础上的，对整个社会来说，无疑是一种割肉自啖的经济形式。将小农变成奴隶，尽管奴隶主乐意采用先进的生产技术以提高劳动生产率，但是，由于奴隶是没有什么劳动的兴趣和积极性的，只能靠强制和监督来维持正常的生产活动，这势必造成即使增加非生产性的支出亦很难达到提高劳动生产率目的的状况。而其对于秦汉社会正常政治经济秩序的破坏作用极其巨大，必然要遭到政府的限制和小农的反抗。因此，秦汉的奴隶制经济的发展，只能在一定的限度内，一

---

[1] 《全集》第 25 卷，第 910 页。

旦超过极限,除自身必须退缩外,必然引起社会矛盾的激化,酿成社会的大动乱。结果总是不能消灭小农经济反而在小农顽强的抵抗和武装起义的打击下趋于瓦解,不得不让位于能够与小农经济和睦相处的封建经济,历史遂开始了新的一章。

纵观战国秦汉的小农与小农经济的产生、发展、衰弱的全过程,我们可以看到以小家庭为生产单位、使用铁制的手工农具、与小块私有土地相结合这种生产方式,最能调动农业生产领域中广大劳动者的生产积极性。因此,它是在"东方的公有制解体以后,奴隶制真正支配生产以前"这一特定的历史阶段的经济基础,也是当时最先进的生产关系。这一历史阶段,在罗马,大体上是王政时期和共和国的早期,在中国,大体上相当于战国至西汉武帝前。在这一时期,社会的经济得到空前的繁荣和发展,经济的自由,带来了人身的自由、思想的自由,形成了思想文化领域中的百花齐放、百家争鸣的繁荣局面,迎来了中国哲学史上灿烂的黄金时代。自由的经济,带来了自由的竞争,军事上的竞争表现为七国的争雄。政治上的竞争,使得鸡鸣狗盗之徒,引车卖浆者流都登上政治的舞台,使得血缘贵族迅速地衰落下去,而代之以依靠能力在竞争中取胜的贤人政治。思想文化领域中则表现为百家争鸣,经济领域中的竞争表现为诸业齐举,在商品货币经济的刺激下各奔富厚,形成"富无经业,货无常主,能者辐凑,不肖者瓦解"的局面。"六王毕,四海一",随着秦始皇的统一全国,政治、军事和思想文化的竞争告一段落,经济领域中的竞争则在新形势下继续展开。由于国家不可能像在战国年间那样通过战争对外掠夺财富和劳动人手来推动国内经济的发展,因此,剥削和掠夺以小农为主的编户齐民就成为维持国家政权存在的前提。小农的命运遂在很大程度上决定于政府对其剥削量的多寡。秦代小农的破产,完全是由政府过多地侵犯小农的利益所致,西汉文景时期小农经济的繁盛也是因为政府的轻徭薄赋、与民休息的政策使然。在经济竞争中形成的土地兼并,迅速造成了地产的集中,小农破产后沦为奴隶,保证了奴隶制经济在农业生产领域内的发展。在大地产的奴隶制经济面前,小农经济本身固有的弱点遂充分暴露出来了,决定其必然要被奴隶制经济吞噬的命运。此时的小农经济,就不是代表着先进的生产力发展方向的生产方式,而成为阻碍代表着先进的生产力发展方向的奴隶制经济进一步发展的拦路虎。它的存在,限制了社会分工的进一步扩大,限制了交换经济的进一步发展,限制了科学的运用,一言以蔽之,成了社会进步的障碍。尽管奴隶制经济的发展、政府的横征暴敛、高利贷的盘剥,到处都破坏着小农经济成长的基础,但是由于没有大工业,又缺乏外部市场,奴隶制经济并不能将其全部吞噬,反而有赖于它的存在,而国家政权从其政治经济的利益需要出发也必须对奴隶制经济的发展加以限制,对小农经济加以保护。当这种行政的限制与保护措施仍不能挽救广大小农破产的命运时,小农便会以武力破坏现存的政治经济秩序,以维护其生存的权利,改善其生存的条件。秦汉小农武装起义为封建制经济取代奴隶制经济开辟道路。在魏晋至中唐的封建社会中,商品经济萎缩了,自然经济占了主导地位,国家对经济的干预加强了,奴隶制经济的大土地所有制不复存在了,先进的生产工具被搁置一旁,魏晋以降,在农业生产领域中,再也不见大犁和楼车而代之以轻型小巧的犁和手工农具,社会经济一时呈倒退现象。但小农经济却站稳了脚跟,兼并小农的过程大大地缓慢下来。即使在中唐以后,商品货币经济有所发展,土地兼并再次形成大地产时,由于不采取奴隶制的集体奴隶共同劳动制而是采用个体佃农的小块土地租赁制,小农在出卖了自己的土地后,仍然为封建经济所容纳,并不会产生秦汉社会中的大量的小农与生产资料相分离的现象。这样,无论是小农或佃农都必须发挥全家庭所有劳动力的劳动积极性,以求维持简单的再生产过程。封建生产关系与小农经济就能长期共存,但这却造成了社会的长期停滞不前。

因此,从秦汉小农受政府的横征暴敛,商品货币经济的侵蚀,受奴隶制经济的吞噬而酿成社会危机的历史过程,秦汉的政治家,以及以后各王朝的政治家们所开出的济世良方一是轻徭薄赋,但这往往很难做到,二是对土地兼并的干预和控制,最直接的办法是部分恢复土地国有制,像曹魏的屯田,北魏、隋唐的均田,均是例证。当国有的土地无法满足屯田、均田的需要,不足以阻遏土地兼并的势头时,那只能在均平赋役上做做文章了,从唐代的两税法,到明代一条鞭法,直至清代的摊丁入亩,都是沿着均平赋役的道路不断前进的。中国的统治阶级从维护自己的切身利益出发,打着保护小农的旗号,推行上农除末的政策,强行压抑私营工商业,遂使中国古代的私营手工业与商业无法摆脱重重的束缚,始终不能得到自由的发展。结果造成中国古代社会中小农经济长期处于支配形态,生产结构的长期单一,生产力与科学技术的长期停滞不前。这就是中国的封建统治阶级从秦汉小农与小农经济的历史运动过程中得到的经验,采取的措施与得到的结果。

第四节 历史的启迪

在这里,我要谈谈学习历史对自己的启迪,主要谈一谈自己对中国古代历史分期问题的一些认识。因为要讨论社会的性质问题,就必然要以马克思主义经典作家的论述为出发点,因为要讨论中国古代史上的社会性质问题,就必然要充分注意中国古代社会中的特殊现象。我们既不能抛开马克思主义经典作家的论述于不顾,去另建一套理论,也不能不顾中国历史的特点与实际,将马克思主义经典作家的理论削足适履般地生搬硬套。应该说,欧洲的原始社会、奴隶社会、封建社会和资本主义社会的相继产生,都是在欧洲的特定历史时期与历史条件下的特殊的历史现象,是否具有全人类的共性与必然性,有待于对全世界各民族各国家历史的证明。迄今为止得到证明的是:全人类都共同经历过原始社会,全人类在原始社会解体后都分裂为统治者与被统治者两大社会阶层,人类发明的第一种奴役他人的制度是奴隶制度。奴隶制度是在武力征服和掠夺其他非本血缘团体成员的基础上产生的,但是武力征服和掠夺并不一定就必然产生奴隶制度,奴隶制度也不一定非要依赖对外的征服和掠夺方可产生和发展。欧洲的封建制度则是落后的日耳曼人征服先进的罗马帝国后而产生的一种社会制度,本身就极具历史的偶然性。中国古代的历史,既有与欧洲相类似的现象,更有自己的特点。西周的封建诸侯与欧洲的封建制度从形式上看就极为相似,井田制与欧洲中世纪封建庄园制的农奴份地制形式上亦颇类似,诸侯与周天子、卿大夫与诸侯、士与卿大夫以及平民与贵族间,似乎均存在着某种形式的人身依附关系,因此,有不少的学者均主张中国的封建社会始于西周,并由此产生了一个中国的封建社会延续了数千年而停滞不前的大问题。有些学者则认为中国的封建社会产生于战国,最主要的理由是战国时期产生了一个新兴的地主阶级取代了过去的奴隶主阶级。有些学者则认为中国的封建社会产生于汉魏之际,恩师何兹全教授是最早也是最系统阐述这一观点的学者。他以战国秦汉到魏晋南北朝之间社会发生的由城市交换经济到农村自然经济;由自由民、奴隶到部曲、客;由土地兼并到人口争夺;由民流到地著这四个方面的变化的历史事实,来说明中国由古代的奴隶制社会向封建社会的过渡。①

我早就十分服膺恩师的汉魏之际封建说,故在恩师门下攻读博士学位时所做的学位论文就是《秦汉小农与小农经济》,毕业后来到南京师范大学,继续从事历史研究与教学。尽管中国的史学界现在几乎无人探讨中国的历史分期问题,自己的职业也发生了变化,但是自己这二十年来,一直没有放弃对这一问题的思考。特别是改革开放后的中国,发生了翻天覆地的变化,改革是从农村开始的,通过承包责任制摆脱了人民公社公有制的束缚,一下子就将小农经济的能量释放了出来。今天的中国,第二和第三产业在国民经济中已占有绝对大的比例,第一产业的农业在国民经济中的比重已经处于次要地位,但是,由于农民数量仍然占有绝对大的比例,农业、农村和农民即所谓的三农问题依然是困扰中国人的头等

---

① 详见何兹全《汉魏之际封建说》,载《历史研究》1979 年第一期。

重要的大问题。因此我认为继续深入地研究中国的小农和小农经济问题、继续地研究中国的历史分期问题就更有现实意义。

人类的生产始终包括物质资料的生产与自身的生产即种的繁衍两方面的内容,这两种生产是互相影响、互相作用的。一定历史时代和一定地区内的人们生活于其下的社会制度,受着这两种生产的制约,一方面受劳动的发展阶段的制约,另一方面受家庭发展阶段的制约。物质资料的生产越不发达,人类社会就越是要受到血缘关系的支配;物质资料的生产越发达,人类社会受血缘关系的制约就越少。这不仅是为马克思主义的经典作家所早已阐明,而且也是为人类发展的历史所证实的颠扑不破的真理。当人类进入现代人阶段,群婚逐步向对偶婚过渡时,家庭的影响就已经开始出现。随着男子在生产资料的生产方面的作用越来越突出,也随着物质资料生产力的提高,以男子为中心的一夫一妻制家庭逐步就取代了以女子为中心的对偶婚大家庭,社会的组织形式也就由母系氏族公社转变为父系氏族公社。到这个时期,人类的两种生产,都从依靠群体转变为依靠单个的家庭进行,群体仅成为个体的家庭的补充形式。但是,由于任何一个家庭,都不可能完全摆脱群体的束缚,因此单个家庭与群体之间的关系以及各群体之间的关系的发展史,就成为人类历史演变的主要内容。

从物质资料生产的所有制关系看,就有了属于群体的公有与属于单个家庭或个人的私有的对立统一关系,也有了各个家庭或个人之间的相互关系。

公与私是一对矛盾,它们之间既相互排斥,又相互依存。公与私都是相对的、有条件的,而不是绝对的、无条件的。对一个家庭来说，属于这个家庭的财产既排斥它所在的群体，同时也排斥它所在群体的其他家庭和个人，因而表现出其私有性，但是对于这个家庭内部的全体成员而言，它又表现出其公有性。集体与集体、国家与国家之间，同样表现出其相互排斥的私有特征。因此，绝对的公有和私有都是不存在的。在一定的时空范围内，无论生产资料是公有制还是私有制，人与人之间的关系、人与社会之间的关系都会因血缘、政治、法律和军事等因素而产生各种不同的形态。这就是马克思主义的经典作家所说的经济基础决定上层建筑，上层建筑也会反作用于经济基础。我们在考察历史时既要十分重视经济基础，也绝不能忽视上层建筑对经济基础的反作用。

生产资料的公有制是人类社会人与人之间公平关系的重要基础，但并非唯一、必然的前提。原始社会的生产资料的公有制是适应人类生产力低下状况下的一种必然的选择，它同时又是人类提高生产力的束缚与障碍。人类正是在不断提高自己生产力的同时不断摆脱公有制的束缚与障碍进入文明社会的。农业，是人类社会进入资本主义以前最重要也是最基础的经济领域，土地是最重要也是最基础的生产资料，土地的所有制形式决定着社会财产所有制的形式，同时对社会的生产组织形式和分配方式有着重大的影响。

在中国，商、周的早期，都还是以同一血缘关系为纽带组织起来的部族，农业生产采用的是集体大规模开荒、耕种、收获的形式，土地属于部族共同所有，但部族内部人与人的关系已经有了贵族与平民的分化，分配制度虽无文献确凿记载，但贵族与平民肯定不会公平地分享劳动成果。而井田制的产生，虽未破坏部族共同所有的土地公有制,但公田与私田的划分,已经说明单个家庭成为农业生产领域内最为主要的生产组织,小农于是登上了历史舞台。迄至今日,他们始终是中国社会中人口数量多的基本群众。他们的状况如何?是我研究历史的着眼点。我认为通过对中国小农和小农经济的研究,是拨开历史的重重迷雾看清中国历史本质的一条终南捷径。我对于中国古代史的分期标准,其实十分简单,就看小农的状况,特别是看他们在社会中沉浮、变化和运动的方向。如果社会始终不让小农产生变化,小农始终只是国家分配的份地上的劳动者和国家赋税役的承担者,那这个社会的性质就必然是亚细亚的社会,如果社会要将小农变成奴隶,那这个社会的性质必然是奴隶社会,如果社会要将小农变为依附于主人的农奴,那这个社会就必然是封建社会,如果社会要将小农变为现代工厂或现代农场的工人,那这个社会就必然是现代工业社会,不管它是资本主义的还是社会主义的。

中国的春秋战国以前,小农始终是国家分配的份地上的劳动者和国家赋税役的承担者,他们的身份始终是平民,除非因战争而沦为奴隶,他们的身份是绝少产生变化的。春秋战国时期,由于天子、诸侯、卿大夫、士这四个贵族的阶层之间,发生了逐层的争斗,贵族们为争取平民也即是小农的支持,遂使小农取得了上升为贵族的机会。我们看到的历史的事实首先是王室衰微,大国争霸,诸侯与天子的争斗,诸侯要当天子,这是第一层次的争斗,直到秦始皇统一六国才最终完成。然后是鲁国的三分公室、三家分晋、齐田代姜,这是卿大夫与诸侯的争斗,卿大夫要当诸侯,这是第二层次的争斗。然后是陪臣执国命,士要取代卿大夫,这是第三层次的争斗。在这些贵族间的斗争中,小农也即是平民也被裹胁了进来,他们也可以通过一技之长或接受教育与培训成为士、成为卿大夫,这些新贵成为时代的宠儿,在历史的舞台上尽情表演,而旧贵族则是无可奈何花落去,零落成为平民甚至奴隶。秦末农民大起义,给小农,也给中国的历史带来了一次重大的变革,陈胜呼出了"王侯将相宁有种乎!"的口号,打破了小农在身份和社会地位上的最后一道障碍,这就是平民也可以当天子,并最终由刘邦将其实现。从此,中国人上自天子下至平民百姓,社会身份的等级全部被打通,没有了不可逾越的障碍。要说中国历史的特殊性,我认为这是至关重要的一点。欧洲直至资产阶级革命胜利完成后,社会的身份等级制度才被废除,在此之前,贵族与平民的身份几乎是不可改变、不可逾越的。正因为欧洲存在着身份的刚性制度,社会各阶级各阶层之间相互的隔阂,不仅使欧洲的阶级、阶层的界限分明,更使得他们之间的冲突不可调和,要想变革,就必须彻底改变社会的制度。中国的情况就与之相反,社会各阶级、各阶层可以相互贯通,不存在制度的障碍,因此社会的矛盾与冲突并不需要通过改变制度来解决,只需要完善与改进制度。结果是造成了中国的政治、经济等各项制度日趋精密与合理,反而遏制了新兴社会阶级和阶层的成长与壮大并能形成独立的社会力量与旧制度相抗衡。

战国秦汉的自由小农,由于有了土地的所有权,他们遂以独立的财产所有者的身份,参加社会的竞争,其身份和社会地位均比井田制、爰田制下的农民为高,生产的积极性、主动性亦空前高涨,这正是自由的小农经济最突出的优越性。但是由于小农家庭劳动人手少,资金短缺,生产的规模是狭小的,生产的能力是极为有限的。

这种经济形式连维持简单的再生产也很困难，因此是极不稳定的。即使没有政府的剥削、没有大土地所有制的奴隶制经济的吞噬，没有商品经济的侵蚀，它也不能抗御自然灾害，不能避免各家庭之间的贫富两极分化，这是自由的小农经济致命的弱点。因此，在这一历史时期，沦为奴隶，就成了他们最终的归宿。中国的奴隶的主要来源，是同一国家范围内的小农而不是其他国家或民族的战俘，奴隶与奴隶主之间的关系是经济关系而不是超经济的强制关系，这也是中国历史区别于欧洲历史的一大特点。欧洲奴隶制经济的发展，需要不断地对外战争，中国的奴隶制经济的发展需要破坏小农经济。这不仅遭到小农的反抗，同样威胁到国家政权的巩固。因此，限田、限奴、王田制、私属制等政策就被提出，当政权的力量不足以改变现状时，小农就拿起了武器，为新政权实施新政策扫清障碍。从曹魏的屯田到西晋的占田、课田制、品官占田荫客制，到北魏、隋、唐的均田制，都是在限制土地的买卖、变奴隶为私属。小农失去了土地的自由支配权，解除了沦为奴隶的威胁，换得了半自由的人身。这种状况一直维持到中唐，未发生根本的改变。中国的历史似乎又回到了春秋战国以前，这是中国历史上第一个大轮回。

公元780年，杨炎推行两税法，标志着均田制的彻底瓦解，小农又取得了土地的自由支配权，土地的兼并又可以合法地进行，小农再次面临被兼并而破产的命运。历史似乎又回到了战国秦汉时期，这是中国历史上的第二个大轮回。但是他们破产后既不会成为奴隶，也不会成为只具有半自由身份的客，而只会成为具有自由身份的租种地主土地的佃农。具有大量土地的地主，也不是像战国秦汉或魏晋至中唐的奴隶主、庄园主，采用大地产的经营方式，而是将大地产分割成一小块一小块地分租出去给佃农耕种。这一方面既不破坏小农的基本属性,一方面又可以保证自己的地租收入。国家的赋税役自然主要还是要由小农来承担。但是,宋代已将农户分为有土地所有权的主户与没有土地所有权的客户,并根据主户所拥有的财产划分他们的等级,然后按等级来征收赋税,当明代实施一条鞭法,清代实施摊丁入亩的政策后,国家的赋税役政策就更加地合理了。应该说,中唐以后的中国古代社会,已经在经济制度方面找到了小农、地主和国家利益的平衡点。但是,我们仍然看到中唐以后的农民起义还是在不断地进行,并且每次大规模的农民起义,总成为王朝除旧布新的工具。主要的原因还是自然灾害、土地兼并和政府和贪官污吏的苛求无度,在一特定的时期,造成了大量的流民,此时只要有人登高一呼,就会有大批走投无路的破产的或濒临破产的小农加入到起义队伍中来。新王朝的建立者们不管他们以前是地主还是小农,是贵族还是平民,是汉族还是少数民族,总还是承袭旧的一套制度,最多仅是作些修改而已,因为这套制度实在是太精密、太合理、太适合中国的国情了!

总之,小农经济始终是中国古代社会的经济基础,小农始终是中国古代社会中人口数量最多的社会阶层,他们也是中国古代社会的国民财富的主要创造者。小农安则国家安,小农不安,则国家不安。要使小农安,就得使他们有土地,不管土地的所有权是否属于小农还是属于其他的个人或团体、国家,这是第一位的。要得小农安,还必须使小农能维持简单的再生产,必须能保证他们最基本的生活和生存要求,这是第二位的。要得小农安,还必须使社会其他阶层的生活与生存状况保持在小农所能容忍的差别范围内,这是第三位的。遗憾的是这三项基本条件,无论是中国古代的国家还是小农本身,都不可能长期、稳定地提供。因此,在中国的古代史上,凡是能基本满足上述三项条件的时候,社会就会呈现出一片繁荣景象,如文景之治、贞观之治、康乾盛世,凡是不能提供的时候,社会的动乱就会接踵而来。

在中国古代史上,小农经济的对立面并非是地主制经济,而是奴隶制经济、庄园制的封建经济和工商业经济,他们的发展都是以破坏小农经济为前提与终极目标的,它们在中国历史上的不同历史时期,都曾有过一段发展的时期,但最终均未能如愿以偿,反而在政府的干预与小农的反抗下中断了它们的发展过程。唯有中唐以后的地主制经济能够与小农经济相容并与国家的利益相容。于是它就能不加改变地一直存在到了中华人民共和国的成立。

以上就是我所表述的中国古代史上的小农经济的发展史,也是中国古代社会变迁的历史,因此我们可以将春秋战国前的中国社会称为亚细亚社会,战国秦汉称之为奴隶社会,魏晋至中唐称之为封建社会,但是中唐以后直至鸦片战争爆发前的中国社会却绝不能称之为封建社会,因为它与欧洲的封建社会毫无共同之处,这也是中国历史的另一大特点。因为社会是要将自由的小农佃农化,我就姑称之为佃农社会。

在今日的农村经济改革的过程中,实行普遍的生产责任制,包产到户,这是扬小农经济之所长,调动了广大农民的生产积极性。由于有国家的帮助,农民依靠集体的力量,已大大提高了抗御自然灾害的能力,这正是避小经济之所短。因此,目前的农村经济改革政策是完全正确的,它将每个农户的利益与集体、国家的利益紧密地结合地一起,充分发挥了小农经济与集体经济的优越性,因此在实践中取得了很大的成功,得到了广大农民和全国人民的衷心拥护。随着农村经济改革的深化,必须将千百年来的自给自足的小农经济改变为现代化的社会主义商品经济,这首先需要提高农业领域中的生产力水平,使其逐步达到与工业生产相同的水准,这是一项伟大而艰巨的任务。商品经济是建立在社会分工的基础上的。农业经济领域中的交换行为的深入与扩大,有赖于农业生产领域内分工的缜密,有赖于各生产行业劳动生产率的提高,使其能为社会提供越来越多的商品。目前农村各种专业户的涌现,这是符合发展商品经济这一总体目标的可喜现象。随着全国经济的改革,商品经济的发展,必须大力开发国内与国际市场,特别应该注意开发国际市场。在整个中国古代社会中,由于自给自足的小农经济始终处于支配地位,这就决定了整个国家的封闭的自给自足的经济性质。天朝无所不有,对外贸易与整个国民经济无关痛痒,使中华民族长期缺少对外交往和外部市场,缺少与世界各民族竞争的机制。明代的郑和下西洋,尽管时间比哥伦布发现新大陆为早,其船队的经济与军事实力均比哥伦布的不知强大了多少倍,但是,其对中华民族的影响甚微。而哥伦布的发现新大陆,却给整个欧洲以及全世界都产生了极大影响。在面对着外国资本主义侵入的时候,中国的政府实行的是闭关自守的政策,而日本的政府在实行了一段时间的锁国政策后,很快地改弦易辙,实行门户开放,中国的戊戌变法以失败告终,日本的明治维新却大功告成。结果是中国沦为落后的国家,日本却一跃为帝国主义的列强之国。这些历史现象,尽管可以找到多种原因来解释,自由小农经济所决定的自给自足的经济结构不能不被认为是中国方面的最主要的原因。故今日中国所实行的对外开放政策,不仅可以获得外国的资金和技术,更主要的是改变中国的传统的经济结构的一大战略决策。由于有中央的正确的方针政策的指引,故目前中国的农业经济的发展正处于一个极好的时机。如果说充分发挥以户为单位的小农经济的优越性在脱贫致富的农村经济改革目标中起了决定性的作用,则农村下一步的经济发展的过程中,则必须充分注意克服小农经济本身致命的弱点,充分发扬社会主义集体所有制经济的优越性,农业的生产技术必需改造,这需要大量的资金,必须制定正确的政策,吸引农民和全社会的力量自觉地积累资金用于生产技术改造,用于扩大再生产,用于土壤的改良,用于兴办乡镇企业,用于文化和教育事业。一句话,必须彻底改变小农经济的经营方式,变成现代化的农业生产。我坚信,今日的中国的数亿农民和全体中国人民定会从古代、近代、现代的历史进程中,正确地吸取经验和教训,在中央的正确领导下,一步一步地走上现代化的康庄大道。

附一 两汉赐民爵表

时间	原因	对象	爵级
高祖二年	立汉社稷	民	不明
惠帝初	即位	民	一级
元　年		民户	一级
五　年	长安城成	民户	一级
高后元年		民户	一级
文帝初	即位	民	一级
元年	建太子	民当为父后者	一级
景帝元年			
三年	平七国之乱	民	一级
四年		民	一级
七年	立太子	民为父后者	一级
中元年		民	一级
中五年		民	一级
后元年		民	一级
后三年	太子冠	民为父后者	一级
武帝建元元年	即位	民	一级
元光元年		民长子	一级
元狩元年	立太子	民为父后者	一级
元鼎四年	行幸雍	民	一级
元封元年	登封泰山	民	一级
昭帝始元五年		民	不明
元凤四年	帝加元服	民	不明
宣帝本始元年	凤凰集胶东千乘	天下人	一级
		孝者	二级

续表

本始二年	尊武帝庙	民	一级
地节三年	立太子	当为父后者	一级
元康元年	获嘉瑞	民	一级
元康二年	获嘉瑞	民	一级
元康三年	神雀数集泰山	民	一级
元康四年	获嘉瑞	民	一级
神爵元年	改元	民	一级
神爵四年二月	获嘉瑞	民	一级
神爵四年	获嘉瑞	吏民有行义者	二级
		力田	一级
五凤元年	太子冠	男子为父后者	一级
五凤三年	行幸河东祠后土	民	一级
甘露二年	获祥瑞	民	一级
甘露三年	凤凰集新蔡	民	二级
元帝初元二年正月	行幸甘泉郊泰畤	云阳民	一级
夏四月	立皇太子	当为父后者	一级
初元四年	行幸、祭祀	民	一级
永光元年正月	行幸、祭祀	民	一级
三月		为父后者、民	一级
永光二年		民	一级
建昭五年		民	一级
竟宁元年	皇太子冠	为父后者	一级
成帝建始三年		孝弟力田	二级
河平元年	改元河平	吏民	不明
河平四年	匈奴单于来朝	孝弟力田	二级
鸿嘉元年		民	一级
永始四年春正月	行幸、祭祀、佳祥	云阳民	不明
三月	行幸河东	吏民	如云阳
绥和元年	立皇太子	当为父后者	不明
哀帝初	即位	吏民	不明
建平四年		天下男子	不明

续表

平帝元始元年		民	一级
元始四年	立皇后	民	一级
光武建武三年	赤眉降、奉高皇帝绶	天下长子为父后者	一级
建武二十九年	日蚀	天下男子	二级
建武三十年	大水	天下男子	二级
建武三十一年	大水	天下男子	二级
明帝初	即位	天下男子	二级
		三老孝弟力田	三级
		流人欲自占者	一级
永平三年	立皇后、太子	天下男子	二级
		三老孝弟力田	三级
		流人欲占者	一级
永平十二年		天下男子	二级
		三老孝弟力田	三级
		流民欲占者	一级
永平十五年	封皇子为王	天下男子	二级
永平十七年	祥瑞、远方贡献	天下男子	二级
		三老孝弟力田	三级
		流人欲占者	一级
永平十八年	旱	天下男子	二级
		流民欲占者	一级
章帝初	即位	民	二级
		三老孝弟力田	三级
		无名数及流人欲占者	一级
建初三年	立皇后	人	二级
		为父后、孝弟力田	三级
		无名数及流民欲占者	一级
建初四年	立皇子	人	二级
		为父后、孝弟力田	三级
		无名数及流人欲占者	一级

续表

元和二年	见凤凰黄龙	男子	二级
和帝永元三年	皇帝加元服	民	不明
永元八年	立皇后	天下男子	二级
		三老孝弟力田	三级
		无名数及流民欲占者	一级
永元十二年	岁不登	天下男子	二级
		三老孝弟力田	三级
		无名数及流民欲占者	一级
元兴元年	立皇太子	天下男子	二级
		三老孝弟力田	三级
		流民欲占者	一级
安帝永初三年	帝加元服	为父后、孝弟力田	二级
		流民欲占者	一级
永初七年	大风、蝗虫	民	不明
元初元年	改元	民	二级
		孝弟力田	三级
		无名数、流民欲占者	一级
永宁元年	立皇子	民	不明
延光元年	改元	民、三老孝弟力田	二级
延光三年	凤凰现	男子	二级
顺帝永建元年		男子	二级
		为父后、三老孝弟力田	三级
		流民欲自占者	一级
永建四年	帝加元服	男子、流民欲占者	一级
		为父后、三老孝弟力田	二级
阳嘉元年	立皇后	人	二级
		三老孝弟力田	三级
		无名数、流民欲占者	一级
永和四年	破羌	民	不明
建康元年	立皇太子	人	不明
质帝初	即位	人	不明

续表

本初元年		民	不明
桓帝建和元年		男子	二级
		为父后、三老孝弟力田	三级
灵帝建宁元年	即位	民	不明
献帝建安二十年	立皇后	天下男子	一级
		孝弟力田	二级

附二　两汉灾疫一览表

时　　间	灾名	灾　　情	资料来源
惠帝二年春	地震	陇西地震,压四百余家	《汉书·五行志》
夏	旱		《汉书·惠帝纪》
五年夏	旱	大旱,江河水少,溪谷水绝	《汉书·五行志》
高后二年正月	地震	羌道地震年八月乃止;武都道山崩,杀七百六人	《汉书·五行志》
三年夏	水	江、汉水溢,流民四千余家	《汉书·高后纪》
四年秋	水	河南大水,伊、洛流千六百余家,汝水流八百余家	《汉书·五行志》
八年夏	水	汉中、南郡水复出,流六千余家,南阳沔水流万余家	《汉书·五行志》
文帝元年四月	地震	齐、楚地震,二十九山同日崩,大水溃出	《汉书·五行志》
二年六月	风	淮南王都寿春大风毁民室,杀人	《汉书·五行志》
三年秋	旱	天下大旱	《汉书·五行志》
五年	风	吴暴风雨坏城官府民室,楚王都彭城大风从东南来,毁市门杀人	《汉书·五行志》
九年春	旱	大旱	《汉书·文帝纪》
十二年十二月	水	河决东郡	《汉书·文帝纪》
后三年秋	水	大雨昼夜不绝三十五日,蓝田山水流七百余家,坏民室友八千余所,杀三百余人	《汉书·五行志》

续表

后六年春秋	旱、蝗螟	天下大旱、蝗	《汉书·文帝纪》
景帝中元三年夏秋	旱蝗	天下大旱、蝗	《汉书·五行志》
四年夏	蝗		《汉书·景帝纪》
五年	水	天下大潦	《史记·孝景本纪》
后二年秋	旱	大旱	《汉书·景帝纪》
武帝建元三年春	水	河水溢平原，大饥，人相食	《汉书·武帝纪》
四年六月	旱		《汉书·武帝纪》
五年五月	蝗	大蝗	《汉书·武帝纪》
元光三年春夏	水	河水溢，从顿丘东南流入海 河决濮阳，泛郡十六	《汉书·武帝纪》
四年五月	地震		《汉书·武帝纪》
五年秋	螟		《汉书·五行志》
六年夏秋	旱蝗	大旱	《汉书·五行志》
元朔五年春	旱	大旱	《汉书·武帝纪》
元狩元年十二月	雪	大雨雪，民冻死	《汉书·武帝纪》
三年夏	旱	大旱	《汉书·武帝纪》
元鼎二年夏	水	大水，关东饿死者以千数	《汉书·武帝纪》
三年夏四月	雹	大雨雹，大如马头，关东郡国十余饥人相食	《汉书·武帝纪》《汉书·五行志》
五年秋	蝗		《汉书·五行志》
元封二年	旱、雪	夏旱，大寒，雪深五尺，三辅人民冻死者十有二三	《史记·封禅书》《西京杂记》
四年夏	旱	大旱，人多渴死	《汉书·武帝纪》
六年秋	旱、蝗	大旱、蝗	《汉书·武帝纪》
太初元年夏	蝗	蝗从东方飞至敦煌	《汉书·武帝纪》
二年秋	蝗		《汉书·武帝纪》
三年秋	蝗		《汉书·武帝纪》
天汉元年夏	旱	大旱	《汉书·五行志》

续表

三年夏	旱	大旱	《汉书·五行志》
太始二年秋	旱		《汉书·武帝纪》
征和元年夏	旱	大旱	《汉书·五行志》
二年夏四月	风	大风发屋折木压杀人	《汉书·武帝纪》
八月	地震		《汉书·五行志》
三年秋	蝗		《汉书·武帝纪》
后元元年秋七月	地震	往往涌泉出	《汉书·武帝纪》
昭帝始元元年七月	水	大雨,雨自七月至十月,渭桥绝	《汉书·五行志》
六年	旱	大旱	《汉书·五行志》
元凤元年	风	燕王都蓟大风雨,拔宫中树七围以上十六枚,坏城楼	《汉书·五行志》
五年夏	旱	大旱	《汉书·昭帝纪》
宣帝本始三年夏	旱	大旱,东西数千里	《汉书·五行志》
四年夏四月	地震	郡国四十九地震或山崩水出	《汉书·宣帝纪》
地节三年九月	地震		《汉书·宣帝纪》
四年五月	雹	山阳、济阴雨雹如鸡子,深二尺五寸,杀二十余人,飞鸟皆死	《汉书·五行志》
神爵元年秋	旱	大旱	《汉书·五行志》
元帝初元元年六月 九月	疫 水	以民疾疫,令太官损膳减乐 关东郡国十一大水,饥或人相食	《汉书·元帝纪》
二年二月	地震 水	陇西地震,坏城郭官寺及民室屋,压杀人众。北海水溢,流杀人民。六月,关东饥,齐地人相食	《汉书·五行志》 《汉书·元帝纪》
三年夏	旱		《汉书·元帝纪》
永光元年三月	霜、雪	雨雪陨霜伤稼,天下大饥	《汉书·五行志》

续表

五年	水	汝南、淮阳、庐江雨坏乡聚民舍及水流杀人民	《汉书·五行志》
建昭二年冬十一月	地震	齐楚地震,大雨雪,树折屋坏	《汉书·元帝纪》
成帝建始元年十二月	风	大风拔甘泉畤中大木十围以上	《汉书·五行志》
二年夏	旱	大旱	《汉书·五行志》
三年夏	水	三辅霖雨三十余日,郡国十九雨,山谷水出凡杀四千余人,坏官寺民舍八万三千余所。	《汉书·五行志》《汉书·成帝纪》
秋		关内大水,大雨三十余日	
四年秋	水	大雨十余日,河决东郡金堤,河流二州	《汉书·五行志》《汉书·成帝纪》
河平元年三月	旱	旱,伤麦,民食榆皮	《汉书·天文志》
二年四月	雹	楚国雨雹,大如斧,飞鸟死	《汉书·五行志》
三年二月	地震	犍为地震山崩,雍江,水逆流,坏城杀十三人。地震积二十一日,百二十四动	《汉书·五行志》
阳朔二年秋	水	关东大水	《汉书·成帝纪》
鸿嘉三年	旱	大旱	《汉书·成帝纪》
永始三年夏	旱	大旱	《汉书·五行志》
四年夏	旱	大旱	《汉书·五行志》
元延元年	水	百川沸腾,江河溢决,大水泛滥郡国十五有余	《汉书·谷永传》
三年正月	地震	蜀郡岷山崩,雍江水逆流三日乃通	《汉书·五行志》
绥和二年九月	地震	自京师至北边郡国三十余,坏城郭凡杀四百一十五人	《汉书·五行志》
	水	河南、颍川郡水出流杀人民,败坏庐室	《汉书·哀帝纪》
哀帝建平四年春	旱	大旱	《汉书·哀帝纪》

续表

平帝元始二年	旱、蝗	郡国大旱、蝗青州尤甚,民流亡	《汉书·平帝纪》
四年冬	风	大风吹长安城东门屋瓦尽	《汉书·五行志》
王莽始建国二年	水	河决魏郡,泛清河以东数郡	《汉书·王莽传》
地皇元年九月	水	大雨六十余日	《汉书·五行志》
二年秋	霜、蝗	陨霜杀菽,关东大饥蝗	《汉书·王莽传》
三年夏	蝗	蝗从东方来飞蔽天,草木尽,天下大饥	《汉书·王莽传》
光武建武三年七月	旱	洛阳大旱	《后汉书·五行志》注引《古今注》
四年	水	东郡以北伤水	《后汉书·五行志》注引《古今注》
五年夏	旱、蝗		《后汉书·光武帝纪》
六年夏	旱、蝗		《后汉书·光武帝纪》
七年夏	水	连雨水,是岁大水,民溺伤稼坏庐舍	《后汉书·五行志》注引《古今注》
八年秋	水	大水,郡国七大水,涌泉盈溢	《后汉书·五行志》注引《东观书》
九年春	旱		《后汉书·五行志》
十年十月	雹	乐浪、上谷雨雹伤稼	《后汉书·五行志》注引《古今注》
十二年五月	雹	河南平阳雨雹,大如杯,坏吏民庐舍	《后汉书·五行志》
十三年	疫	杨徐部大疫	《后汉书·五行志》
十四年	疫	会稽大疫	《后汉书·五行志》
十五年	雹	巨鹿雨雹伤稼	《后汉书·五行志》注引《古今注》

续表

十六年	牛疫	四方牛大疫	《后汉书·朱晖传》注引《东观纪》
十七年	水	洛阳暴雨,坏民庐舍,压杀人,伤害禾稼	《后汉书·五行志》
十八年五月	旱		《后汉书·光武帝纪》
二十一年六月	旱		《后汉书·五行志》注引《古今注》
二十二年三月	蝗	京师郡国十九蝗	《后汉书·五行志》注引《古今注》
九月	地震	地震裂,南阳尤甚,庐室破坏压杀人	《后汉书·五行志》
二十三年	蝗、旱	京师郡国十八大蝗、旱,草木尽	《后汉书·五行志》注引《古今注》
二十六年	疫	郡国七大疫	《后汉书·五行志》注引《古今注》
二十八年三月	蝗	郡国共八十蝗	《后汉书·五行志》
二十九年四月	蝗	武威酒泉清河京兆魏郡宏农蝗	《后汉书·五行志》
三十年五月	水	大水	《后汉书·光武帝纪》
六月	蝗	郡国十二大蝗	《后汉书·五行志》
三十一年	蝗	郡国大蝗	《后汉书·五行志》
夏五月	水	大水	《后汉书·光武帝纪》
中元元年三月	蝗	郡国十六大蝗	《后汉书·五行志》
明帝永平三年	水、雹	京师及郡国七大水,郡国十二雨雹伤稼	《后汉书·明帝纪》《后汉书·五行志》注引《古今注》
四年	蝗	酒泉大蝗,从塞外入	《后汉书·五行志》

续表

八年秋	水	郡国十四大水	《后汉书·明帝纪》
十年	雹、蝗	郡国十八或雨雹、蝗	《后汉书·五行志》注引《古今注》
十五年	蝗	蝗起泰山,弥行兖豫	《后汉书·五行志》注引谢承《后汉书》
十八年	牛疫	比年牛多疾疫,田减少,谷价颇贵,人以流亡	《后汉书·章帝纪》
章帝建初元年	旱	京师及兖豫徐三州大旱	《后汉书·章帝纪》
三年夏	旱	大旱	《后汉书·明德马皇后传》
三年冬	牛疫	牛大疫	《后汉书·章帝纪》
章和二年夏	旱		《后汉书·五行志》
和帝永元元年七月	水	郡国九大水,伤稼	《后汉书·五行志》
四年六月	地震蝗、旱	郡国十三地震	《后汉书·五行志》《后汉书·和帝志》
五年	雹、地震	二月陇西地震,六月郡国三雨	《后汉书·和帝纪》
	水	雹大如雁子,七月水大漂杀人民伤五谷	《后汉书·天文志》
六年秋	旱	京师旱	《后汉书·和帝纪》
七年九月	地震	京都地震	《后汉书·和帝纪》
八年五月	蝗	河内陈留蝗,九月京都蝗	《后汉书·和帝纪》
九年夏	蝗	蝗从夏至秋	《后汉书·五行志》
十年五月	水	京师大雨,山东流出至东郊,坏民庐舍	《后汉书·五行志》
冬十月	水	淫雨伤稼,五州雨水	
十二年六月	水	颍川大水伤稼	《后汉书·五行志》
十三年	水	荆州淫雨伤稼	《后汉书·和帝纪》
十四年	水	淫雨伤稼,三州雨水	《后汉书·和帝纪》
十五年	水	淫雨伤稼,四州雨水	《后汉书·和帝纪》

续表

十六年秋七月	旱		《后汉书·和帝纪》
殇帝延平元年六月	水	郡国三十七雨水,妨害秋稼	《后汉书·殇帝纪》
九月	水	六州大水	《后汉书·安帝纪》
安帝永初元年	地震	郡国十八地震	《后汉书·安帝纪》
	水	郡国四十一雨水,或山水暴至漂没民人	
	雹	郡国二十八大风雨雹	
五月	旱		《后汉书·五行志》
二年夏六月	旱		《后汉书·安帝纪》
	雹、水	京师及郡国四十大水,大风雨雹	
	地震	郡国十二地震	
三年	地震	郡国九地震	《后汉书·安帝纪》
	水、雹	京师及郡国四十一雨水、雹,京师、并凉二州大饥,人相食	
四年二月	地震	郡国九地震	《后汉书·安帝纪》
四月	蝗	六州蝗	
七月	水	三郡大水	
五年正月	地震	郡国十二地震	《后汉书·安帝纪》
	蝗、水	郡国八雨水,九州蝗	
六年三月	蝗	十州蝗	《后汉书·安帝纪》
五月	旱		
七年二月	地震	郡国十八地震	《后汉书·安帝纪》
夏	旱		《后汉书·天文志》
八月	蝗	京师大风,蝗虫飞过洛阳	《后汉书·安帝纪》
元初元年夏	旱、蝗	京师及郡国五旱蝗	《后汉书·安帝纪》
十一月	地震	郡国十五地震	
二年五月	旱	京师旱	《后汉书·安帝纪》
	蝗	郡国十九蝗群飞蔽天为害广远	

续表

三年二月	地震	郡国十地震	《后汉书·安帝纪》
四月	旱	京师旱	
十一月	地震	郡国九地震	
四年六月	雹	三郡雨雹	《后汉书·五行志》
七月	水	京师及郡国十雨水	《后汉书·安帝纪》
	地震	是岁郡国十三地震	
五年	地震、旱	是岁郡国十四地震,京师及郡国五旱	《后汉书·安帝纪》
六年二月	地震	京师及郡国四十二地震或坼裂水泉涌出,坏城郭屋室压杀人	《后汉书·五行志》
四月	疫、雹	会稽大疫,沛国渤海大风雨雹	《后汉书·安帝纪》
五月	旱	京师旱	
十二月	地震	郡国八地震	
永宁元年	水	京师及郡国三十三大风雨水	《后汉书·安帝纪》
	地震	郡国二十三地震	
建光元年 十一月	水 地震	京师及郡国二十九雨水 郡国三十五地震或坼裂坏屋室压杀人	《后汉书·安帝纪》
延光元年四月	雹	京师及郡国二十一雨雹	《后汉书·安帝纪》
六月	蝗	郡国蝗	
七月	地震	京师及郡国十二地震	
九月	地震、水	郡国二十七地震雨水大风杀人	
二年春	风	河东颍川大风	《后汉书·安帝纪》
六月	风	郡国十一大风	
九月	水、地震	郡国五雨水 是岁京师及郡国三地震	
三年	地震 水	京师及郡国二十三地震 郡国三十六雨水,疾风雨雹	《后汉书·安帝纪》
四年冬	疫	京师大疫	《后汉书·安帝纪》
十一月	地震	京师及郡国十六地震	

续表

顺帝永建二年	旱		《后汉书·顺帝纪》
三年正月	地震	京师地震,汉阳地陷裂	《后汉书·顺帝纪》
六月	旱		
四年夏	水	五州雨水	《后汉书·顺帝纪》
五年四月	旱	京师旱	《后汉书·顺帝纪》
	蝗	京师及郡国十二蝗	
阳嘉元年春	旱	敕郡国二千石遣使者求雨	《后汉书·顺帝纪》
二年六月	旱		《后汉书·顺帝纪》
三年	旱	春夏连旱	《后汉书·五行志》
四年二月	旱	自去冬夏至于是月	《后汉书·顺帝纪》
永和元年	蝗	偃师蝗	《后汉书·顺帝纪》
三年二月	地震	京师及金城、陇西地震二郡山岸崩,地陷	《后汉书·顺帝纪》
四年四月	旱	太原郡旱,民庶流冗	《后汉书·顺帝纪》
汉安二年	地震	凉州地百八十震,山谷圻裂,败坏城寺,杀害民庶	《后汉书·顺帝纪》
建康元年九月	地震	京师及太原、雁门地震,三郡水涌土裂	《后汉书·冲帝纪》
冲帝永永嘉元年	旱	自春涉夏大旱炎赤	《后汉书·五行志》
质帝本初元年五月	水	海水溢乐安、北海,湖杀人物	《后汉书·五行志》
桓帝建和二年	水	京师大水	《后汉书·桓帝纪》
三年	水	京师大水,死者相枕,郡县阽陷,处处有之	《后汉书·桓帝纪》
元嘉元年	疫	正月京师疾疫,二月九江、庐江大疫	《后汉书·桓帝纪》
	旱	京师旱、伍城、梁国饥民相食	
永兴元年	蝗	郡国三十二蝗	《后汉书·五行志》
	水	河水溢,百姓饥穷,流冗道路数十万户,冀州尤甚	《后汉书·桓帝纪》
二年	蝗	京师蝗	《后汉书·桓帝纪》
永寿元年六月	水	洛水溢,坏鸿德苑,南阳大水	《后汉书·桓帝纪》

续表

三年	蝗	京师蝗	《后汉书·桓帝纪》
延熹元年	蝗	京师蝗	《后汉书·桓帝纪》
六月	旱		《后汉书·五行志》
二年夏	水	京师雨水,霖雨五十余日	《后汉书·五行志》
四年正月	疫	大疫	《后汉书·桓帝纪》
五月	雹	京师雨雹,大如鸡子	
六月	地震	京兆大风及凉州地震	《后汉书·五行志》
永康元年	水	六州大水,渤海海溢,没杀人	《后汉书·桓帝纪》
灵帝建宁元年六月	水	京师霖雨六十余日	《后汉书·五行志》
四年二月	地震	海水溢,河水清	《后汉书·灵帝纪》
三月	疫	大疫	
五月	水、雹	河东地裂,雨雹,山水暴出,漂没庐舍五百余家	
熹平元年	水	京师雨水,霖雨七十余日	《后汉书·五行志》
二年正月	疫	大疫	《后汉书·灵帝纪》
六月	地震	北海地震,东莱、渤海海水溢	
三年秋	水	洛水溢	《后汉书·灵帝纪》
四年四月	水	郡国七大水	《后汉书·灵帝纪》
六年四月	旱、蝗	大旱、七州蝗	《后汉书·灵帝纪》
光和二年春	疫	大疫	《后汉书·灵帝纪》
三年秋	地震	酒泉八十余动涌水出,城中官寺民舍皆顿悬易处,更筑城郭	《后汉书·灵帝纪》
四年六月	雹	雹大如鸡子	《后汉书·灵帝纪》
五年二月	疫	大疫	《后汉书·灵帝纪》
六年夏	旱	大旱	《后汉书·灵帝纪》
秋	水	金城河水溢	
中平二年正月	疫	大疫	《后汉书·灵帝纪》
四月	雹	雨雹伤稼	《后汉书·五行志》
七月	螟	三辅螟	《后汉书·灵帝纪》
五年六月	水	郡国七大水	《后汉书·灵帝纪》

续表

六年	水	大雨六月至九月霖雨八十余日	《后汉书·五行志》
献帝兴平元年夏	蝗	大蝗	《后汉书·献帝纪》
秋	旱	三辅大旱	
二年春	旱	大旱	《后汉书·献帝纪》
建安二年五月	蝗		《后汉书·献帝纪》
九月	水	汉水溢,是岁饥,江淮间人相食	
十四年十月	地震	荆州地震	《后汉书·献帝纪》
十七年秋	螟、水	洧水、颍水溢,螟	《后汉书·献帝纪》
十八年五月	水	大雨水	《后汉书·献帝纪》
十九年四月	旱		《后汉书·献帝纪》
五月	水		
二十二年	疫	大疫	《后汉书·献帝纪》
二十四年八月	水	汉水溢	《后汉书·献帝纪》

附三 两汉减免租赋徭役情况一览表

时间	内容	资料出处
高祖二年	蜀汉民给军事劳苦,复勿租税二岁关中卒从军者,复家一岁	《汉书·高帝纪》
五年	诸侯子在关中者,复之十二岁,其归者半之。非七大夫以下,皆复其身及户勿事	
七年	民产子,复勿事二岁	
八年	令吏卒从军至平城及守城邑者,皆复终身	
十一年	代郡诸县坚守不降反寇者,复租赋三岁。令丰人徙关中者皆复终生。令士士卒从入蜀汉关中者,复终生	
十二年	复丰沛民世世无有所与	
文帝二年	赐天下民今年田租之半	《汉书·文帝纪》
三年	复晋阳中都民三岁租	《汉书·文帝纪》
十二年	除田之租税	同上
景帝元年	令田半租	《汉书·景帝纪》
二年	令男子二十始傅	
后元年	出宫人归其家,复终身	
武帝建元元年	年八十复二算,九十复甲卒民年九十以上复子若孙	《汉书·武帝纪》
元封元年	巡至博、奉高、蛇丘、历城、梁父民田租赋已除,四县无出今年算	
四年	夏阳汾阳、中都、杨氏皆无出今年租赋	

续表

	五年	所幸县毋出今年租赋	
	太初三年	行所过毋出田租	
昭帝始元二年		所振贷种食勿收责,毋令民出今年田租	《汉书·昭帝纪》
	元凤二年	其令郡国毋敛今年马口钱	
	三年	其止四年毋漕,三年以前所振贷,非丞相御史所请,边郡受牛者,勿收责	
	四年	毋收四年、五年口赋,三年以前逋更赋未入者,皆勿收	
	元平元年	减口赋什三	
宣帝本始元年		租税勿收	《汉书·宣帝纪》
	三年	郡国伤旱甚者,民毋出租赋三辅民就贱者且毋收事尽四年	
	四年	被地震坏败甚者,勿收租赋	
	地节三年	流民还归者,且勿算事	
	四年	自今诸有大父母,父母丧者,勿徭事	
	元康元年	令郡国被灾甚者,毋出今年租赋	
	神爵元年	行所过毋出田租	
	甘露三年	毋出今年租	
元帝初元元年		令郡国被灾害甚者,毋出租赋江海陂湖园池属少府者以假贫民,勿租赋	《汉书·元帝纪》
	二年	郡国被地动灾甚,毋出租赋	
	四年	行所过,无出租赋	
	永光元年	行所过,毋出租赋	
成帝建始元年		郡国被灾什四以上,毋收田租	《汉书·成帝纪》
	二年	减天下赋钱算四十	
	三年	诸逋租赋所振贷勿收	
	四年	诸逋租赋所振贷勿收	
	鸿嘉元年	逋贷未入者勿收	
	四年	被灾害什四以上,民赀不满三万勿出租赋逋贷未入者,皆勿收	

续表

永始二年	所振贷贫民勿收,吏民以义收食贫民入谷物助县官振贷者,十万以上无出租赋三岁,万钱以上一年	
四年	行所过,无出田租	
哀帝初即位	令水所伤县邑及他郡国灾害什四上民赀不满十万,皆无出今年租赋	《汉书·哀帝纪》
平帝元始元年	复贞妇,乡一人	《汉书·平帝纪》
二年	天下民赀不满二万,及被灾之郡不满十万勿租税	
光武建武六年	改舂陵乡为章陵县,世世复徭役比丰、沛无有所豫	《后汉书·光武帝纪》
十九年	复南顿田租二岁	
二十二年	令南阳勿输今年田租当稿其口赋逋脱而庐宅尤破坏者勿收责	
二十九年	复济阳县是年徭役	
中元元年	复嬴博梁父奉高勿出今年田租刍稿复济阳南顿是年徭役	
明帝初即位	陇西勿收今年田调,所发天水三千人,亦复是岁更赋	《后汉书·明帝纪》
永平五年	复元氏县田租,更赋六岁	
九年	罪人徙五原、朔方死者,皆赐妻父若同产一人复终身,其妻无父兄独有母者,赐其母钱六万,又复其口算	
十二年	是岁人无徭役勿收兖豫徐州田租稿	《后汉书·章帝纪》
建初七年	复元氏租赋三岁	
元和二年	人有产子者,复勿算三岁,怀妊者复其夫勿算一岁复博、奉高、嬴无出今年田租争稿诏凤凰黄龙所见亭部无出二年租赋	
三年	所过县邑,听半入今年田租复元氏七年徭役	

续表

和帝永元四年	诏郡国秋稼为旱蝗所伤,其什四以上勿收田租刍稿,有不满者,以实除之。	《后汉书·和帝纪》
永和六年	流民有贩卖者,勿出租税就贱还归者,复一岁田租更赋	
九年	秋稼为蝗虫所伤,皆勿收租更刍稿,若有所损失,以实除之,余当收租者半入,勿收假税	
十一年	不收假税	
十三年	令天下半入,今年田租刍稿贫民假种食,皆勿收责	
十四年	复象林县更赋田租刍稿二岁兖豫荆州,被灾害什四以上,半入田租刍稿	
十五年	令百姓鳏寡渔采陂池,勿收假税二岁	
十六年	天下皆半入今年田租刍稿,其被灾害者以实除之,贫民受贷种粮及田租刍稿皆勿收责	
安帝永初四年	除三辅三年逋租过更口算刍稿	《后汉书·安帝纪》
七年	郡国被蝗伤稼十五以上,勿收今年田租,不满者,以实除之	
元初元年	诏除三辅三岁田租更赋口算	
建光元年	除今年田租,其被灾甚者,勿收口赋	
延光三年	复济阳今年田租刍稿	
顺帝永建元年	令人半输今年田租,伤害什四以上勿收责不满者,以实除之	《后汉书·顺帝纪》
三年	勿收汉阳今年田租口赋	
五年	郡国贫人被灾者,勿收责今年过更	
六年	令冀部勿收今年田租刍稿	
阳嘉元年	冀州勿收今年更租口赋	
永和三年	金城、陇西除今年田租,被灾尤甚者,勿收口赋	
桓帝建和元年	灾害所伤什四以上,勿收田租	《后汉书·桓帝纪》

续表

永寿元年	太山、琅琊勿收租赋,复更算三年	
延熹九年	令大司农绝今岁调度征求,勿收责前年逋调,灾旱盗贼三郡,勿收租,余郡悉半入	
永康元年	复博陵、河间二郡,比丰、沛	
灵帝熹平四年	令郡国遇灾者,减田租之半,其伤害什四以上,勿收责	《后汉书·灵帝纪》

附四　引用及参考书目

《十三经注疏》，中华书局影印本1980年版。
《国语》，上海古籍出版社1978年版。
《战国策》，上海古籍出版社1985年版。
《诸子集成》，中华书局重印本1954年版。
《大戴礼记》，上海古籍出版社《四库全书》影印本，1987年版。
司马迁：《史记》，中华书局标点本1982年版。
班固：《汉书》，中华书局标点本1982年版。
范晔：《后汉书》，中华书局标点本1965年版。
陈寿：《三国志》，中华书局标点本1959年版。
房玄龄等：《晋书》，中华书局标点本1974年版。
王先谦：《汉书补注》，中华书局影印本1986年版。
王先谦：《后汉书集解》，中华书局影印本1984年版。
卢弼：《三国志集解》，中华书局影印本1982年版。
泷川资言：《史记会注考证》，上海古籍出版社缩印本1986年版。
荀悦：《前汉记》，上海古籍出版社《四库全书》影印本，1987年版。
袁宏：《后汉记》，同上。
葛洪：《西京杂记》，同上。
桓宽：《盐铁论》，上海古籍出版社1990年版。
陈直：《三辅黄图校正》，陕西人民出版社1981年版。
徐复：《秦会要订补》，中华书局1959处版。
徐天麟：《西汉会要》，上海人民出版社1977年版。
徐天麟：《东汉会要》，上海人民出版社1977年版。

司马光:《资治通鉴》,上海古籍出版社影印本 1987 年版。
贾思勰:《齐民要术》,农业出版社 1982 年缪启愉校释本。
　　　《九章算术》,辽宁教育出版社郭书春汇校本 1990 年版。
段玉裁:《说文解字注》,浙江古籍出版社影印本 1998 年版。
欧阳询:《艺文类聚》,上海古籍出版社 1985 年版。
严可均:《全上古三代秦汉六朝文》,中华书局影印本 1986 年版。
杜佑:《通典》,中华书局影印本 1984 年版。
马端临:《文献通考》,上海古籍出版社影印《四库全书》本,1987 年版。
长孙无忌 :《唐律疏议》,中华书局 1983 年版。
程树德:《九朝律考》,中华书局 1963 年版。
王国维:《水经注校》,上海人民出版社 1984 年版。
刘琳:《华阳国志校注》,巴蜀书社 1984 年版。
郭沫若:《两周金文辞大系图录考释》,上海书店出版社 1999 年版。
周法高:《金文诂林》,香港中文大学 1974 年版。
中国科学院考古研究所:《银雀山汉墓竹简》,文物出版社 1975 年版。
中国科学院考古研究所:《睡虎地秦墓》,文物出版社 1981 年版。
睡虎地秦墓竹简整理小组:《睡虎地秦墓竹简》,文物出版社 1978 年版。
张家山二七四号汉墓竹简整理小组:《张家山汉墓竹简》(释文修订本),文物
　　出版社 2006 年版。
中国社会科学院考古研究所:《居延汉简甲乙编》,中华书局 1980 年版。
劳榦:《居延汉简考释》,商务印书馆 1949 年版。
罗振玉、王国维:《流沙坠简》,永慕园丛书 1934 年版。
罗振玉:《蒿里遗珍》,永慕园丛书 1914 年版。
罗振玉:《贞松堂集古遗文》,上虞罗氏 1930 年版。
高文:《汉碑集释》,河南大学出版社 1985 年版。
国家计量总局、中国历史博物馆、故宫博物院:《中国古代度量衡图集》,文物
　　出版社 1984 年版。
梁方仲:《中国历代户口、田地、田赋统计》,上海人民出版社 1980 年版。
陈梦家:《汉简缀述》,中华书局 1980 年版。
陈直:《史记新证》,天津人民出版社 1979 年版。

陈直:《汉书新证》,天津人民出版社1979年版。
陈直:《居延汉简研究》,天津古籍出版社1986年版。
陈直:《两汉经济史料论丛》,陕西人民出版社1980年版。
中华书局编辑部:《云梦秦简研究》,中华书局1981年版。
陶希圣:《西汉经济史》,商务印书馆1931年版。
钱剑夫:《秦汉赋役制度考略》,湖北人民出版社1984年版。
钱剑夫:《秦汉货币史稿》,湖北人民出版社1986年版。
高敏:《云梦秦简初探》(增订本),河南人民出版社1979年版。
高敏:《秦汉史论集》,中州书画社1982年版。
张传玺:《秦汉问题研究》,北京大学出版社1985年版。
柳春藩:《秦汉封国食邑赐爵制》,辽宁人民出版社1984年版。
朱绍侯:《秦汉土地制度与阶级关系》,中州古籍出版社1985年版。
朱绍侯:《军功爵制试探》,上海人民出版社1980年版。
漆侠:《秦汉农民战争史》,三联书店1962年版。
安作璋、熊铁基:《秦汉官制史稿》,齐鲁书社1985年版。
陶希圣、沈巨尘:《秦汉政治制度》,商务印书馆1935年版。
李剑农:《先秦两汉经济史稿》,三联书店1957年版。
李剑农:《魏晋南北朝经济史稿》,中华书局1963年版。
贺昌群:《汉唐封建土地所有制形式研究》,上海人民出版社1964年版。
胡寄窗:《中国经济思想史》,上海人民出版社1960年版。
傅筑夫:《中国封建社会经济史》卷一、卷二,人民出版社1981、1982年版。
金景芳:《论井田制度》,齐鲁书社1982年版。
金景芳:《中国奴隶社会史》,上海人民出版社1983年版。
金景芳:《古史论集》,齐鲁书社1982年版。
杨宽:《战国史》,上海人民出版社1957年版。
林剑鸣:《秦史稿》,上海人民出版社1981年版。
劳榦:《秦汉史》,华冈出版有限公司1970年版。
翦伯赞:《秦汉史》,北京大学出版社1983年版。
何兹全:《秦汉史略》,上海人民出版社1955年版。
何兹全:《读史集》,上海人民出版社1982年版。

郭沫若:《奴隶制时代》,人民出版社 1954 年版。
范文澜:《中国通史简编》,人民出版社 1958 年版。
吕振羽:《吕振羽史论选集》,上海人民出版社 1981 年版。
尚钺:《尚钺史学论文选集》,人民出版社 1984 年版。
杨向奎:《中国古代社会与古代思想研究》,上海人民出版社 1962 年版。
王毓铨:《莱芜集》,中华书局 1983 年版。
王仲荦:《关于中国奴隶社会的瓦解及封建关系的形成》,湖北人民出版社 1957 年版。
赵俪生:《寄陇居论文集》,齐鲁书社 1981 年版。
侯外庐:《中国古代社会史论》,人民出版社 1955 年版。
吴大琨:《中国奴隶制经济与封建制经济论纲》,三联书店 1963 年版。
王思治:《两汉社会性质问题及其他》,三联书店 1980 年版。
中国人民大学中国历史教研室:《中国奴隶经济形态的片断探讨》,三联书店 1958 年版。
赴光贤:《周代社会辨析》,人民出版社 1980 年版。
田昌五:《古代社会断代新论》,人民出版社 1982 年版。
《历史研究》编辑部:《中国古代史分期问题讨论集》,三联书店 1957 年版。
吴慧:《桑弘羊研究》,齐鲁书社 1981 年版。
《历史研究》编辑部:《中国的奴隶制与封建制分期问题论文选集》,三联书店 1956 年版。
中国秦汉史研究会:《秦汉史论丛》第 1—3 辑,陕西人民出版社 1982、1983、1986 年版。
沈宗翰、赵雅书:《中华农业史论集》,台湾商务印书馆 1979 年版。
陈安仁:《中国农业经济史》,商务印书馆 1948 年版。
陈恒力:《〈补农书〉研究》,中华书局 1958 年版。
赵翼:《廿二史札记》,商务印书馆 1958 年版。
钱大昕:《潜研堂文集》,上海商务印书馆 1924 年版。
顾炎武:《日知录集释》,上海古籍出版社 1985 年版。
二十五史刊行委员会:《二十五史补编》,中华书局 1956 年版。
阿庇安:《罗马史》,商务印书馆 1979 年版。

M. 罗斯托夫采夫:《罗马帝国社会经济史》,商务印书馆 1985 年版。
许绰云:《汉代农业》,华盛顿大学 1980 年版。
约翰·希克斯:《经济史理论》,商务印书馆 1987 年版。
科瓦略夫:《古代罗马史》,三联书店 1957 年版。
池田温:《中国古代籍帐研究》,中华书局 1984 年版。
加藤繁:《支那经济史考证》,东洋文库 1949 年版。